Christian Baier

Reformen in Wissenschaft und Universität aus feldtheoretischer Perspektive

Christian Baier

Reformen in Wissenschaft und Universität aus feldtheoretischer Perspektive

Universitäten als Akteure zwischen Drittmittelwettbewerb, Exzellenzinitiative und akademischem Kapitalismus

HERBERT VON HALEM VERLAG

Dissertation an der Otto-Friedrich-Universität Bamberg, Fakultät Sozial- und Wirtschaftswissenschaften, 2016.

Bibliografische Information der Deutschen Nationalbibliothek
Die Deutsche Nationalbibliothek verzeichnet diese Publikation in der Deutschen Nationalbibliografie; detaillierte bibliografische Daten sind im Internet über http://dnb.ddb.de abrufbar.

Christian Baier
Reformen in Wissenschaft und Universität aus feldtheoretischer Perspektive.
Universitäten als Akteure zwischen Drittmittelwettbewerb, Exzellenzinitiative und akademischem Kapitalismus
Köln: Halem, 2017

Zuerst erschienen im UVK Verlag, Konstanz, 2017 (978-3-86764-736-6)

ISBN 978-3-7445-1160-5 (Print)
ISBN 978-3-7445-1162-9 (PDF)

Herbert von Halem Verlagsgesellschaft mbH & Co. KG
Schanzenstr. 22, 51063 Köln
Tel.: +49(0)221-92 58 29 0
E-Mail: info@halem-verlag.de
URL: http://www.halem-verlag.de

Inhaltsverzeichnis

Danksagung

Die Anfänge der vorliegenden Arbeit reichen zurück bis zu meiner ersten Tätigkeit als studentische Hilfskraft, die ich im Dezember 2006 am Lehrstuhl für Soziologie II an der Universität Bamberg bei Richard Münch begonnen habe. Ich bedanke mich bei Richard Münch für das außerordentlich kooperative, stimulierende und diskussionsfreudige Lern- und Arbeitsklima, in dem sich neben vielen anderen auch die vorliegende Arbeit entwickeln konnte. Gerhard Schulze danke ich für eine umfassende methodologische Ausbildung, die mich für die besonderen methodischen Herausforderungen und Möglichkeiten in den Sozialwissenschaften sensibilisiert und so die vorliegenden Arbeit tiefgreifend geprägt hat.

Darüber hinaus haben viele weitere Menschen die vorliegende Arbeit von der ersten Idee bis zur Fertigstellung begleitet. Bedanken möchte ich mich an allererster Stelle bei Brigitte Münzel sowie bei Stephanie Beyer, Vincent Gengnagel, Julian Hamann, Heiko Heiberger, Richard Heidler, Tomas Marttila, Nilgun Massih-Tehrani, Jan Riebling, Len Schäfer, Andreas Schmitz, Lisa Suckert und Oliver Wieczorek.

Elisa Göbel danke ich für die Hilfe bei der Fertigstellung des Manuskripts.

Nürnberg, im Januar 2017
Christian Baier

1 Hochschulreform aus feldtheoretischer Perspektive

Die vorliegende Studie beschäftigt sich mit den tief greifenden Veränderungen, die das Hochschulsystem und die Wissenschaft in Deutschland seit der zweiten Hälfte der 1990er Jahre erlebt hat. Wissenschaft und Universität stehen heute als Triebkräfte gesellschaftlicher Entwicklung im Fokus politischer, öffentlicher und auch sozialwissenschaftlicher Debatten. Das hat einerseits zu vermehrten Anstrengungen geführt, Wissenschaft und Universität in Deutschland zu reformieren, zu modernisieren und international wettbewerbsfähig zu machen. Andererseits werden die Verhältnisse in Wissenschaft und Hochschule heute genauer denn je beobachtet, kommentiert und erforscht – nicht zuletzt aus soziologischer Perspektive. Es ist daher nicht verwunderlich, dass zu der aktuellen, in den 1990er Jahren begonnenen Reformphase bereits eine Vielzahl an Analysen und Interpretationen existieren, die zu teils sehr unterschiedlichen Ergebnissen und Bewertungen kommen. So wird etwa auf der einen Seite die „Entfesselung" der Hochschulen durch offenen Wettbewerb beschworen (Müller-Böling 2000), während auf der anderen Seite eine zunehmende soziale Schließung der „akademischen Elite" (Münch 2007) befürchtet wird. Ähnlich divergente Diagnosen gibt es auch für die Exzellenzinitiative – das wohl wichtigste Element der aktuellen Reformen: In der Politik und weiten Teilen der Öffentlichkeit wird sie als Erfolg gefeiert, während in der sozialwissenschaftlichen Fachliteratur weit weniger euphorisch von einer „Umbaukrise" (Schimank 2013) die Rede ist, die durch „Humboldts falsche Erben" (Burtscheidt 2010) hervorgerufen worden sei.

Angesichts der Fülle bereits vorhandener Literatur zu diesem Themenkreis stellt sich die Frage, ob sich eine weitere Studie dazu überhaupt lohnt – und was sie unter Umständen noch leisten kann. Um dies zu begründen, lässt sich zunächst feststellen, dass sich trotz aller unterschiedlichen Schwerpunktsetzungen und divergierender Interpretationen ein gemeinsames Charakteristikum durch große Teile der vorhandenen Literatur zieht: Auffällig viele sozialwissenschaftliche Beiträge betrachten die Reformen in Wissenschaft und Universität aus einer relativ theoriefernen oder gar vollkommen theorielosen Perspektive. Das Spektrum reicht dabei von deskriptiv angelegten, *ad hoc* argumentierenden Studien ohne expliziten theoretischen Standpunkt (z.B. Burtscheidt 2010; Hartmann 2010; Leibfried 2010) über Beiträge, deren theoretische Grundlage zwar durchscheint, jedoch weitgehend implizit bleibt (z.B. Schimank 2001) bis hin zu

Beiträgen, die sich verschiedener theoretischer Versatzstücke bedienen, dabei aber keine eindeutige, starke und analytisch folgenreiche theoretische Position beziehen. Die Theorieelemente in diesen Beiträgen stellen z.B. Bezüge her zu Governance-Theorien (z.B. Jansen 2007), zu organisationssoziologischen Ansätzen (z.B. Würmseer 2010), insbesondere zum Neo-Institutionalismus (z.B. Krücken & Meier 2006), zur Systemtheorie (z.B. Hüther & Krücken 2011), zur Theorie des akademischen Kapitalismus (Münch 2011), zu poststrukturalistischen Ansätzen (Meier 2009; Kosmützky & Borggräfe 2012) und nicht zuletzt zur Habitus-Feld-Theorie Pierrc Bourdieus (Münch 2007, 2011; Simon et al. 2010).[1]

Diese allgemeine Theorieferne ist vermutlich in dem Versuch begründet, Wissenschaftssoziologie und Hochschulforschung als *public sociology* bzw. *policy sociology* zu betreiben (Burawoy 2005), d.h. die Diskussion von wissenschaftlichem Jargon weitgehend frei zu halten, um sie für ein möglichst breites Publikum auch außerhalb der Fachdisziplin zugänglich zu machen. Erkauft wird die erhöhte Anschlussfähigkeit allerdings dadurch, dass ohne eine starke theoretische Position eben diese nicht-soziologischen Diskurse den Rahmen für die soziologische Analyse der Hochschulreform stecken. Relevanzkriterien, Forschungsfragen und Problemdefinitionen in der aktuellen soziologischen Debatte zu Wissenschaft und Universität werden deshalb in erheblichem Maße davon beeinflusst, wie in Politik, Verwaltung und Medien über die Hochschulreform gesprochen wird. Dabei kommt es zu einer Verengung des soziologischen Blicks und zu einer Verwässerung der genuin soziologischen Beiträge zur Debatte um die Reformen. Das kann im Extremfall so weit gehen, dass die soziologische Forschungsarbeit nur noch zur Unterfütterung oder Legitimation der öffentlich bzw. politisch diskutierten Thesen zu Wissenschaft und Universität dient. Erst mithilfe einer deutlichen und analytisch wirksamen theoretischen Positionierung ist es möglich, einer solchen Verengung entgegen zu wirken und den soziologischen Blick auf die Hochschulreform so weit zu öffnen, dass bisher nicht beachtete Aspekte sichtbar, untersuchbar und damit auch öffentlich diskutierbar und politisch bearbeitbar gemacht werden können. Eine Untersuchung, deren Ansatzpunkt, Verlauf und Ergebnis durch eine starke theoretische Perspektive

---

[1] Bemerkenswert ist die äußerst geringe Integration wissenschaftssoziologischer Forschung mit übergreifenden soziologischen Gegenwartsdiagnosen und Gesellschaftstheorien. So bestehen z.B. kaum Verbindungen zwischen der Literatur zum akademischen Kapitalismus und allgemeinen Analysen kapitalistischer Vergesellschaftung. Dies ist umso verwunderlicher, als viele Beschreibungen moderner Gesellschaft auf die zentrale Bedeutung von Wissenschaft, Bildung und Innovation verweisen; ein Mangel an Anknüpfungspunkten liegt also nicht vor. Die hier vorgeschlagene, stärker theoriegeleitete Analyse ist als Versuch gedacht, Wissenschaftssoziologie mit gesellschaftstheoretischen Hintergedanken zu betreiben, in der Hoffnung, dass die erarbeiteten Anschlusspunkte in späteren Arbeiten aufgegriffen und gesellschaftstheoretisch expliziert werden können.

bestimmt sind, muss allerdings von den unmittelbaren Problemen, Fragen und Perspektiven der Betroffenen abstrahieren.

Die vorliegende Arbeit möchte dabei helfen, die Forschungslücke zu schließen, die durch das Übergewicht relativ theorieferner Untersuchungen zur Hochschulreform entstanden ist. Sie bedient sich dabei der von Pierre Bourdieu entwickelten Feldanalyse, die als kohärenter theoretisch-methodischer Ansatz besonders gut dazu geeignet ist, einen abstrakteren, theoretisch fundierten Blick auf die Reformen zu werfen. Die vorliegende Studie nimmt eine spezifische Haltung zu ihrem Gegenstand ein: Erstens werden das deutsche Hochschulsystem und die darin stattfindende wissenschaftliche Praxis als soziales Feld im Sinne Pierre Bourdieus konzeptualisiert und empirisch modelliert. Zweitens steht die Universität als organisationaler Akteur im Mittelpunkt des Interesses. Drittens betrachtet die Untersuchung nur Forschung und wissenschaftliche Praxis; der Aspekt der universitären Lehre wird ausgeblendet.

Dieser Zuschnitt des Untersuchungsgegenstandes soll kurz erläutert werden: Die Wahl dieser theoretisch-methodischen Perspektive beinhaltet die Möglichkeit neuer Erkenntnisse, hat aber auch zur Folge, dass die Studie an einigen Stellen über die bestehende Literatur hinausgehen und andere Schwerpunkte setzen muss. Einige Aspekte des Hochschulsystems, die üblicherweise große Aufmerksamkeit erhalten, etwa Governance-Praktiken, Gesetze, Politiken der Forschungsförderung, interne Organisationsstrukturen von Hochschulen usw., werden hier weniger detailliert behandelt. Aus der Perspektive der Feldtheorie erscheinen all diese Einzelheiten als Oberflächenphänomene, die sich zwar gewinnbringend im Detail untersuchen lassen, deren tiefere Zusammenhänge allerdings erst in den Blick geraten, wenn man sie als Symptome eines umfassenden sozialen Mikrokosmos – eines universitären Feldes – begreift. Die vorliegende Studie ist der Untersuchung dieses Feldes gewidmet.

Neben der Wahl dieser allgemeinen Perspektive bedarf auch die Fokussierung auf die Organisation Universität einer Erläuterung. Der Hauptgrund für diese Fokussierung ist, dass die Bedeutung der Universität als Akteur im Zuge der Reformen immer weiter zunimmt – und dass die tatsächlichen Auswirkungen der Reformen in zunehmendem Maße von einer Eigendynamik geprägt sind, die aus der Interaktion strategisch agierender Universitäten erwächst. Spätestens seit der Studie von Frank Meier (2009) erhält die „Universität als Akteur" auch in der Literatur einige Aufmerksamkeit. Es gibt inzwischen eine Reihe von organisationssoziologischen Arbeiten, die danach fragen, wie sich die Akteur-Werdung der Universität als Veränderung organisationaler Strukturen begreifen lässt (z.B. Brunsson & Sahlin-Andersson 2000, Amaral et al. 2009, Würmseer 2010, Wilkesmann & Schmid 2012). Jedoch liegt auch hier der Fokus primär auf Detailaspekten der organisationalen Veränderung, etwa der Frage, wie die Zusammensetzung von Hochschulräten mit den Reformen zusammenhängt (Niehüser 2012) oder ob veränderte formale Strukturen den Hochschulen mehr

„Organisationsmacht" und „Personalmacht" über ihre Mitarbeiter gewähren (Hüther & Krücken 2011). Die vorliegende Arbeit nimmt eine breitere Perspektive ein und betrachtet Universitäten als kollektive Akteure in einem organisationalen Feld. Anders als in vielen vorhandenen Studien geht es nicht um organisationale Kulturen, Regeln, Praktiken oder Ressourcen in Einzelnen, sondern um das Zusammenspiel all dieser Elemente in Wissenschaft und Universität. Die feldanalytische Perspektive legt nahe, dass das organisationale Feld der Universitäten sich in relativer Unabhängigkeit von benachbarten Feldern entwickelt, etwa dem Feld der Wissenschafts- und Bildungspolitik, dem ökonomischen und dem bürokratischen Feld. Die Aufgabe der vorliegenden Studie besteht deshalb in der Untersuchung der Struktur und Dynamik dieses organisationalen Feldes sowie seiner Beziehungen zu benachbarten Feldern, mit besonderer Berücksichtigung der Rolle organisationaler Akteure (Universitäten, Fachbereiche, Lehrstühle etc.).

Die Beschränkung auf den Aspekt der Forschung soll ebenfalls kurz begründet werden: Sie ist dem Umstand geschuldet, dass es sich bei Forschung und Lehre um ganz unterschiedliche Praxisformen handelt, deren gemeinsame Erforschung aus der gewählten Perspektive nicht sinnvoll erscheint. Forschung und Lehre finden zwar gleichermaßen an Universitäten statt und werden zum großen Teil von denselben Personen geleistet, jedoch sind diese beiden Funktionen der Universität ansonsten in weitgehend getrennte Bereiche der Gesellschaft eingebunden – das Erziehungssystem im Fall der Lehre und die *scientific community* im Falle der Forschung (Schimank 2001) – sodass eine Zusammenfassung dieser disparaten Aspekte in einer Studie, die die genannten Ziele verfolgt, kaum machbar ist. Mit der Beschränkung auf die Forschung reagiert die vorliegende Arbeit auch auf Erkenntnisse in der Literatur, die darauf hindeuten, dass die Zeit des einigermaßen gleichberechtigten Nebeneinanders von Forschung und Lehre in der Universität ihrem Ende zugehen könnte. Demnach werden mit der Einführung von Stratifikation und Wettbewerb zugleich die Forschung auf- und die Lehre abgewertet (Meier & Schimank 2009). Die vorliegende Arbeit legt daher den Schwerpunkt auf die Forschung, die aktuell bereits die leitende Funktion von Universitäten darstellt und deren Bedeutung im Vergleich zur Lehre in Zukunft weiter zunehmen könnte.

Die Studie gliedert sich wie folgt: Im Anschluss an die Einleitung trägt Abschnitt 2 Erkenntnisse aus der aktuellen Literatur zum Wandel von Wissenschaft und Hochschule in Deutschland seit Beginn der 1990er Jahre zusammen. Dabei geht es zunächst um Erkenntnisse zu verschiedenen Facetten der aktuellen Reformen in Wissenschaft und Universität, und zwar New Public Management, die gestiegene Bedeutung von Drittmitteln, Evaluationen und Rankings, die Exzellenzinitiative, den Trend zum akademischen Kapitalismus und transnationale Konkurrenzverhältnisse zwischen Universitäten. Anschließend werden Befunde zur Rolle der Universitäten in diesem Reformprozess zusammengetragen. Dabei werden zuerst allgemeine Eigenschaften der Organisation Universität besprochen. Darauf aufbauend geht es um die „Universität als Akteur“ aus organisationssoziologischer Perspektive.

Abschnitt 3 führt einen auf den Arbeiten Pierre Bourdieus basierenden begrifflichen Rahmen ein, mit dessen Hilfe sich das deutsche Hochschulsystem als organisationales Feld begreifen lässt. Da Bourdieu selbst keine explizite Organisationssoziologie entwickelt hat, steht die Frage im Vordergrund, wie Organisationen als Akteure in sozialen Feldern zu begreifen sind und insbesondere, wie dazu die Kernbegriffe Feld, Kapital, Habitus und Praxis modifiziert bzw. verallgemeinert werden müssen. Darüber hinaus werden Eigenschaften von Feldern herausgearbeitet, die im Theorieprogramm Bourdieus zwar angelegt sind, jedoch in empirischen Feldanalysen selten gebührend berücksichtigt werden – und zwar die historische Entwicklungsdynamik und die Räumlichkeit sozialer Felder. Weiterhin wird kurz das Verhältnis zwischen Netzwerkanalyse und Feldtheorie diskutiert.

Abschnitt 4 beschreibt feldanalytische Methodologie, d.h. Forschungspraktiken und statistische Methoden, die sich zur Konstruktion und Analyse organisationaler Felder eignen. Dabei werden moderne Ansätze der geometrischen Statistik besprochen, die in der Literatur noch nicht die angemessene Aufmerksamkeit erhalten haben, insbesondere die multiple Faktorenanalyse (MFA), die den Ausgangspunkt für alle hier durchgeführten empirischen Analysen bildet. Weiterhin werden einige im Zuge dieser Studie entwickelte Modellierungsstrategien vorgestellt, die auf der geometrischen Statistik aufbauen, nämlich eine Methode zur Modellierung des Wandels von Feldern im Zeitverlauf, ein Ansatz zur Visualisierung der topologischen Struktur von Feldern sowie eine Strategie zur regressionsanalytischen Schätzung und Visualisierung von Feldeffekten.

Abschnitt 5 präsentiert ein Modell des Feldes der deutschen Universitäten und seines Wandels zwischen 1995 und 2012. Zunächst zeigt eine synchrone Analyse, dass das Feld im Zeitraum von 1995-2000 noch stark durch die institutionelle Dreiteilung in Volluniversitäten, technische Universitäten und spät gegründete Universitäten geprägt ist. Im Anschluss daran werden die Laufbahnen der Universitäten zwischen den späten 1990er und den späten 2000er Jahren untersucht. Es zeigt sich, dass Universitäten von den Reformen in höchst unterschiedlichem Maße betroffen sind und ihr Akteurspotenzial je nach ihrer Machtposition im Feld auf sehr unterschiedliche Art und Weise umsetzen. Die topologische Analyse des Feldes deutet darauf hin, dass die traditionelle dreigliedrige Struktur sich auflöst und dass in der neuen Feldstruktur althergebrachte Distinktionen nach und nach nivelliert werden, was mit erhöhter Unsicherheit und neuem Konfliktpotenzial einhergeht. Dabei zeichnet sich ein neuer Modus der Dominanz ab, der auf einer bis in 1990er Jahre hinein unüblichen Kombination von Grundlagenforschung und Anwendungsorientierung beruht, die vor allem an großen

Standorten gelingt. Verlierer dieser Entwicklung sind die spät gegründeten Universitäten mit Schwerpunkt in den Sozial- und Geisteswissenschaften, deren organisationale Nische sich in diesem neuen Regime nach und nach auflöst. Eine Analyse des latenten Feldeffekts zeigt, dass der Wandel der letzten Jahre zu einer relativen Entdifferenzierung im deutschen Hochschulsystem geführt hat. Diese allgemeine Tendenz zur Standardisierung wird jedoch von den einzelnen Universitäten ihrer Position und ihrem Habitus entsprechend unterschiedlich aufgegriffen und umgesetzt. Weiterhin zeigt eine Analyse zu organisationalem Habitus und Praxis, dass es insbesondere den bereits dominanten Universitäten gelingt, sich aktiv an die neuen Herausforderungen der Reformen anzupassen und die neuen Vorteile zu nutzen, während periphere Standorte dem Modell des strategischen, unternehmerischen Akteurs tendenziell weniger gerecht werden.

Abschnitt 6 widmet sich der Frage nach dem Verhältnis von organisationalen Feldern und Sub-Feldern mit individuellen Akteuren. Konkret geht es um den Zusammenhang zwischen dem Wettbewerb von universitären und außeruniversitären Chemie-Fachbereichen auf der einen und dem Wettbewerb zwischen Nachwuchswissenschaftlern auf der anderen Seite. Obwohl eine Überformung des individuellen Wettbewerbs durch den Wettbewerb auf der organisationalen Ebene z.B. in den USA beobachtet werden kann (Burris 2004), zeigt die Untersuchung, dass in Deutschland der individuelle Wettbewerb nur indirekt von den Strukturen auf der organisationalen Ebene beeinflusst wird. Dies wird auf die besonderen institutionellen Rahmenbedingungen des akademischen Feldes in Deutschland zurückgeführt, insbesondere auf den traditionell schwachen Wettbewerb zwischen Universitäten, auf das geringe Akteurspotenzial der Universitäten, auf die Regulierung akademischer Karrieren und die spezifischen Eigenschaften des Lehrstuhlsystems.

Abschnitt 7 beschäftigt sich mit der Frage, wie transnationale akademische Wettbewerbe um Forschungsförderung im Kontext des universitären Feldes in Deutschland wirken. Im Fokus der Untersuchung steht der European Research Council (ERC), eine 2007 von der EU gegründete, transnationale Forschungsförderungsorganisation, die sich die Modernisierung und Integration der diversen akademischen Felder in Europa auf die Fahne geschrieben hat. Der ERC fördert unter anderem herausragende Nachwuchswissenschaftler und wendet dabei ein spezifisch gestaltetes Förderinstrument an, das Wissenschaftler zu mehr (transnationaler) Mobilität anregen, erstarrte nationale Strukturen aufbrechen und einen Wettbewerb nach europaweit gültigen Standards etablieren soll. Die Untersuchung fragt, inwiefern die beabsichtigten Effekte im Kontext des deutschen Feldes realisiert werden können. Es zeigt sich, dass von einer Herausforderung oder gar Aushebelung der etablierten nationalen Spielregeln durch die transnationale Förderpolitik kaum die Rede sein kann. Im Gegenteil: Die Verteilung der Fördergelder unter den Universitäten folgt den etablierten Ungleichheitsstrukturen zwischen Universitäten und verstärkt dadurch die etablierten

Machtverhältnisse. Die Analyse potenzieller strategischer Effekte auf individuelle Karrierewege der Nachwuchswissenschaftler, etwa im Wettbewerb um Professorenstellen und um bessere Positionen im Feld, deutet darauf hin, dass die ERC-Förderung zwar im Einzelfall durchaus von erheblicher Bedeutung für die Karriere sein kann; die Ergebnisse sprechen aber insgesamt gegen die Annahme, dass hieraus strukturelle Umbrüche im System der akademischen Karrieren in Deutschland erwachsen könnten. Zudem zeigen die untersuchten Lebensläufe, dass die ERC-Förderung auch auf der individuellen Ebene tendenziell Wissenschaftlern zugutekommt, die bereits nach den etablierten Spielregeln des Feldes zu den Gewinnern im akademischen Wettbewerb gezählt werden können.

Im abschließenden Abschnitt 8 werden die Ergebnisse zusammengefasst und kurz im Lichte der Literatur diskutiert. Dabei werden Schlussfolgerungen für die wissenschaftssoziologische Forschung zu den Reformen in Wissenschaft und Universität, für die organisationssoziologische Analyse der Universität als Akteur und für die theoretische und methodische Weiterentwicklung der Feldanalyse gezogen. Zum Schluss werden vier Aufgabenfelder für die weitere Forschung herausgearbeitet, die im Lichte der vorliegenden Arbeit als besonders bedeutsam erscheinen: Die Untersuchung der sozialen Bedingungen wissenschaftlicher Kreativität im Kontext der Reformen, die Analyse des Zusammenspiels von Standardisierung und Stratifikation im akademischen Feld, die Fokussierung des Lehrstuhlsystems als Ort feldinterner Beharrungskräfte und die Öffnung des wissenschafts- und hochschulsoziologischen Horizontes für gesellschaftstheoretische und gegenwartsanalytische Zusammenhänge.

2 Wandel des universitären Systems seit den 1990er Jahren

Im Folgenden werden zentrale Erkenntnisse der vorhandenen Literatur herausgearbeitet, die anschließend als Grundlagen und Referenzpunkte für die feldanalytische Studie herangezogen werden. Dabei geht es zunächst um die verschiedenen Aspekte der Hochschulreform seit den 1990er Jahren, anschließend um die Universität als Organisation und kollektiver Akteur.

2.1 Vom egalitären Paradigma zum Wettbewerbs-Paradigma

Der Wandel des deutschen Hochschul- und Wissenschaftssystems von einer zumindest als egalitär gedachten zu einer wettbewerbsorientierten und stratifizierten Struktur geht auf mehrere Prozesse zurück, die zugleich ablaufen, sich gegenseitig bedingen und daher nur schwer getrennt voneinander zu beschreiben sind. Zwei zentrale Aspekte des Wandels lassen sich jedoch benennen: Erstens zielt ein Großteil der Reformbemühungen auf die Einführung und Intensivierung von Wettbewerb, sowohl innerhalb als auch zwischen den Universitäten. Zweitens sollen viele Aspekte der Reformen auf eine Stratifikation und Diversifikation im Wissenschaftssystem hinwirken. Im Folgenden werden die wichtigsten Triebfedern des Wandels im deutschen Hochschulsystem kurz skizziert, darunter die Einführung des New Public Management als wissenschaftspolitische Leitidee, die zunehmende Bedeutung von Drittmitteln, die Einführung verschiedener Ratings und Rankings, die Exzellenzinitiative, die die vielbeachtete Unterscheidung von „Elite-Universitäten" ins deutsche Hochschulsystem einführt, sowie der Trend zum akademischen Kapitalismus.

2.1.1 New Public Management

Deutschland ist im internationalen Vergleich ein Nachzügler bei der Umsetzung von New Public Management (NPM) im Hochschulsystem. NPM ist ein Steuerungsmodell für den öffentlichen Sektor, das die gleichzeitige Steigerung von Effizienz und Effektivität öffentlicher Organisationen verspricht, wenn diese in marktförmige Wettbewerbssysteme eingebunden und externer Qualitätsbewertung unterzogen werden (Osborne & Gaebler 1997, Lange 2008).

Nachdem die deutschen Universitäten traditionell durch bürokratische Detailsteuerung einerseits und eine relativ starke akademische Selbstverwaltung andererseits geprägt waren, wurden in den 1990er Jahren Rufe nach Reformen laut, die sich, so die damalige Überzeugung, nur in einem neuen Steuerungsparadigma umsetzen lassen würden. An die Stelle enger bürokratischer Steuerung und staatlicher Fürsorge sollten marktförmige Strukturen treten, die Universitäten unter Reformdruck stellen. Die Steuerung der Hochschulen sollte nicht mehr durch die als ineffektiv und konservativ betrachtete akademische Selbstverwaltung dominiert werden, in der die Professoren eine starke Position innehatten, sondern in die Hände einer gestärkten Hochschulleitung gelegt werden, die Reformen auch innerhalb der Universität durchsetzen kann. Die Leitidee des NPM, die in den 1990er Jahren im deutschen Hochschulsystem Fuß fasste, lautete: „Das alte Governance-Regime, das von Profession und Staat dominiert wird, soll durch ein neues ersetzt werden, in dem Markt und Organisation vorherrschen." (Schimank 2005: 150) Nach dem Modell des NPM sollen Universitäten wie Unternehmen geführt werden, die auf einem Markt mit ihren Produkten um Ressourcen konkurrieren. Um dieses Modell zu verwirklichen, sind die Wissenschaftssysteme der meisten OECD-Länder in den vergangenen Jahrzehnten umstrukturiert worden (Whitley 2008: 3-6). Sabine Maasen und Peter Weingart sprechen hier von der Entstehung einer „neuen Wissenschaftskultur", in deren Zentrum die „unternehmerische Universität" steht (Maasen & Weingart 2008). Hintergrund dieser Entwicklung ist ein allgemeiner „Strukturwandel des Vertrauens" (Lange 2008), der neben dem Hochschulsystem auch viele andere gesellschaftliche Bereiche betrifft und in anderen Ländern, insbesondere in Großbritannien, schon so weit fortgeschritten ist, dass Michael Power bereits Anfang der 2000er Jahre den Trend zur „Audit Society" diagnostizieren konnte (Power 2002, 2008).

Das 1994 gegründete Centrum für Hochschulentwicklung (CHE) der Bertelsmann-Stiftung ist einer der Akteure, der diese neuen Ideen in Deutschland wirkungsvoll propagierte. Bereits im ersten Arbeitspapier des CHE werden traditionelle universitäre Entscheidungsstrukturen und die Finanzierung nach dem „Alimentationsprinzip" kritisiert. Wettbewerblichkeit, Autonomie mit externer Kontrolle und ökonomische Effizienz werden als notwendige Eigenschaften von Hochschulen genannt (Müller-Böling 1994). Einen ähnlichen Appell richtete der damalige Bundespräsident Roman Herzog 1997 in seiner „Ruck-Rede" an die deutschen Hochschulen und forderte die Abwendung vom „Mythos vermeintlicher Gleichheit" und die Einführung von mehr Wettbewerb (Herzog 1997). Der Wissenschaftsrat plädierte im Jahr 2000 in seinen „Thesen zur zukünftigen Entwicklung des Wissenschaftssystems“ für eine verstärkte internationale Ausrichtung, mehr Praxisbezug, leistungsbezogene Profilbildung, mehr Wettbewerb und erhöhte organisationale Autonomie (Wissenschaftsrat 2000).[2] Spätestens zum Ende der 1990er Jahre waren also die Ideen des New Public Management zu einem nicht mehr wegzudenkenden Bestandteil des hochschulpolitischen Diskurses geworden.

Man könnte sagen, dass die Bedeutung des New Public Management in Deutschland vor allem in der Veränderung des wissenschafts- und hochschulpolitischen Diskurses liegt. Zwar gab es auch schon in den 1990er Jahren handfeste NPM-inspirierte Reformen, etwa die Änderung des Hochschulrahmengesetzes 1998 und den folgenden Jahren, die den Universitäten unter anderem mehr finanzielle Autonomie zugestanden, ihnen erlaubten, Studierende selbständig auszuwählen, und die mit außerwissenschaftlichen Akteuren besetzten Hochschulräte einführten (vgl. Burtscheidt 2010: 14). Jedoch scheint die Bedeutung von NPM vor allem in seiner diskursiven Durchschlagskraft zu liegen – denn erst unter dem Einfluss von NPM sind Wettbewerb, Profilbildung, Internationalität, Output-Steuerung und unternehmerische Organisationsführung zu selbstverständlichen hochschulpolitischen Eckpfeilern geworden. Erst auf der so verwandelten diskursiven Basis konnte die Abschaffung der egalitären Leitidee zugunsten von Stratifikation und Wettbewerb als legitim erscheinen.

NPM ist als Bestandteil des neuen Paradigmas der Wissenschafts- und Hochschulpolitik ein außerwissenschaftliches Phänomen, das zunächst in der Politik Bedeutung gewonnen hat und über die Hochschulleitungen und -verwaltungen in die Wissenschaft gelangt ist. Dementsprechend ist es nicht überraschend, dass NPM-inspirierte Reformen tendenziell den Einfluss der akademischen Profession innerhalb der Universität verringern und daher von Seiten der Wissenschaftler im Allgemeinen kritisch betrachtet werden (Schimank 2005).

2.1.2 Drittmittel

Als neuer wissenschaftspolitischer Rahmen lieferte New Public Management nicht zuletzt eine Legitimation für die seit den 1980er Jahren stagnierende Versorgung der Universitäten mit Grundmitteln und die zunehmende Bedeutung wettbewerblich eingeworbener Drittmittel. Bereits in den 1990er Jahren begann die Entwicklung der Grundmittel und der Drittmittel deutlich auseinander zu klaffen: So stiegen die insgesamt an Hochschulen ausgegebenen Grundmittel in diesem Zeitraum um durchschnittlich 2,2% jährlich, während die Drittmittel um 5,2% anstiegen. Während 1993 durchschnittlich 28,1% der Ausgaben für die

[2] Ausführlicher zur politischen Ausgangslage der Hochschulreformen siehe Burtscheidt 2010: 7-16

Forschung an deutschen Universitäten über Drittmittel bestritten wurden, waren es 1998 bereits 32,1% (Wissenschaftsrat 2000: 15f.). Dieser Trend verschärfte sich in den folgenden Jahren, sodass 2005 bereits 41,6% der Ausgaben für Forschung und Entwicklung an Hochschulen aus Drittmittel bestanden; 2009 betrug dieser Anteil bereits 46.2% (Statistisches Bundesamt 2011: Tabelle 3.1.1). Insgesamt wird deutlich, dass Drittmittel eine immer wichtigere Rolle in der Finanzierung der Wissenschaft in Deutschland spielen. Das Entscheidende an dieser Entwicklung ist die Tatsache, dass Drittmittel nicht wie Grundmittel nach bürokratischen Bedarfskriterien, d.h. per „Gießkannenprinzip" vergeben werden, sondern „eingeworben", also in einem direkten oder indirekten Wettbewerb erkämpft werden müssen. Mit der zunehmenden Bedeutung von Drittmitteln erhält auch die Forschung an Universitäten einen zunehmend kompetitiven Charakter im Sinne des NPM: Forscher und Universitäten geraten unter Konkurrenzdruck und müssen sich innovative Strategien einfallen lassen, um ihre Finanzierung zu sichern. Der Wettbewerb soll sicherstellen, dass die knappen Forschungsgelder möglichst dort eingesetzt werden, wo der größte Nutzen zu erwarten ist, d.h. an Hochschulen mit den aussichtsreichsten Forschungsvorhaben. In diesem Wettbewerb kommt es zur Verschärfung der materiellen Ungleichheit zwischen den Universitäten. So hat beispielsweise die RWTH Aachen im Jahr 2009 ca. 250.1 Mio. € an Drittmitteln eingenommen. Umgerechnet auf die 428 Professoren, die 2009 in Aachen tätig waren, ergibt sich ein Durchschnittswert von 0.58 Mio. € pro Professor. An der Universität Bamberg kommen auf jeden der 135 Professoren bei 15.2 Mio. € Drittmitteln im Jahr 2009 durchschnittlich 0.11 Mio. € (DFG 2012, eigene Berechnungen). Nun könnte man berechtigterweise einwenden, dass der Vergleich zwischen diesen beiden Hochschulen nicht gerade fair ist – jedoch behandelt die aktuelle Hochschulpolitik Universitäten auf genau diese Art als im Prinzip gleichwertige Akteure, die miteinander im Wettbewerb stehen. Unter dem Eindruck von NPM treten Erwägungen zum unterschiedlichen finanziellen Bedarf an so verschiedenen Universitäten wie Aachen und Bamberg in den Hintergrund. Man vertraut stattdessen auf die effizienzsteigernden Kräfte des Wettbewerbs, auch zwischen so grundsätzlich ungleichen Kontrahenten.

Weiterhin gibt es Hinweise darauf, dass die zunehmende Bedeutung von Drittmitteln nicht nur zu Stratifikation führt, sondern dass sich die Stratifikation aufgrund des Matthäus-Effekts im Zeitverlauf verstärkt. Um bei dem gewählten Beispiel zu bleiben: Zwischen 2001 und 2003 betrug die durchschnittliche Drittmittelsumme pro Professor an der Universität Aachen 0.35 Mio. € und an der Universität Bamberg 0.03 Mio. €, d.h. im Durchschnitt hatten Aachener Professoren ca. 320.000€ mehr an Drittmittel zur Verfügung als Bamberger Professoren. Zwischen 2003 und 2009 ist dieser Abstand auf durchschnittlich ca. 470.000 € gestiegen. Dieser Vergleich kann zwar nicht auf die gesamte Population der Universitäten verallgemeinert werden, zeigt jedoch deutlich, dass der

Drittmittelwettbewerb erhebliche Ungleichheiten schaffen kann, die sich im Zeitverlauf vertiefen können. Während NPM vor allem das Denken und Sprechen über Wissenschaft und Universität verändert hat, setzt die zunehmende Drittmittelfinanzierung einen handfesten Wandel der Grundstrukturen des deutschen Hochschulsystems in Richtung zunehmender Ungleichheit in Gang, dessen Auswirkungen sowohl auf die beteiligten Organisationen als auch auf die Forscher kaum überschätzt werden können.

2.1.3 Ranking, Rating, Evaluation

Eine weitere Folge dieser Entwicklung ist, dass Drittmittel neben ihrer zunehmenden Bedeutung für die Forschungsfinanzierung und für die Struktur des Wissenschaftssystems auch symbolisch aufgewertet werden. So ist die erfolgreiche Einwerbung von Drittmitteln selbst zum wissenschaftlichen Leistungs- und Qualitätsmerkmal geworden (Münch 2011: 276ff.). Dabei ist zweifelhaft, inwieweit Drittmittel als wissenschaftliches Qualitätskriterium aussagekräftig sind. Eine detaillierte Studie von Jansen et al. (2007) zeigt, dass die Validität von Aussagen über wissenschaftliche Leistung anhand von Drittmitteln stark von der jeweils betrachteten Disziplin abhängt. Die Bewertung ganzer Universitätsstandorte anhand ihrer Drittmittelsummen kann deshalb kaum zuverlässig sein – und dennoch gehört diese Praxis heute zum Standard-Repertoire von Qualitätsbewertung in der Wissenschaft.

Die Summe eingeworbener Drittmittel spielt als Leistungsmaßstab eine Hauptrolle in verschiedenen Rankings und Ratings, die sich seit den 1990er Jahren im deutschen Hochschulsystem ausgebreitet haben und maßgeblich zu Stratifikation und Wettbewerb beitragen. Das wohl einflussreichste Ranking in Deutschland ist das inzwischen zum „Förderatlas“ umbenannte Förder-Ranking der DFG. Die DFG berichtet darin seit 1997 über die Einwerbung von Drittmitteln an deutschen Forschungseinrichtungen. Der Fokus liegt dabei auf den Universitäten. Drittmittel werden mit anderen Größen in Bezug gesetzt, etwa der Anzahl von Professoren und Mitarbeitern; teilweise werden auch disziplinspezifische Analysen vorgestellt. Im Kern scheint es aber um die Erstellung einer Rangordnung von Hochschulen anhand der insgesamt erhaltenen Drittmittelsummen zu gehen. Jedenfalls ist diese Rangliste dasjenige Element der DFG-Rankings, das in der Öffentlichkeit und wohl auch in der Wissenschaft die meiste Aufmerksamkeit auf sich zieht.

Rankings, Ratings und Evaluationen dieser Art sind integrale Bestandteile des neuen wissenschaftspolitischen Paradigmas. Spätestens seit der Einführung des sogenannten Shanghai-Rankings im Jahr 2003 ist es üblich geworden, ganze Universitäten anhand quantitativer Leistungskriterien in Rangordnungen zu bringen (van Raan 2005). Neben dem Shanghai-Ranking, das Universitäten weltweit bewertet und damit zur globalen Verbreitung der Ranking-Praxis beigetragen hat, haben inzwischen fast alle Staaten der OECD Systeme für die externe Bewertung wissenschaftlicher Leistungen von Universitäten eingerichtet, die sich allerdings hinsichtlich ihrer Institutionalisierung und ihrer praktischen Bedeutung stark unterscheiden: In Großbritannien (Elton 2000) und Australien (Gläser & Laudel 2008) entscheiden die Ergebnisse externer Leistungsbewertungen über einen Großteil der Forschungsmittel, die den Universitäten und Forschungseinrichtungen zur Verfügung stehen. In anderen Ländern, z.B. in Frankreich, stoßen Evaluationen und Bewertungen dieser Art weiterhin auf einigen Widerstand. In Deutschland gab es zwar bereits in den 1980er Jahren Rankings und Ratings, etwa das vom Spiegel veröffentlichte Hochschulranking. Einfluss auf die Wissenschaft haben Evaluationen aber erst seit der Umgestaltung der hochschulpolitischen Debatte durch NPM in den 1990er Jahren. Aus der Perspektive von NPM gehören Wettbewerb und Evaluationsinstrumente zusammen: Marktmechanismen erhöhen die Autonomie der Universitäten, erzeugen Wettbewerbsdruck und führen damit zu erhöhter Komplexität. Die Aufgabe von Rankings und Ratings besteht dann darin, aus einer neutralen Beobachterposition heraus verlässliche Informationen über die jeweiligen Leistungen der Universitäten zu generieren.

Ein weiteres einflussreiches Ranking, das der NPM-Logik nahe steht, ist das vom CHE veröffentlichte Forschungsranking. Darin wird über die „Forschungsstärke“ und die „Forschungsprofile“ von Universitäten berichtet. Die Bewertung basiert neben Drittmitteln auf Publikations- und Zitationszahlen sowie der Anzahl von Promotionen und Patenten. Zudem werden Universitäten hinsichtlich ihrer fachspezifischen Reputation bewertet. Tendenziell erfolgen die Bewertungen der Hochschulen fachspezifisch, jedoch scheint es dem CHE auch um eine Bewertung der Forschungsleistungen bzw. „Profile“ ganzer Universitäten zu gehen. Neben dem Forschungsranking veröffentlicht das CHE zusammen mit der Wochenzeitung „Die Zeit“ auch ein in der Öffentlichkeit viel beachtetes Hochschulranking, das die Qualität von Studiengängen bewertet und als „Studienführer“ publiziert wird. Dieses Ranking ist in den letzten Jahren aufgrund seiner Methodik und seiner übermäßig plakativen Darstellung der Ergebnisse immer mehr in die Kritik geraten. Die österreichischen und schweizerischen Universitäten, die zunächst an dem Ranking beteiligt waren, stiegen Mitte der 2000er Jahre aus. In Deutschland haben die Fachgesellschaften von Historikern, Soziologen und Kommunikationswissenschaftlern Empfehlungen zum Ausstieg aus dem Ranking ausgesprochen. Zudem sind einige Universitäten, darunter Bonn und Köln, ganz aus dem Ranking ausgestiegen. Trotz dieser Rückschläge sind die Rankings des CHE weiterhin einflussreich und das CHE scheint insbesondere im internationalen Kontext einige Anerkennung zu finden, wodurch seine Bedeutung auch in Deutschland weiterhin stabilisiert wird. Insbesondere entwickelt das CHE zusammen mit dem Center for Education Policy

Studies der Universität Twente unter dem Titel „U-Multirank" ein europaweites Ranking, das von der Europäischen Union finanziert wird und schon dadurch einen gewissen Reputationsvorschuss erhält. Erste Ergebnisse dieses Rankings wurden 2014 veröffentlicht.

Der Wissenschaftsrat reagierte 2005 auf die zunehmende Popularität von Rankings einerseits und die wachsende Kritik an Rankings andererseits mit der Entwicklung eines eigenen Bewertungsinstruments unter dem Titel „Forschungsrating" (Wissenschaftsrat 2004; Neidhardt 2006). Die Programmatik des Forschungsratings greift einige der üblich gewordenen Kritikpunkte an Rankings auf: So soll explizit keine eindimensionale Rangliste erstellt werden, sondern verschiedene Arten wissenschaftlicher Leistung mehrdimensional erfasst werden; Leistungsbewertungen sollen disziplinspezifisch sein und sich nicht ausschließlich an quantitativen Maßen wie Drittmittelquoten und Publikationszahlen orientieren, sondern von Gutachtern aus dem Fach in einem „informed peer review" erarbeitet werden. Im Vergleich zu den etablierten Rankings in Deutschland und zu ihren internationalen Pendants zeichnet sich das Forschungsrating durch eine viel ambitioniertere, aber auch extrem aufwendige Methodik aus. Die „Pilotstudie" des Forschungsratings wurde für die Fächer Chemie und Soziologie durchgeführt, die Ergebnisse wurden 2007 bzw. 2008 veröffentlicht. Weitere Studien wurden in den Fächern Elektrotechnik und Anglistik durchgeführt. Im Herbst 2013 beschloss der Wissenschaftsrat die Weiterführung und Verstetigung des Verfahrens.

Obwohl das Forschungsrating insbesondere in den Jahren nach der Veröffentlichung der ersten beiden Pilotstudien einige Aufmerksamkeit erhielt (Münch & Baier 2009, Riordan et al. 2011), sind seine Auswirkungen im Wissenschaftssystem im Vergleich zu anderen Rankings relativ gering geblieben. Die enge Fokussierung auf die jeweils betrachteten Fächer und die Bewertung auf Lehrstuhl-Ebene lässt die Universität, die heute den primären hochschulpolitischen Bezugspunkt bildet, aus dem Blick geraten. Die mehrdimensionale Bewertung ist vermutlich zu komplex und zu wenig plakativ, um medial oder politisch durchschlagen zu können. Ob das Forschungsrating mit weiteren Bewertungsrunden und einer stärkeren Institutionalisierung an Einfluss gewinnen kann, bleibt abzuwarten.

2.1.4 Exzellenzinitiative

Von all den verschiedenen Reformbemühungen der letzten zwei Jahrzehnte hat die Exzellenzinitiative wahrscheinlich die deutlichsten Spuren im deutschen Hochschulsystem hinterlassen. Während andere Reformen jeweils einzelne Aspekte des Reformparadigmas aufgriffen, ist die Exzellenzinitiative ein umfassender Versuch, die Struktur und Funktionsweise des Hochschulsystems zu verändern. Die Exzellenzinitiative zielt explizit auf einen „Paradigmenwechsel" weg vom egalitären und hin zum differenzierten, stratifizierten, wettbewerblichen System (Neidhardt 2010: 56f.). Angestoßen wurde die Exzellenzinitiative durch die politische Wahrnehmung der schlechten Platzierung deutscher Universitäten in internationalen Rankings, insbesondere im Shanghai-Ranking, das zum ersten Mal im Jahr 2003 veröffentlicht wurde. Die Stellung deutscher Universitäten im internationalen Wettbewerb sollte entsprechend dem inzwischen etablierten NPM-Paradigma mit mehr Wettbewerb, stärkerer Stratifikation, mehr Internationalisierung und einer Schwerpunktsetzung auf die Forschung verbessert werden. Die deutsche Hochschulpolitik war damit 2004 endgültig von der Idee abgekommen, Universitäten im Grunde als gleichrangig und gleichwertig zu behandeln. Stattdessen wünschte man sich, ausgerichtet an den Beispielen der USA und Großbritanniens, international konkurrenzfähige Elite-Universitäten.

Um dieses Ziel zu erreichen, wurde 2005 die Exzellenzinitiative als Wettbewerb zur Förderung exzellenter Forschung und international konkurrenzfähiger Universitäten ausgerufen. Erklärtes Ziel war es, „eine Leistungsspirale in Gang [zu] setzen", die sowohl zur „Ausbildung von Spitzen" als auch zur „Anhebung der Qualität des Hochschul- und Wissenschaftsstandortes Deutschland in der Breite" führt (BLK 2005: 1). Insgesamt wurden und werden in der Exzellenzinitiative ca. 4,6 Milliarden € im Rahmen eines Wettbewerbs mit drei „Förderlinien" verteilt. Die Förderung sollte einerseits die Forschung durch die Etablierung von Graduiertenschulen und die Einrichtung sogenannter Exzellenz-Cluster für die Spitzenforschung stärken. Andererseits wurden auch „Zukunftskonzepte" ganzer Universitäten prämiert, in denen langfristige Strategien auf dem Weg zur international konkurrenzfähigen Elite-Institution[3] dargelegt werden. Der Wettbewerb fand (bisher) in drei Runden statt; die erste und zweite Runde begannen 2005 und 2006; die dritte Runde wurde kurz vor dem Ablauf der zunächst geplanten Förderdauer 2010 angekündigt und läuft von 2012 bis 2017. Im Anschluss daran soll die Exzellenzinitiative unter dem Namen „Exzellenzstrategie" auf unbestimmte Zeit verstetigt werden. Die Organisation des Vorhabens liegt bei einer gemeinsamen Kommission von Wissenschaftsrat und DFG.

Ein derart umfassendes Vorhaben mit so großen Fördersummen ist sicherlich geeignet, die von Seiten der Politik erwünschte Aufmerksamkeit auf die Gewinner-Universitäten zu lenken und deren Reputation zu erhöhen. Mit der Exzellenzinitiative hat die Politik eine „Neuverteilung akademischer Macht"

---

[3] In der öffentlichen Rezeption der Exzellenzinitiative wird häufig die Auszeichnung der Zukunftskonzepte als Verleihung eines Elite-Titels betrachtet, sodass es heute in den Medien üblich ist, von den deutschen Elite-Universitäten zu sprechen. Aufseiten der Hochschulpolitik ist der Begriff „Elite" aufgrund vielfacher Kritik heute kaum mehr im Gebrauch, stattdessen ist von „Exzellenz" die Rede (vgl. Simon et al 2010:161).

angestoßen und eine „neue Stufe der akademischen Reputation“ (Simon et al. 2010: 162) institutionalisiert, die trotz vielfacher Kritik im Hochschulsystem weithin akzeptiert wird und sowohl Wissenschaftler als auch die Universitäten mit neuen Distinktionsmerkmalen und -strategien ausstattet. Die möglichen Zugewinne an Reputation, aber auch die Hoffnung auf erhebliche finanzielle Zuwendungen haben zu einer relativ großen Beteiligung an diesem Wettbewerb geführt. So wurden beispielsweise in den ersten beiden Runden 280 Antragsskizzen für Exzellenzcluster eingereicht, von denen allerdings letztlich nur 37 gefördert wurden (Simon et al. 2010: 163). Die große Beteiligung bedeutet damit auch eine relativ hohe Quote abgelehnter Anträge – bei den Clustern sind es knapp 87%. Die Exzellenzinitiative hinterlässt also neben den Gewinnern auch viele Verlierer und potenziell Frustrierte und legt damit den Grundstein für Konflikte auf allen Ebenen des Hochschulsystems, sowohl zwischen Universitäten als auch innerhalb der Universitäten zwischen erfolgreichen und nicht erfolgreichen Fachbereichen. Es ist zu erwarten, dass diese Konflikte spätestens nach dem Ende der Exzellenzinitiative an Intensität gewinnen, wenn es nach Auslauf der Exzellenz-Gelder darum geht, auf wessen Kosten die neu geschaffenen Strukturen weiter finanziert werden sollen (Hartmann 2010: 376).

Insgesamt ist zu erwarten, dass die Exzellenzinitiative „im Aggregat nichtintendierte Effekte für die Wissenschaft“ erzeugt (Neidhardt 2010: 70), also auf bisher noch kaum abzuschätzende Weise in die Struktur und die Funktionsweise des Hochschulsystems eingreift. Obwohl die Kommentatoren sich weitgehend einig sind, dass es für eine abschließende Untersuchung der tatsächlichen Effekte noch zu früh ist, wurden in der Literatur bereits einige problematische Trends herausgearbeitet. So betont zum Beispiel Michael Hartmann die extrem ungleiche Verteilung der Fördergelder über die Universitäten: In einem Vergleich mit der Verteilung von Fördergeldern der DFG zeigt sich, dass die Mittel in der Exzellenzinitiative doppelt so stark konzentriert sind wie in der DFG-Förderung insgesamt (Hartmann 2010: 372). Zieht man die relativ hohen Summen in Betracht, um die es hier geht, kann man von einem deutlichen Zuwachs an Stratifikation im Hochschulsystem sprechen.

Barbara Kehm zeigt in ihrer Analyse, dass in Bezug auf die Zukunftskonzepte besonders die Universitäten in den reicheren Bundesländern erfolgreich waren (Kehm 2013: 85). Das heißt, die Exzellenzinitiative führt nicht nur zu Stratifikation, sondern ihre Effekte verbinden sich durch den Matthäus-Effekt mit zuvor bereits vorhandenen Ungleichheiten, sodass ungleiche Ausgangsbedingungen zu ungleichen Chancen im Wettbewerb führen. Zumindest teilweise ist der Erfolg in der Exzellenzinitiative auf die Machtverhältnisse im föderalen System der Bundesrepublik zurückzuführen und somit auch auf Sachverhalte, die mit der wissenschaftlichen Leistung der betroffenen Hochschulen nur wenig zu tun haben. Es ist zu erwarten, dass solche „Unwägbarkeiten föderaler Forschungspolitik“ (Neidhardt 2010: 66) auch in der Zukunft Probleme bereiten werden, besonders wenn es nach dem Ende der Exzellenzinitiative um die Weiterfinanzierung der geschaffenen Stellen und Institutionen geht (Hartmann 2010: 376).

Ebenfalls problematisch scheint die Verteilung der Fördermittel auf die Disziplinen: Naturwissenschaften, technische Disziplinen und Medizin erhalten tendenziell den Großteil der Förderung, während die Sozial- und Geisteswissenschaften es eher schwer haben. Ein Grund dafür scheint zu sein, dass die Kriterien im Bewerbungs- und Begutachtungsverfahren eher an der disziplinären Kultur der Naturwissenschaften ausgerichtet sind (Kehm 2013: 86f.).

Weiterhin geht die Exzellenzinitiative offenbar mit einer Abwertung der Lehre im Vergleich zur Forschung einher. Profilbildung durch Exzellenz-Gelder bedeutet auch, dass Gewinner ausreichend Ressourcen erhalten, um sich in der Forschung strategisch zu positionieren, während die Verlierer „in einer weitgehend passiven Rolle mit dem vorlieb nehmen, was übrig bleibt, und das dürfte in erster Linie die Massenausbildung sein." (Hartmann 2010: 381) Die Exzellenzinitiative nähert damit das deutsche Hochschulsystem dem britischen System an, in dem einige wenige sehr gut ausgestattete Forschungsuniversitäten einer Masse schlecht ausgestatteter Lehruniversitäten gegenüberstehen (Meier & Schimank 2009). Ob die anvisierte Qualitätssteigerung der Forschung „in der Breite" auf diese Weise tatsächlich gefördert werden kann, ist zweifelhaft. Die Förderung des wissenschaftlichen Nachwuchses in den neu geschaffenen Graduiertenschulen bildet kein ausreichendes Gegengewicht zu diesem Trend, sondern erzeugt im Gegenteil ein weiteres Problem: Es ist nämlich weitgehend unklar, was mit den vielen mit Exzellenzgeldern finanzierten Doktoranden und Postdocs nach Ablauf der Exzellenzinitiative passieren soll. Es besteht die Gefahr, dass mit der Exzellenzinitiative eine übergroße Menge spezialisierten akademischen Personals ausgebildet wird, das weder auf dem Arbeitsmarkt noch in der Wissenschaft hinreichend nachgefragt wird (Neidhardt 2010: 68).

Insgesamt ist festzuhalten: Der Erfolg der Exzellenzinitiative liegt in einem gelungenen „Durchgriff der Politik [...] auf Forscher und Forschergruppen" (Neidhardt 2010: 53), also in der Öffnung des akademischen Feldes für der Tradition widersprechende Vorbilder, Institutionen und Praktiken, insbesondere aber für Stratifikation und Wettbewerb. Allerdings wird auch deutlich, dass die Exzellenzinitiative das deutsche Hochschulsystem mit einer ganzen Reihe sozialer Kosten belastet, die die wissenschaftliche Praxis beeinträchtigen und althergebrachte Qualitätsmerkmale des Systems gefährden, ohne dass klar ist, ob dadurch tatsächlich die erhoffte „Leistungsspirale" auf dem Weg zur internationalen Spitze in Gang gebracht wird.

2.1.5 Akademischer Kapitalismus

Die Theorie des akademischen Kapitalismus ist eine gegenstandsbasierte Theorie mittlerer Reichweite, deren Ziel darin besteht, aktuelle Veränderungen in Wissenschaft und Universität auf einen Begriff zu bringen. Der Ursprung der Forschung zum akademischen Kapitalismus liegt in der US-amerikanischen Bildungs- und Hochschulsoziologie, wo der Begriff sehr spezifisch verwendet wird, um die zunehmende Orientierung von Hochschulpolitik und akademischer Praxis an finanziellen Fragen zu beschreiben (Slaughter & Leslie 1997).

In die deutsche Soziologie wurde der Begriff maßgeblich durch die Arbeiten von Richard Münch eingeführt (Münch 2011). Dabei erhält „akademischer Kapitalismus" eine allgemeinere, eher gesellschaftstheoretisch ausgerichtete Interpretation, die sich nicht nur auf die zunehmende Bedeutung von Geld und Ökonomie in Hochschulpolitik, Universität und Forschungspraxis beschränkt. Vielmehr bedeutet die Entwicklung hin zum akademischen Kapitalismus bei Münch eine Neujustierung wissenschaftlicher Ziele und Praktiken: Weg von den traditionellen Mertonschen Normen (Universalismus, Kommunismus, Uneigennützigkeit, organisierter Skeptizismus, vgl. Merton 1973: 267-278) und hin zu einem neuen *modus operandi*, bei dem das reine akademische Interesse an Erkenntnis in den Hintergrund tritt und bisher zweitrangige, instrumentelle Interessen an Ressourcen (Drittmittel, Personalstellen etc.) und Prestige (Rankings, Exzellenztitel usw.) an Bedeutung gewinnen (Münch 2011: 68ff.).

Im Kern verweist die Theorie des akademischen Kapitalismus auf eine Tendenz zur Umkehrung von Mitteln und Zwecken in der Wissenschaft. Dies lässt sich an vielen Stellen in der akademischen Praxis beobachten, sowohl in der eigentlichen Forschungs- und Lehrpraxis als auch in angrenzenden Feldern, etwa in der Hochschulpolitik und -verwaltung. Wo akademischer Kapitalismus Einzug hält, werden traditionell als Selbstzweck verstandene Praktiken des akademischen Feldes zu Mitteln in einem pseudo-marktförmigen Wettbewerb um Ressourcen und Prestige umdefiniert. Gleichzeitig werden eben diese Ressourcen, die bis dahin als notwendige Mittel zur Durchführung von Forschungsvorhaben angesehen wurden, zu Indikatoren wissenschaftlicher Leistung. Das wissenschaftliche Prestige, das traditionell lediglich die Funktion der Belohnung verdienter Wissenschaftler und der Aufmerksamkeitssteuerung in der *scientific community* hatte, wird zum obersten Ziel im Wettbewerb der Universitäten. Die so geschaffenen Märkte haben spezifische Eigenschaften: Es sind winner-takes-all-Märkte (Frank 2001), auf denen positionale Güter gehandelt werden, d.h. Güter, deren Wert sich aus ihrer Knappheit und Begehrtheit speist (Hirsch 1976). Die Einführung positionaler Marktlogiken in nationalen Hochschulsystemen führt dazu, dass latente Ungleichheiten zwischen Universitäten akzentuiert und zu explizit hierarchischen Ordnungen ausgebaut werden; Gewinner dieser Entwicklung sind die größten, ältesten, bekanntesten und forschungsstärksten Universitäten (Marginson 2006: 3-8).

Obwohl in der Literatur kaum Verbindungen zum Begriff des Kapitalismus im herkömmlichen Sinne hergestellt werden, lassen sich zumindest drei Gemeinsamkeiten ausmachen: Erstens läuft die Entwicklung des akademischen Kapitalismus parallel zu dem von Marx beschriebenen Übergang von der traditionellen zur kapitalistischen Wirtschaft, bei dem Geld seinen herkömmlichen Status als an sich wertloses Instrument zur Aufbewahrung und Übertragung von Wert einbüßt und zum Sinn und Zweck allen Wirtschaftens wird. Zweitens ermöglicht der akademische wie der wirtschaftliche Kapitalismus den Aufbau von Monopolen. Drittens schwindet im Zuge des akademischen Kapitalismus der Abstand zwischen der Wissenschaft und anderen gesellschaftlichen Teilbereichen, so dass die Wirtschaft, aber auch Politik und Öffentlichkeit zu bedeutenden Determinanten der wissenschaftlichen Dynamik werden (Weingart 2008).

Wie die Diagnose des akademischen Kapitalismus im Einzelnen mit den oben angesprochenen Momenten des Wandels im deutschen Hochschulsystem zusammenhängt, soll hier nicht weiter erörtert werden. Das Ziel der vorliegenden Arbeit besteht vielmehr darin, diese Phänomene aus einer feldtheoretischen Perspektive zu beschreiben. Aus dieser Perspektive lässt sich die Einführung des akademischen Kapitalismus als Verringerung der relativen Autonomie der Wissenschaft deuten, die mit einer Annäherung der wissenschaftlichen *illusio* und *doxa* an außerwissenschaftliche – insbesondere ökonomische, politische und mediale – Zielvorstellungen, Normen und Praktiken einhergeht. Das für die Wissenschaft typische „Interesse am interessefreien Handeln“ (Bourdieu 1998b: 186) und die damit verbundene Imperative der (zumindest vorgeblichen) Bescheidenheit, Uneigennützigkeit und Großzügigkeit verlieren an Bedeutung. Das akademische Feld büßt damit einen Teil seiner Eigenlogik ein und wird offener für externe Einflüsse. In der akademischen Praxis schwindet zudem der traditionell scharfe und für das Feld konstitutive Unterschied zwischen den beiden dominanten Machtformen – rein wissenschaftliches vs. institutionelles Kapital – sowie zwischen den dazugehörigen Akkumulationsstrategien, die im ersten Fall auf die Produktion interessanter wissenschaftlicher Beiträge und im zweiten auf den Aufbau persönlicher Netzwerke und die Erlangung einflussreicher Positionen in wissenschaftlichen Organisationen setzen (Bourdieu 1991: 7f., 1998b: 31ff.). Im Zuge des akademischen Kapitalismus fällt das eine zunehmend mit dem anderen zusammen: Bedeutende wissenschaftliche Beiträge können tendenziell nur noch von prestige- und ressourcenstarken Positionen aus produziert werden, und umgekehrt sind Prestige- und Ressourcenstärke tendenziell nur noch zu erlangen, wenn sie durch einen entsprechend hohen Output an hochkarätigen Publikationen gedeckt werden. Die beiden traditionellen akademischen Strategien, die Bourdieu noch als kaum vereinbar beschreibt, werden im Zuge des akademischen Kapitalismus nicht nur vereinbar, sondern verlieren nach und nach ihren distinguierenden Charakter, so dass letztlich nicht mehr der latente Konflikt zwischen zwei Machtformen, sondern eine zunehmend vereinheitlichte Form akademischer Macht die Entwicklung des wissenschaftlichen Feldes bestimmt.

Unter diesen Umständen verändert sich die Dynamik des Feldes, denn wenn dominante Akteure über viele Ressourcen und eine hohe Reputation in ihrer Disziplin verfügen, während dominierte Akteure weder Ressourcen noch wissenschaftliche Anerkennung haben, kann es kaum mehr gelingen, schlagkräftige heterodoxe Positionen aufzubauen. Inhaltlich bedeutet dies einen Trend zur Verringerung von Vielfalt und kreativer Auseinandersetzung in der Forschung. Im Abschnitt 5.3 werden diese theoretischen Überlegungen mit empirischen Ergebnissen zum Wandel im Feld der Universitäten konkretisiert.

2.1.6 Transnationaler Wettbewerb

Spätestens mit der weltweiten Verbreitung internationaler Universitätsrankings, allen voran dem Shanghai-Ranking, hat sich ein transnationaler Wettbewerb zwischen Universitäten und Hochschulsystemen herausgebildet (Marginson & van der Wende 2007). Als „transnational“ kann dieser Wettbewerb bezeichnet werden, weil er weder allein in der nationalen noch allein in der internationalen Sphäre stattfindet. Vielmehr greifen in diesem neuen Wettbewerb nationale und globale Kontexte auf komplexe Weise ineinander und formen einen transnationalen sozialen Raum (Pries 1996) bzw. eine transnationale Wettbewerbsarena, die einerseits bestehende nationale Strukturen überlagert und andererseits durch bestehende internationale Ungleichheitsstrukturen beeinflusst wird (Marginson 2006: 24f.).

Im Zentrum dieses transnationalen Wettbewerbsraums stehen unangefochten die US-amerikanischen Spitzenuniversitäten sowie die wichtigsten britischen Universitäten. Die USA sind das einzige Land, in dem der transnationale und der nationale Wettbewerb deckungsgleich sind: „At its peak global competition is American competition, and vice versa.“ (Marginson 2006: 27) Abseits dieses Zentrums besteht ein mehr oder weniger starkes Spannungsverhältnis zwischen der transnationalen und der nationalen Positionierung von Universitäten. Bedeutender ist dabei nach Marginson (2006: 21) das transnationale Prestige: „Outside the US/UK, the worldwide market does not replace the national markets, it subordinates them.“

Der Grund für die Unterordnung nationaler Strukturen unter den globalen Wettbewerb besteht darin, dass ein transnationaler Maßstab für die Leistung von Universitäten, wie er etwa im Shanghai-Ranking objektiviert ist, an jede Universität in jedem Land angelegt werden kann, ganz unabhängig davon, ob diese Universität nach weltweiter Profilierung strebt oder nicht. Mit der Verbreitung dieses „Emerging Global Model“ (Mohrman et al. 2008) kommt es zu einer allmählichen, weltkulturell getragenen Standardisierung der Bewertung von Universitäten über nationale Grenzen hinweg und damit zu einer Entwertung nationaler akademischer Kulturen, die sich nicht in die Logik globaler Ranglisten eingliedern lassen. Ein weiterer Grund für die Durchschlagskraft der transnationalen Bewertung ist die Tatsache, dass die transnationale Reputation von Universitäten vor allem durch ihre Beiträge zur Spitzenforschung bestimmt wird, die selbst weitgehend transnationalisiert ist (Marginson 2006: 27).

Der transnationale Wettbewerb führt so zu einer zwar unvollständigen, aber durchaus folgenreichen Überformung der nationalen Hochschulsysteme und ihrer historisch gewachsenen Reputationshierarchien durch transnationale Standards. Die Strukturen der ehemals national organisierten universitären Felder werden dadurch delegitimiert und destabilisiert (Ishigawa 2009): Einerseits verlieren die traditionellen nationalen Spitzenuniversitäten ihre lange Zeit unangefochtene Führungsrolle und sehen sich nun ihrerseits gezwungen, Vorbildern aus den USA oder Großbritannien nachzueifern. Andererseits eröffnet der transnationale Wettbewerb neue strategische Möglichkeiten, nicht nur für die bereits dominanten Universitäten. Die Destabilisierung nationaler Strukturen kann insbesondere von jüngeren, kleineren, stärker spezialisierten Universitäten genutzt werden, die zuvor im geschlossenen nationalen Feld nicht in die Führungsriege aufsteigen konnten (Marginson 2006: 28). Jedoch ist auch denkbar, dass bereits etablierte nationale Machtverhältnisse auch innerhalb des transnationalen Rahmens reproduziert und mit neuem symbolischem Kapital legitimiert werden.

Europäische Universitäten nehmen in diesem transnationalen Wettbewerbsraum eine Mittelposition zwischen den führenden US-Universitäten und den größtenteils marginalisierten Universitäten aus Asien und aus den Entwicklungsländern ein. Mehrere Gründe sprechen dafür, dass die allgemeinen Dynamiken des transnationalen Wettbewerbs sich in europäischen Ländern auf besondere Weise auswirken und daher besondere Aufmerksamkeit verdienen: Erstens treffen diese relativ neuen transnationalen Einflüsse in Ländern wie Großbritannien, Frankreich, Deutschland und Italien auf die ältesten nationalen Hochschulsysteme mit langen, prestigereichen und teilweise sehr unterschiedlichen akademischen Traditionen. Zweitens führt die Positionierung europäischer Hochschulsysteme zwischen der globalen Spitze und der globalen Peripherie dazu, dass hier Akteure mit sehr unterschiedlichem Status in der transnationalen Hierarchie auf kleinem Raum zusammenkommen und in direkte Konkurrenz z.B. um nationale Forschungsgelder treten. Drittens gibt es in der Europäischen Union seit vielen Jahren politische Bestrebungen, eine eigene transnationale Forschungspolitik zu etablieren, um Europa als eigenständigen akademischen Verdichtungsraum gegen die Hegemonie der USA, aber auch gegen die aufstrebenden Konkurrenten aus Asien abzusetzen.

Das bekannteste Element der europäischen Integrationspolitik im Bereich der Hochschulen ist sicherlich der Bologna-Prozess (Münch 2009, Serrano-Velarde 2009), in dem die Strukturen des Universitätsstudiums und die Universitätsabschlüsse in einem „Europäischen Hochschulraum" vereinheitlicht und auf eine Steigerung der „Employability" der Studierenden ausgerichtet werden. Im Bereich der Forschung legt die EU seit den 1980er Jahren die sogenannten Forschungsrahmenprogramme auf, mit denen große, kooperative Forschungsprojekte gefördert werden, die meist einen starken Anwendungsbezug haben und in der Regel im Verbund mit Unternehmen durchgeführt werden. Der politische Impetus der Forschungsrahmenprogramme besteht darin, die EU als zentralen Standort für wirtschaftlich relevante Forschung aufzubauen, der der zunehmenden Konkurrenz in einer globalisierten Wissensökonomie gewachsen ist (Borrás 2003; Serrano-Velarde 2009; Slaughter & Cantwell 2012). Wissenschaftliche Forschung wird in den Rahmenprogrammen einem ökonomischen Primat untergeordnet. Dabei sollen die Rahmenprogramme – parallel zum Bologna-Prozess – auf die Etablierung eines übergreifenden „Europäischen Forschungsraums" mit gemeinsamen, ökonomisch orientierten Standards hinwirken:

> *„Der Europäische Forschungsraum setzt sich aus sämtlichen Forschungs- und Entwicklungsaktivitäten sowie Programmen und Strategien in Europa zusammen, die eine grenzüberschreitende Perspektive beinhalten. Gemeinsam geben sie Wissenschaftlern, Forschungseinrichtungen und Unternehmen die Möglichkeit zu mehr Mobilität, verstärktem Wettbewerb und zu einer grenzüberschreitenden Zusammenarbeit. Somit bieten sie Zugang zu einem europaweiten öffentlichen Raum für Wissen und Technologien, in dem die Synergien und Ergänzungsmöglichkeiten der verschiedenen Mitgliedstaaten voll ausgeschöpft werden." (Europäische Kommission 2012)*

Die wissenschaftspolitische Stoßrichtung der Forschungsrahmenprogramme, die auf intensivierten institutionellen Wettbewerb, Förderung von Großstandorten und wirtschaftsnahe Forschung setzt, steht im Gegensatz zu vielen nationalen Systemen der Forschungsförderung, in denen anwendungsferne Grundlagenforschung oft mehr Ansehen genießt als wirtschaftsnahe Forschung. In Deutschland gibt es beispielsweise eine deutliche Diskrepanz zwischen den Förderlogiken der Rahmenprogramme und der DFG; in anderen Ländern wie z.B. dem Vereinigten Königreich, den Niederlanden, Schweden oder der Schweiz ist diese Diskrepanz weniger stark ausgeprägt, was zu mehr Beteiligung und höheren Erfolgsquoten im Wettbewerb um EU-Förderung führt. In Deutschland hingegen profitieren nur diejenigen Universitäten von den Rahmenprogrammen, die bereits im nationalen Kontext sehr drittmittelstark sind (Massih-Tehrani et al. 2015).

Der neueste forschungspolitische Vorstoß der EU führte 2007 zur Gründung des European Research Councils (ERC). Der ERC ist eine transnationale Forschungsförderungsorganisation, die sich die Modernisierung und Integration der diversen akademischen Felder in Europa auf die Fahnen geschrieben hat. Er verfolgt das ambitionierte Ziel, eine „European brand for research excellence" zu etablieren (Luukkonen 2009: 4) und dabei die Transformation von „science in Europe" zu „European science" voranzutreiben (Nedeva & Stampfer 2012: 982). Der ERC finanziert zu diesem Zweck einzelne Wissenschaftler, die „exzellente" Grundlagenforschung[4] betreiben, wobei die zu fördernden Personen und Projekte durch ein peer review mit Gutachtern aus der Wissenschaft bestimmt werden (Antonoyiannakis et al. 2009: 805f.; Luukkonen 2014: 35). Die spezifisch gestalteten Förderinstrumente des ERC sollen zu mehr Mobilität von Wissenschaftlern zwischen Universitäten und Ländern führen und dabei helfen, ineffiziente nationale Strukturen aufzubrechen und mehr Wettbewerb nach europaweit gültigen Standards zu etablieren (Nedeva & Stampfer 2012: 982).

Aus feldtheoretischer Perspektive kann man den ERC als im Entstehen begriffene transnationale wissenschaftliche Konsekrationsinstanz betrachten, die in ihrer Funktionsweise stärker als die Rahmenprogramme an etablierten nationalen Konsekrationsinstanzen wie der DFG orientiert ist. Weil die traditionelle *doxa* des akademischen Feldes reine, „interessefreie" Grundlagenforschung höher bewertet als Forschung, die durch politische Vorgaben und ökonomische Verwertungsimperative gekennzeichnet ist, können Erfolge in den Rahmenprogrammen aufgrund ihrer Wirtschaftsnähe nicht ohne Weiteres als „echte" wissenschaftliche Erfolge wahrgenommen und dargestellt werden. Im Gegensatz dazu könnte es dem auf „frontier research" ausgerichteten ERC eher gelingen, Anerkennung bei der scientific community in Europa zu finden. Das dazu notwendige symbolische Kapital versucht der ERC aufzubauen, indem er äußerst großzügige Fördersummen – bis zu 3,5 Mio. € – an einzelne Wissenschaftler vergibt, die von wissenschaftlich reputierten Gutachtern als würdige Empfänger der Förderung gekürt werden: Institutionelles Kapital in Form von Geld wird durch peer review einem Weiheprozess unterzogen und in „echtes" wissenschaftliches Kapital umgewandelt; die Empfänger der Förderung erhalten nicht nur Geld für ihre Forschung, sondern werden auch Teil einer transnationalen akademischen Elite, einer „Champion's League for Europe's scientists" (Heldin 2008). Dass diese Strategie bereits Wirkung zeigt, erkennt man z.B. daran, dass die DFG in ihrem „Förderatlas" inzwischen auch über ERC-Förderung berichtet.

Insgesamt lässt sich festhalten, dass Universitäten und Wissenschaftler heute in ein komplexes Netz transnationaler Bezüge, Institutionen und Rangordnungen eingebunden sind. Diese Bezüge sind keineswegs einheitlich, sondern erzeugen vielfältige Spannungen und Konflikte, die Universitäten und Forscher vor neue

4 Im Jargon der EU ist hier von „frontier research" die Rede, womit Spitzenforschung im anwendungsnahen wie im anwendungsfernen Bereich gemeint ist.

Herausforderungen stellen. Dass etablierte nationale Strukturen durch diese neuen Bezugspunkte infrage gestellt werden, scheint unstrittig. Weitere Forschung zu diesen Themen muss zeigen, ob es tatsächlich zu strukturellen Veränderungen kommt, von denen auch bisher marginalisierte Universitäten und Wissenschaftler profitieren können, oder ob es den alten Eliten gelingt, ihre Machtposition im transnationalen Wettbewerb zu halten oder gar zu stärken. Kapitel 7 untersucht diese Frage anhand der Auswirkungen von ERC-Forschungsförderung auf das universitäre Feld in Deutschland.

2.2 Von der Universität als Anstalt zur Universität als Akteur

Spätestens seit den 1990er Jahren ist im hochschulpolitischen Diskurs immer wieder davon die Rede, dass die Universität ein „Akteur“ sei bzw. einer werden müsse. Seither ist die Idee von der Universität als Akteur zum elementaren Bestandteil der Hochschulpolitik geworden. Dabei kann man sich durchaus fragen, was mit „Akteurhaftigkeit“ in diesem Zusammenhang gemeint ist und ob dieser Begriff tatsächlich auf (deutsche) Universitäten passt. Die folgenden beiden Abschnitte skizzieren zwei Aspekte der Universität als Akteur: Zunächst geht es darum zu klären, ob Universitäten als Organisationen aufgefasst werden können und wenn ja, welche spezifischen Eigenschaften ihnen als Organisationen zukommen. Denn es ist schon intuitiv plausibel, dass Universitäten anders funktionieren als die meisten Unternehmen und auch anders als viele bürokratische Organisationen. Im Anschluss daran geht es darum zu klären, ob Universitäten über ihre Organisationshaftigkeit hinaus auch andere Eigenschaften haben, die man Akteuren üblicherweise zuschreibt, etwa Interessen oder Kreativität. Können Universitäten als wissenschaftliche Akteure begriffen werden? Oder gar als Urheber wissenschaftlicher Erkenntnis? Im Verlauf dieser beiden Abschnitte soll deutlich werden, dass die Rede von der „Universität als Akteur“ äußerst weitreichende Implikationen hat und mit vielfältigen neuen Erwartungen und Herausforderungen verbunden ist, auf die Universitäten heute reagieren müssen.

2.2.1 Eigenschaften der Organisation Universität

Betrachtet man die organisationstheoretischen Modelle, mit denen Universitäten beschrieben wurden und werden, lässt sich ein deutlicher Wandel erkennen: In frühen sozialwissenschaftlichen Arbeiten aus den 60er und 70er Jahren spielten Universitäten als Organisationen oder gar als Akteure noch kaum eine Rolle, sondern wurden als mehr oder weniger lockere institutionelle Rahmungen für die eigentlich im Zentrum stehende Lehr- und Forschungspraxis angesehen. Ein Beispiel ist die Studie von Parsons und Platt (1973) mit dem Titel „The American University“, die die Universität ganz selbstverständlich als organisierte Arena behandelt, die funktional auf die Gewährleistung produktiver Rahmenbedingungen für Forschung und Lehre ausgerichtet ist. Fragen von Selbststeuerungsfähigkeit, Verantwortlichkeit und strategischer Wettbewerbstauglichkeit, die heute mit Universitäten in Zusammenhang gebracht werden, spielen hier kaum eine Rolle – und auch wenn sie gelegentlich aufscheinen, werden sie immer als instrumentell für die wissenschaftliche Praxis der Universitäten betrachtet. Denn der Erfolg der amerikanischen Universitäten geht nach Parsons und Platt darauf zurück, dass sie in ihren Department-Strukturen eine relativ große Zahl von unabhängigen Wissenschaftlern beschäftigen, die intern nur gering stratifiziert bzw. hierarchisiert sind und je nach eigenem Interesse auch über Senioritätsstufen hinweg miteinander kooperieren können. Die Universität ist damit nicht viel mehr als ein lockerer organisatorischer Rahmen für die eigentlich zentrale Tätigkeit der Mitglieder der professionellen Wissenschaftler.

Cohen, March und Olsen zeichnen in ihren Studien zum „Garbage Can Model of Organizational Choice“ (1972, vgl. auch Cohen & March 1986) ein weniger optimistisches Bild, kommen aber letztlich zu relativ ähnlichen Ergebnissen hinsichtlich der Akteurhaftigkeit von Universitäten. Als Organisationen sind Universitäten demnach charakterisiert durch die Abwesenheit klarer Ziele, uneindeutige, von den Mitgliedern kaum verstandene interne Strukturen sowie unsichere, „fluide“ Grenzen. In solchen „organisierten Anarchien“ hat letztlich niemand das Sagen, und Entscheidungen werden nach dem „Mülleimer-Modell“ getroffen, das zufällig gerade vorhandene Probleme mit zufällig präsenten Lösungsansätzen verknüpft – und dabei meist ambivalente Resultate hervorbringt, die weiter zur Unübersichtlichkeit der Situation beitragen. Aus dieser Perspektive erscheint eine Universität als „a collection of choices looking for problems, issues and feelings looking for decision situations in which they might be aired, and decision makers looking for work.“ (Cohen et al. 1972: 2) Diese Beschreibung steht zwar im Gegensatz zu Parsons und Platt, was den Glauben an die regulative Kraft des wissenschaftlichen Ethos betrifft, kommt aber organisationssoziologisch zu einem vergleichbaren Ergebnis: Universitäten sind Arenen, deren Mitglieder mehr oder weniger nach eigenen Vorstellungen ihren Tätigkeiten nachgehen und Probleme *ad hoc* definieren und bearbeiten, aber selten tatsächlich lösen. Das Verhalten der Universität insgesamt kann man mit Schimank als „transintentional“ beschreiben: Aus der Interaktion der Mitglieder resultieren organisationale Effekte, die oft niemand so gewollt oder vorhergesehen hat; häufig kommt es zur Weiterführung des *status quo* (Schimank 2008: 159ff.).

Mithilfe der von Henry Mintzberg (1980) entwickelten Typologie, die fünf grundlegende Arten von Organisationen unterscheidet, lassen sich Universitäten als „professional bureaucracies“ beschreiben. Im Gegensatz zu Cohen et al. liegt der Schwerpunkt hier weniger auf der intrinsischen Schwäche der Organisationsstruktur als auf der Abhängigkeit der Organisation von den spezialisierten Fähigkeiten ihrer Mitglieder: „The organization hires highly trained specialists [...] and then gives them considerable autonomy over their work. [...T]hey work relatively freely not only of the administrative hierarchy but also of their own colleagues.“ (Mintzberg 1980: 333f.) Die organisationale Handlungsfähigkeit der Universität ist demnach aufgrund der zentralen Rolle der professionellen Organisationsmitglieder, d.h. der Wissenschaftler, als vergleichsweise gering einzuschätzen. Der Einfluss bürokratischer Verwaltung wird dadurch beschränkt, dass Management-Aufgaben tendenziell auch von Mitgliedern der akademischen Profession ausgeführt werden, sodass professionelle Werte und Prinzipien auch in Bezug auf die Steuerung der Universität zur Geltung kommen. Professionelle Bürokratien dieser Art findet man in „an environment that is both complex and stable“ (ebd.: 334). Die Komplexität der Umwelt macht die Organisation abhängig von den spezialisierten Fähigkeiten ihrer professionellen Mitglieder, während die Stabilität der Umwelt gewährleistet, dass die Organisation trotz der relativen Schwäche zentraler Steuerungs- und Handlungsfähigkeit produktiv bleiben kann. Angesichts der Stoßrichtung der oben skizzierten Reformen im deutschen Hochschulsystem legt Mintzbergs Beschreibung nahe, dass mit der Destabilisierung der Umwelt durch Rankings, Drittmittelwettbewerb und Exzellenzinitiative auch die Organisationsform der professionellen Bürokratie selbst unter Druck gerät.

Dieses Argument – nämlich dass die wettbewerbliche Umgestaltung organisationaler Umwelten letztlich auch zur Umgestaltung der Organisationen selbst führt – wird auch in einer Studie von Brunsson und Sahlin-Andersson (2000) vertreten, die sich mit den Dynamiken von NPM-Reformen im öffentlichen Dienst auseinandersetzt. Die zentrale These lautet: „Public sector entities that could formerly be described as agents or arenas have been transformed into 'more complete' organizations by installing or reinforcing local identity, hierarchy and rationality“ (Brunsson & Sahlin-Andersson 2000: 721). Universitäten und vergleichbare öffentliche Organisationen erscheinen hier als „unvollständige“ Organisationen, in denen entscheidende organisationale Charakteristika schwach oder gar nicht ausgeprägt sind. Die Autoren nennen drei solche Charakteristika: Identität, Hierarchie und Rationalität. Eine organisationale Identität liegt vor, wenn Organisationen als relativ autonom gelten, klare Grenzen haben, über eigene Ressourcen verfügen können und als „individuell“ oder „besonders“ angesehen werden. Hierarchie liegt vor, wenn die Organisationsleitung genug Einfluss auf ihre Mitglieder hat, um sie zu koordiniertem Handeln zu bewegen. „With the help of [its] hierarchy, the special identity of the organization is to be transformed into organizational action." (Brunsson & Sahlin-Andersson 2000: 726) Rationalität liegt vor, sofern das Handeln der Organisation als im weitesten Sinne vernünftig und planmäßig erfolgt, d.h. in einem folgerichtigen Verhältnis zur organisationalen Identität steht (vgl. Brunsson & Sahlin-Andersson 2000: 727ff.).

Eine Folge der zunehmenden Akzeptanz von NPM als hochschulpolitische Leitlinie ist nun, dass „unvollständige" Organisationen unter Legitimationsdruck geraten, weil sie nicht zu den Ideen von quasi-marktförmigem Wettbewerb, Autonomie und externer Evaluation passen. Die allgemeine Verbreitung von NPM führt daher mehr oder weniger zwangsläufig zu einer Problematisierung unvollständiger Organisationsformen und setzt damit weitere Reformen in Gang, die traditionell schwache Organisationen bei der stärkeren Ausprägung von Hierarchien, Identitäten und Rationalitäten unterstützen sollen (vgl. Brunsson & Sahlin-Andersson 2000). Sofern solche Reformbemühungen tatsächlich stattfinden und erfolgreich sind, könnten sich Universitäten nach und nach zu „vollständigeren" Organisationen mit ausgeprägtem Akteurs-Charakter entwickeln.

Einige aktuelle Arbeiten fragen danach, wie erfolgreich solche Reformprojekte sein können und bedienen sich dabei der zentralen Argumente aus den oben referierten klassischen Studien zur Universität als Organisation. Demnach gibt es ganz fundamentale organisationale Strukturen der Universität, die aus den Notwendigkeiten der wissenschaftlichen Praxis und den historisch entstandenen institutionellen Rahmenbedingungen erwachsen und der Entwicklung der Universität zum Akteur entgegenstehen. Zwar ist es durchaus möglich, interne Prozesse sowie die Ziele und Aufgaben der Universität stärker zu formalisieren, die Universitätsleitung zu stärken, politische Detailvorgaben zu lockern und die Verwaltung zu professionalisieren. Weil aber die Hauptaufgabe von Universitäten in der Produktion von Wissen und Innovation besteht, existiert eine nicht zu überwindende Unklarheit über das Verhältnis zwischen den Tätigkeiten und Fähigkeiten der Mitglieder und den letztlich erzielten wissenschaftlichen Erfolgen der Universität – eine Unklarheit, der mit bürokratischen oder betriebswirtschaftlichen Techniken nicht beizukommen ist. Damit ist zu erwarten, dass Universitäten auch mit gestärkter Hierarchie, Identität und Rationalität abhängig bleiben von „verdicts of specialist scientific communities" (Whitley 2008: 25). Musselin (2007) spricht in diesem Zusammenhang von Universitäten als „specific organisations", die aufgrund der besonderen Komplexität ihrer Aufgaben, insbesondere wegen dem unklaren Verhältnis von wissenschaftlicher Tätigkeit und erzielter Leistung, kaum mit Unternehmen verglichen werden können. Uwe Schimank bezeichnet Universitäten als „Gemischtwarenläden", in denen sich die Eigenschaften von Arbeitsorganisationen und Interessenorganisationen auf eine Weise mischen, die der Handlungsfähigkeit von Universitäten prinzipiell Grenzen setzt (Schimank 2001). Whitley (2008) fügt hinzu, dass auch

Besonderheiten des nationalen hochschulpolitischen Kontextes die Entwicklung von Universitäten zu Akteuren einschränken können. Deutsche Universitäten sind demnach als „hollow organisations“ zu begreifen, weil sie trotz der Reformen kaum unabhängig von staatlichen Vorgaben agieren können, etwa wenn es um den Einfluss auf das eigene Personal geht (vgl. auch Hüther & Krücken 2013). Zudem bezeichnet Whitley (2008: 27-29) deutsche Universitäten als „bifurcated“: Aufgrund der gespaltenen bzw. zweigleisig angelegten Organisationsstruktur mit der Verwaltung auf der einen und den Mitgliedern der akademischen Profession auf der anderen Seite ist der Einfluss der Leitungsebene auf die tatsächliche organisationale Praxis stark eingeschränkt.

2.2.2 Universitäten als verantwortliche Akteure

Angesichts der Argumente insbesondere in der älteren Literatur erscheint die heute verbreitete Rede von der Universität als Akteur ziemlich voraussetzungsvoll: Traditionell erfüllen Universitäten in Deutschland und anderswo wohl kaum die Erwartungen, die man mit einem solchen Konzept verbinden würde. Zugleich zeigen neuere Arbeiten, dass die grundsätzlich zu attestierende *agency*-Schwäche der Universitäten durchaus zu beheben ist – und dass die NPM-Reformen in vielen Ländern gerade diese Art von Reformen befördern. Mit Brunsson und Sahlin-Andersson kann man die Akteur-Werdung der Universität als möglicherweise nicht intendierten, aber letztlich unausweichlichen Teil von NPM-inspirierten Reformen ansehen: Wer das Hochschulsystem wie einen Markt gestalten will, wer Qualität universitärer Produkte in Ranking und Ratings bewerten will, sieht sich früher oder später gezwungen, auch im Inneren von Universitäten Reformen anzustreben, die auf eine klarere Grenzziehung nach außen, auf eine Stärkung der organisationalen Hierarchie und eine Explizierung der Organisationsziele hinauslaufen. Denn Rankings und marktförmige Wettbewerbe machen erst Sinn, wenn die daran beteiligten Einheiten hinreichend voneinander abgrenzbar sind, klare Ziele haben und intern einigermaßen kohärent erscheinen (Brunsson & Sahlin-Andersson 2001). Es scheint daher plausibel, dass sich deutsche Universitäten trotz ihrer traditionellen Handlungsunfähigkeit unter dem Einfluss der aktuellen Veränderungen im Hochschulsystem langfristig in die Richtung von „complete organizations“ mit ausgeprägtem Akteurscharakter entwickeln werden.

Angesichts der erheblichen Probleme die diesem Reformprojekt im Wege stehen, lässt sich vermuten, dass die Reformen nicht (nur) wie erwartet wirken, sondern auch andere, unbeabsichtigte Effekte haben werden. Zunächst kann man aus einer neo-institutionalistischen Perspektive davon ausgehen, dass interne Reformen der Universität auf dem Weg zum organisationalen Akteur vor allem eine legitimierende Funktion erfüllen, indem sie deutsche Universitäten an das global model der Universität annähern (Mohrman et al. 2008). Darüber hinaus werden diese Reformen höchstwahrscheinlich Potenzial für neue Unsicherheiten, Spannungen und Konflikte innerhalb der Organisation schaffen. In diese Richtung deutet eine Studie von Grit Würmseer (2011). Die Autorin konstatiert, dass die organisationalen Identitäten deutscher Hochschulen im Kontext der Reformen insbesondere auf der Leitungsebene fragmentiert und widersprüchlich werden. Hochschulleitungen begreifen ihre Organisation demnach zugleich bzw. abwechselnd als „primär staatliche Einrichtungen" mit klarer „Abhängigkeit vom Staat", als Humboldtsche „Demokratie" und als „zunehmend hierarchisch zu strukturierende und strategisch auszurichtende Organisation" (Würmseer 2013: 328).

Was diese Entwicklung hin zum Akteursstatus im Detail bedeuten kann und mit welchen Fähigkeiten und Eigenschaften die Universität letztlich ausgestattet wird bzw. werden soll, ist ebenfalls noch nicht vollständig geklärt. Vielmehr gibt es sowohl in der Literatur als auch im hochschulpolitischen Diskurs zwei oft nicht scharf genug getrennte Vorstellungen von der Universität als Akteur. Die erste, einfachere, läuft darauf hinaus, Universitäten in gewissem Maße mit Unternehmen gleichzusetzen. Implizit geschieht das schon in den klassischen Beiträgen von Cohen et al. und Mintzberg, erst recht in aktuelleren Arbeiten. In diesem Zusammenhang ist häufig von Universitäten als „strategischen" Akteuren bzw. von der „unternehmerischen Universität" die Rede (vgl. Clark 1998; Whitley 2008; Maasen & Weingart 2008). Eine ähnliche Vorstellung vom universitären Akteursstatus wird auch im Zusammenhang mit dem akademischen Kapitalismus diskutiert (Slaughter & Leslie 1997, Münch 2011). Diese Interpretationen laufen darauf hinaus, dass von Universitäten erwartet wird bzw. sie in die Lage versetzt werden, die sich ihnen bietenden Wettbewerbschancen aus eigenem Antrieb und mittels selbst entwickelter Strategien opportunistisch zu nutzen und so ihre Position im nationalen wie internationalen Vergleich zu halten bzw. zu verbessern. In der Literatur scheint weitgehend Konsens darüber zu bestehen, dass sich die deutschen Hochschulen im Zuge der Reformen in diese Richtung entwickeln sollen – auch wenn es bis zur vollen Ausprägung des unternehmerischen Akteursstatus noch ein weiter Weg ist und verschiedene Universitäten diesen Weg auf unterschiedliche Weise beschreiten.

Die andere Vorstellung geht über die Zuschreibung von strategischer Handlungsfähigkeit hinaus und spricht von „moralischer" Handlungsträgerschaft. Diese Interpretation wurde insbesondere von Frank Meier in den Diskurs eingebracht (Meier & Krücken 2006; Meier 2009) und soll hier etwas näher betrachtet werden. In seiner Studie zum deutschen hochschulpolitischen Diskurs geht es Meier darum zu zeigen, dass sich seit den 1980er Jahren spezifische Erwartungen und Vorstellungen etabliert haben, in denen Universitäten als moralisch verantwortliche Akteure auftauchen. Dabei werden Universitäten als „plausible Adressen der kausalen und moralischen Zurechnung von Handlungen" konzipiert, von denen „verantwortliche Handlungsträgerschaft“ erwartet wird. Universitäten reagieren darauf, indem sie diese Erwartungen „in ihren Strukturen“ reflektieren (Meier 2009: 77-82, 240).

Meiers Ausweitung des Akteursbegriffs über Strategie und Unternehmertum hinaus ist interessant und deutet auf ein relevantes Phänomen, denn eine Betrachtung des Reformdiskurses macht klar, dass mehr beabsichtigt ist, als Universitäten in kühl kalkulierende Strategie-Maschinen zu verwandeln. Allerdings scheint Meiers Begriffswahl ungünstig, wo er von „moralischen“ und „verantwortlichen“ Akteuren spricht. Ginge es tatsächlich um Moral bzw. moralische Verantwortung, so wäre zu erwarten, dass Universitäten sich in ihren Aktivitäten zunehmend an Unterscheidungen wie gut/böse bzw. richtig/falsch orientieren, oder dass eine solche Orientierung angestrebt wird.[5] Das ist aber offenbar nicht der Sachverhalt, um den es Meier geht; vielmehr läuft seine Analyse darauf hinaus, dass Universitäten zunehmend als Autoren, d.h. als nicht hintergehbare Urheber wissenschaftlicher Beiträge betrachtet werden – und insofern auch mehr Verantwortung für die Qualität dieser Produkte tragen. Diese Zuschreibung nimmt der Universität das maschinenhafte Wesen einer bürokratischen Anstalt und ersetzt es mit dem charismatischen, schöpferischen Wesen, das üblicherweise für Menschen reserviert bleibt. Diese Idee von der auktorialen Universität bedeutet erstens, dass Universitäten als „epistemische Subjekte“ konzipiert werden (vgl. Knorr-Cetina 2002), d.h. als tatsächliche Urheber von Innovationen und wissenschaftlichen Erkenntnissen. Deutlich wird dies insbesondere in Rankings, wenn Universitäten nach der Anzahl der „von ihnen“ publizierten Forschungsarbeiten beurteilt werden. Die Konstruktion der Universität als Urheber wissenschaftlicher Publikationen führt regelmäßig zu methodischen Problemen in Rankings, wenn es z.B. darum geht zu entscheiden, welcher Institution eine Publikation mit mehreren Autoren zuzurechnen ist, die an verschiedenen Universitäten beschäftigt sind, oder was mit den Leistungen von Wissenschaftlern passiert, wenn sie die Universität wechseln (van Raan 2005: 136-138).

Zweitens werden Universitäten für die ihnen zugeschriebenen Leistungen nicht mehr nur mit materiellen Ressourcen belohnt, sondern sie bekommen darüber hinaus Ehre und Prestige zugeschrieben. Das beste Beispiel hierfür ist die Exzellenzinitiative: Die Begriffe von Elite und Exzellenz sind Formeln für symbolisch generalisierte Anerkennung, Reputation und Ehre, die den Gewinnern des Wettbewerbs über die materiellen Vergünstigungen hinaus zuteilwird. Deshalb ist es auch kein Wunder, dass die exakte Bedeutung dieser Begriffe

[5] Zwar gibt es auch in dieser Hinsicht einige Entwicklungen, die möglicherweise im Zusammenhang mit den Reformen neue Brisanz erlangen, etwa die Frage nach Gender-Gerechtigkeit in der Universität oder die Debatte um die Beteiligung universitärer Wissenschaftler an Rüstungsforschung (Stichwort „Zivilklausel“). Allerdings kann man kaum sagen, dass diese oder vergleichbare Themen im Zentrum der aktuellen Reformen stehen.

notorisch unklar bleibt. Die Kehrseite dieser Entwicklung besteht darin, dass Kritik z.B. wegen zu geringer wissenschaftlicher Produktivität heute auf die Universität als verantwortliche Akteurin bezogen werden kann und nicht mehr einfach durch den Hinweis auf fehlende finanzielle oder personelle Mittel zu entkräften ist. Sobald Universitäten mit der Fähigkeit ausgestattet werden, Prestige und Ruhm zu erlangen, werden sie auch zu potenziellen Objekten von Spott und Schande.

Meiers Hinweis auf die zunehmende moralische Verantwortlichkeit von Universitäten lässt sich aus einer feldtheoretischen Perspektive als die Fähigkeit zur Akkumulation symbolischen Kapitals begreifen. Diese Fähigkeit haben deutsche Universitäten bis in die 1990er Jahre aufgrund der traditionellen Gleichheitsvorstellungen kaum benötigt, jedoch gewinnt sie im Zuge der jüngsten Reformen, insbesondere durch die Exzellenzinitiative, an Bedeutung (vgl. Maasen et al. 2010, Hartmann 2010, Münch 2011). Alle oben angesprochenen Reformstränge haben einen starken symbolischen Aspekt, der mit Anerkennung und Reputation zusammenhängt – und die resultierende Stratifikation im Hochschulsystem hat entsprechend auch einen deutlichen symbolischen Charakter, der weit über einen nüchternen Leistungsvergleich hinausgeht.

Zusammenfassend kann man sagen, dass die Reformen die deutschen Universitäten mit einer ganzen Reihe von Erwartungen konfrontieren, die auf der Annahme aufbauen, dass Universitäten Akteure sind und sein sollen. Die wichtigsten Elemente dieser Akteurs-Vorstellung sind:

- strategisches Handeln: impliziert eigene Interessen und Ziele, eigene Interpretation der Umwelt
- unternehmerisches Handeln: impliziert Opportunismus, Eigeninitiative und Profitorientierung
- Urheberschaft wissenschaftlicher Produkte: impliziert Kreativität und einen Einfluss der Organisation auf die wissenschaftliche Praxis ihrer Mitglieder, der ausschlaggebend ist für die Qualität ihrer Forschung
- Fähigkeit zur Akkumulation symbolischen Kapitals: etabliert Universitäten als potenziell charismatische Akteure mit eigener Identität und als potenzielle Träger von Ruhm und Schande

Folgt man Meiers Argumentation, so wäre zu erwarten, dass Universitäten auf diese neuen Erwartungen durch interne Strukturbildung reagieren, d.h. dass formelle oder informelle Organisationsstrukturen, Regularien und Praktiken in Universitäten sich auf eine Weise verändern, die auf eine Internalisierung dieser Erwartungen hindeutet. Angesichts der spezifischen Eigenschaften der Universität als Organisation ist allerdings damit zu rechnen, dass die neu entstehenden internen Strukturen nicht unbedingt so aussehen und so funktionieren, wie es von den Reformern gewünscht wird: Höchstwahrscheinlich werden Universitäten die veränderten Ansprüche auch in Form neuer Komplexitäten und Unsicherheiten, neuer Entkopplungen zwischen Praxis und Fassade und neuer Konflikte internalisieren.

3 Theoretische Grundlagen

Nachdem im vorangegangenen Kapitel der Gegenstand der vorliegenden Arbeit skizziert wurde, soll im Folgenden die gewählte theoretisch-methodische Perspektive erläutert werden. Wie anfangs erwähnt, versuche ich mit dieser Arbeit einen Beitrag zur bereits recht umfassenden sozialwissenschaftlichen Debatte über die Reformen der deutschen Hochschullandschaft in den letzten zwei Jahrzehnten zu leisten, indem ich den Gegenstand aus einem relativ ungewohnten Blickwinkel betrachte, und zwar aus der Perspektive der Habitus-Feld-Theorie, wie sie von Pierre Bourdieu entwickelt wurde.[6] Im Folgenden diskutiere ich epistemologische Grundannahmen dieses Ansatzes, soweit sie für die vorliegende Arbeit relevant sind. Im Zentrum steht dabei die relationale Perspektive auf den soziologischen Gegenstandsbereich, d.h. die Fokussierung auf Verhältnisse und Beziehungen, sowie die daraus erwachsende, kritische Auseinandersetzung mit Prozessen sozialer Konstruktion und gesellschaftlichen Machtstrukturen. (Bourdieu & Wacquant 1996, Emirbayer 1997, Fuchs 2004).

Die Grundoperation der vorliegenden Untersuchung besteht – wie oben bereits angedeutet – in einer bewussten Distanzierung von den üblichen Fragen und Herangehensweisen an den Gegenstand, d.h. in einem epistemologischen Bruch (Diaz-Bone 2006). Abgrenzen möchte sich die Untersuchung sowohl von den Deutungen der Betroffenen – etwa von Wissenschaftlern, Hochschuldirektoren oder Politikern – als auch von den Interpretationen der Kommentatoren im öffentlichen und sozialwissenschaftlichen Diskurs. Indem die Grundannahmen dieser Perspektiven eingeklammert werden, steigt die Wahrscheinlichkeit dafür, dass es gelingt, etwas Neues, Übersehenes und potenziell Interessantes über die Reformen in Wissenschaft und Universität auszusagen. Die vorliegende Arbeit gründet also auf der Hoffnung, dass es mit dem epistemologischen Bruch möglich wird, andere Beobachtungen zu machen und neue Aussagen zu formulieren – und dass auf diese Weise dem bisherigen Übergewicht relativ theorieferner Herangehensweisen entgegengewirkt und ein produktiver Beitrag zum soziologischen Diskurs über die Hochschulreform gelingen kann.

[6] Zur Feldtheorie als Mittel für einen epistemologischen Bruch mit den Innenperspektiven der am Feld beteiligten Akteure siehe Bourdieu 2001: 296-298, 330f.

3.1 Epistemologische Grundlagen einer relationalen Soziologie

Um sich von vorhandenen Alltagsdeutungen und daran eng anknüpfenden sozialwissenschaftlichen Perspektiven zu distanzieren, soll in der vorliegenden Arbeit die soziale Wirklichkeit im Sinne Pierre Bourdieus als *relational* aufgefasst werden (Bourdieu & Wacquant 1996: 126f., 258ff., Blasius/Schmitz 2012). Die relationale Perspektive hat in der Soziologie – insbesondere im deutschen Sprachraum – eine lange Tradition und geht über Norbert Elias und Ernst Cassirer bis auf Georg Simmel und Karl Marx zurück (Witte 2014); in der Philosophie beginnt die Geschichte des relationalen Denkens bereits bei den Vorsokratikern (vgl. Emirbayer 1997: 282).

Die Charakterisierung der sozialen Welt als „relational" bedeutet hier, dass soziale Phänomene nicht anhand ihres wesenhaften Charakters oder anhand des wesenhaften Charakters der an ihnen beteiligten Gegenstände, Personen und Ereignisse erklärt werden sollen, sondern anhand der *Beziehungen und Verhältnisse* in die sie bzw. die beteiligten Gegenstände, Personen und Ereignisse eingebettet sind (Emirbayer 1997: 287ff.). Etwas radikaler formuliert könnte man sagen: Die relationale Perspektive unterstellt, dass die Eigenschaften von Gegenständen der soziologischen Analyse nicht in den Objekten selbst, sondern in ihren Beziehungen und Verhältnissen zueinander begründet liegen. Diese von Bourdieu formulierte relationale Position geht unter anderem auf Karl Marx zurück: „Die Gesellschaft besteht nicht aus Individuen, sondern drückt die Summe der Beziehungen, Verhältnisse aus, worin diese Individuen zueinander stehn" (Marx 1976: 188). Eine relationale Soziologie zeichnet sich also dadurch aus, dass sie bei der Erforschung gesellschaftlicher Phänomene nicht Individuen und deren Eigenschaften in den Vordergrund rückt, sondern die Beziehungen und Verhältnisse zwischen Individuen[7] sowie die Beziehungen und Verhältnisse zwischen deren jeweiligen Eigenschaften.

Laut Bourdieu kann das „Denken in Relationen [...] auf die soziale Wirklichkeit nur um den Preis eines radikalen Bruchs mit den Alltagsvorstellungen von der sozialen Welt angewandt werden" (Bourdieu 2001: 290). Denn die Alltagsvorstellung unterstellt, dass Gegenstände, Personen und Ereignisse über essentielle Eigenschaften, Bedeutungen und Wertigkeiten verfügen, über Eigenschaften also, die nicht von der Position des Beobachters oder vom Kontext abhängen, sondern die den jeweiligen Gegenständen selbst innewohnen. Demgegenüber betont die relationale Perspektive, dass die sozial relevanten

---

7 „Individuen" können hier einzelne Menschen, aber auch Gruppen, Organisationen, Staaten oder sonstige „Einheiten" soziologischer Analyse sein. Entscheidend für die relationale Perspektive ist der Fokus weg von den essentiellen Eigenschaften dieser Einheiten und hin zu den Beziehungen und Verhältnissen zwischen ihnen.

Eigenschaften – und insbesondere der gesellschaftliche Wert – von Gegenständen, Praktiken und Ereignissen in den sozialen Verhältnissen selbst begründet liegt – z.B. in den Verhältnissen zwischen denjenigen, die einen bestimmten Bildungstitel besitzen und denjenigen, die ihn nicht besitzen.

In der Ökonomie wird der relationale Aspekt jeglicher Bewertung unter dem Begriff des „positionalen Gutes" gefasst (Hirsch 1976). Der Wert positionaler Güter leitet sich daraus ab, dass nicht alle Nachfragenden gleichermaßen Zugang dazu haben können – sei es, weil das Gut aufgrund natürlicher Gegebenheiten knapp ist, oder weil „soziale Knappheit" vorliegt, wie etwa im Fall von Führungspositionen oder olympischen Goldmedaillen. Die relationale Perspektive zeichnet sich dadurch aus, dass sie ausschließlich auf diesen positionalen Aspekt sozialer Bewertung fokussiert. Wichtig ist zu betonen, dass damit keine ontologische Aussage über den „wahren Wert" bzw. die „wirklichen Eigenschaften" von Dingen, Praktiken und Ereignissen gemacht ist. Relationalität ist vielmehr eine theoretische Perspektive, die bewusst überspitzt, was im Alltagsdenken unterbelichtet bleibt – mit dem Ziel, zu neuen Einsichten zu kommen, die aus der Perspektive des Alltagsdenkens nicht zugänglich sind.

Um einen Eindruck davon zu gewinnen, wie sich dieser spezifische Blickwinkel von gewohnten Sichtweisen unterscheidet, kann man versuchen, Aspekte der Hochschulreform relational zu betrachten. Eine zentrale Frage der Reformen lautet etwa: Wie lässt sich die Qualität der Forschung an den deutschen Universitäten verbessern? Übliche Antworten sprechen von der Notwendigkeit besserer finanzieller, personeller und technischer Ausstattung, von internationaler Vernetzung, vom Umbau der Karrierewege und Anreizstrukturen, von der Förderung einer englischsprachigen Publikationskultur und Ähnlichem. Diese Überlegungen sind sicherlich gut und richtig – und vor allem praktisch, d.h. sie stehen in engem Zusammenhang mit dem Denken und Handeln der beteiligten Wissenschaftler, Hochschulverwaltungen, Politiker usw.

Relational gewendet erhält die Frage nach Qualität von Forschung eine ganz andere, viel weniger praktisch orientierte Bedeutung. Denn die relationale Perspektive unterstellt, dass Forschungsqualität nicht als Phänomen an sich existiert, sondern erst aus den Verhältnissen, Beziehungen (und Kämpfen) zwischen verschiedenen Qualitätsansprüchen und Qualitätszuschreibungen vonseiten verschiedener Akteure entsteht. Ein relationaler Zugang zur Frage nach Forschungsqualität führt daher weg von praktischen, policy-relevanten Überlegungen und mündet in eine Untersuchung der Beziehungen und Verhältnisse zwischen verschiedenen Akteuren, Gruppen, politischen und wissenschaftlichen Institutionen und Organisationen, die an der Konstruktion von Forschungsqualität interessiert sind und sich mit eigenen Qualitätsmaßstäben, -ansprüchen und -zuschreibungen daran beteiligen. Auf dieser Grundlage scheint die Suche nach *der einen* richtigen Strategie zur Steigerung von Forschungsqualität ein absurdes Unterfangen. Denn aus relationaler Perspektive wird klar, dass die Verbesserung der Forschungsqualität andere Interventionen voraussetzen, mit anderen Hindernissen zu kämpfen haben und zu anderen praktischen Ergebnissen führen würde, je nachdem, welchen der konfligierenden Maßstäbe man ansetzt. Anstelle der essentialistischen Frage „Was ist besser?" erhebt sich aus relationaler Perspektive die Frage „Was setzt sich durch – angesichts der Verhältnisse zwischen den beteiligten Akteuren und Ideen?" Die Frage nach der Verbesserung von Forschungsqualität ist also aus relationaler Perspektive kaum so zu beantworten, wie sie typischerweise im wissenschaftspolitischen Diskurs gemeint ist. Dennoch – oder gerade deswegen – kann eine relationale Beschäftigung mit solchen Fragen zu praktisch relevanten Erkenntnissen führen – indem die alltagspraktisch zwar ausgeblendeten, aber dadurch nicht weniger wirksamen sozialen Strukturen in den Blick geraten, die den herrschenden Ansichten zum Thema Forschungsqualität zugrundeliegen. Zur Frage nach dem Mehr oder Weniger an Forschungsqualität kann aus relationaler Perspektive noch gesagt werden, dass, egal welcher Qualitätsmaßstab sich durchsetzt, ein Mehr an einer Stelle in den meisten Fällen mit einem Weniger an anderer Stellen einhergehen wird. Das ergibt sich aus der Logik positionaler Güter: Wissenschaftliche Exzellenz ist begehrt, weil sie knapp ist, d.h. ein Gewinn an Exzellenz kann entweder im Rahmen eines Nullsummenspiels erfolgen – oder muss durch Inflation erkauft werden.

Die relationale Perspektive läuft also auf eine Abkehr vom Essentialismus (Fuchs 2004) bzw. Substantialismus (Emirbayer 1997: 287) des Alltagsdenkens hinaus. Damit eröffnet sie den Blick auf soziale Konstruktionsprozesse hinter den Dingen und Ereignissen, die aus der Alltagsperspektive als objektiv gegeben, natürlich und selbstverständlich erscheinen. Der Begriff „Konstruktion" soll hier keineswegs auf Beliebigkeit oder „Uneigentlichkeit" hindeuten. Vielmehr verweist er auf die ungeheure Bedeutung des Unbewussten, Vergessenen, Übersehenen und Verschleierten in gesellschaftlichen Zusammenhängen: Das Übersehen des relationalen Charakters und der Konstruiertheit sozialer Phänomene schafft erst die Bedingungen, unter denen die Beteiligten sie im Sinne Durkheims als objektiv und zwingend erleben und im Sinne von Berger und Luckmann als selbstverständlich und normal hinnehmen können (Durkheim 1984; Berger & Luckmann 1977).

Bourdieu bietet die Begriffe *illusio* und *doxa* an, um die kollektiven Praktiken des Übersehens und Verschleierns zu analysieren (Bourdieu & Wacquant 1996: 104f., 128). Die *illusio* ist ein durch Sozialisation angeeignetes, tiefes, vorreflexives Interesse am sozialen Miteinander allgemein bzw. an bestimmten gesellschaftlichen Sphären, Positionen, und Praktiken. So sind zum Beispiel gesellschaftliche Sphären wie Wissenschaft, Kunst oder Sport nur für Personen bedeutsam, die im Laufe ihres Lebens eine entsprechende *illusio*, d.h. ein tiefes Interesse an diesen Praktiken aufgebaut haben – was in verschiedenen Regionen des sozialen Raumes unterschiedlich wahrscheinlich ist. Die *doxa* hingegen ist die gesellschaftlich als legitim anerkannte Erklärung oder Rechtfertigung dafür, dass z.B. Kunst, Sport oder Wissenschaft nach bestimmten Spielregeln funktionieren. Die doxische Rechtfertigung der Kunst beispielsweise lehnt jeden ökonomischen Verwertungsanspruch ab und beschreibt die Praxis des Künstlers als selbstlose Suche nach neuen Formen von Ästhetik (Zahner 2006; Bourdieu 2001). Erst die soziologische Kontextualisierung macht den Blick frei auf die sozialen und psychischen Strukturen, die dem Kunstbetrieb und der künstlerischen Praxis unterliegen, jedoch mithilfe von *illusio* und *doxa* individuell und kollektiv verschleiert werden.

Die Prozesse sozialer Konstruktion durch *illusio* und *doxa* lassen sich an Beispielen aus der Hochschulreform illustrieren: Oben wurde darauf hingewiesen, dass aus relationaler Perspektive z.B. eine relative Verbesserung von Forschungsqualität an einer Position auf eine relative Abwertung an anderen Positionen hindeutet. Dass solche Zusammenhänge zwischen Auf- und Abwertung im hochschulpolitischen Diskurs nicht gesehen werden, ist das Ergebnis eines komplexen Prozesses sozialer Konstruktion: Diskursive Praktiken (*doxa*), habituelle Strukturen (*illusio*) und die darunter liegenden Beziehungen und Verhältnisse strukturieren die Hochschulpolitik und den öffentlichen Diskurs in einer Weise, die diesen Zusammenhang für die Beteiligten unsichtbar macht und es plausibel erscheinen lässt, wissenschaftliche Leistungsfähigkeit als etwas Handfestes und unabhängig Steigerbares zu behandeln.

Soziale Konstruktionen dieser Art sind allgegenwärtig; sie sorgen für Komplexitätsreduktion und machen verwickelte Probleme gesellschaftlich handhabbar. Eine breite öffentliche Diskussion wie sie z.B. zur Exzellenzinitiative stattfindet wäre nicht möglich, wenn alle Diskussionsteilnehmer der gesamten Komplexität des Gegenstandes ausgesetzt wären. Zugleich begünstigt dieses kollektive Übersehen jedoch auch nicht intendierte, potenziell kontraproduktive Effekte – und nicht zuletzt spielt es eine entscheidende Rolle bei der Reproduktion von Machtstrukturen. Die Analyse dieser Strukturen gehört ebenfalls zu den Kernthemen relationaler Soziologie. Soziale Konstruktionen wie z.B. der Unterschied zwischen „wissenschaftlich exzellent" und „nicht exzellent" können nur mithilfe erheblicher kollektiver Anstrengungen aufgebaut, zur Geltung gebracht und aufrechterhalten werden. Die sozialen und individuellen Mühen, die in solche Konstruktionsprozesse einfließen, sowie die sozialen und individuellen Gewinne, die sich daraus ergeben, sind jedoch ungleich verteilt und etablieren objektive Machtverhältnisse, die wiederum durch soziale Konstruktionsarbeit, *illusio* und *doxa* legitimiert werden können (Bourdieu 2005a). So können sich etwa die Gewinner der Exzellenzinitiative an ihrem neuen Exzellenz-Status erfreuen, während sowohl die Verlierer als auch diejenigen die nicht teilgenommen haben eine mindestens symbolische Degradierung in Kauf nehmen müssen, gegen die sie nichts unternehmen können und für die sie in den Augen der Öffentlichkeit selbst die Verantwortung tragen. Das so entstandene Machtverhältnis fußt auf der Verkennung des relationalen Zusammenhangs von Exzellenz auf der einen und Mittelmaß bzw. Dürftigkeit auf der anderen Seite. Die Verstetigung dieses Machtverhältnisses wird aller Voraussicht nach mit einer Zunahme von Konflikten innerhalb und zwischen Universitäten einhergehen, die sicherlich nicht nur positive Folgen für das Hochschulsystem insgesamt haben (Hartmann 2010; Neidhardt 2010). Der Umgang mit diesen Konflikten wird in dem Maße erschwert, in dem der Zusammenhang zwischen der Aufwertung der einen und der Abwertung der anderen Wissenschaftler, Fächer oder Universitäten kollektiv übersehen wird.

Diese Beispiele weisen auf einen weiteren Kernaspekt der relationalen Perspektive hin: Mit dem Fokus auf soziale Konstruktionsprozesse in gesellschaftlichen (Macht-)Verhältnissen und deren Verkennung geht einher, dass eine relationale Soziologie notwendigerweise kritisch ist bzw. als kritisch aufgefasst werden kann. Ihre kritischen Impulse werden besonders deutlich, wenn als selbstverständlich geltende Interpretationen und Rechtfertigungen sozialer Praxis durch soziologische Kontextualisierung herausgefordert werden, wie etwa in den oben skizzierten Beispielen zur Hochschulreform. Im besten Fall kann die relationale Soziologie dazu beitragen, unbewusste bzw. unreflektierte Aspekte sozialer Praxis ins gesellschaftliche Bewusstsein zu heben und sie so diskutierbar zu machen. Jedoch muss sich eine Untersuchung der Hochschulreform aus relationaler Perspektive auch darauf gefasst machen, dass ihre Fragestellungen und Ergebnisse auf wenig intuitives Verständnis und möglicherweise auch auf geringe Gegenliebe stoßen[8], sofern sie mit der essentialistischen Alltagsperspektive bricht und von den praktischen Problemen und Ansichten der Beteiligten abstrahiert.

Einen solchen Balanceakt zwischen Innovation und Anschlussfähigkeit muss jede wissenschaftliche Arbeit leisten – und angesichts der Tatsache, dass die Reformen im deutschen Hochschulsystem bereits sehr ausführlich erforscht und kommentiert sind, scheint es mir sinnvoll, etwas mehr Innovation zu wagen und damit das Risiko verminderter Anschlussfähigkeit einzugehen. Dabei sollen die vorhandenen Ansätze und Erkenntnisse aus der Literatur keineswegs über Bord

---

8 Die folgenden Gedanken dienen einer weiteren Erläuterung der relationalen Perspektive im Verhältnis zum Alltagsdenken und zum Verständnis der Funktion von Wissenschaft, die den oben präsentierten Argumenten unterliegt: Der Essentialismus der Alltagsperspektive hat die Funktion, Komplexität zu reduzieren und Handlungsfähigkeit zu sichern. Diese Perspektive ist „viabel" (Glasersfeld), insofern sie dazu befähigt, die praktischen Probleme des Alltags zu handhaben. Diese Perspektive eignet sich z.B. dazu, Hochschulpolitik zu betreiben und kann die Probleme, die sich dabei ergeben, behandeln, aber nicht hinreichend erklären und selten endgültig lösen.
Der „Relationismus" der hier verfolgten Perspektive hingegen hat die Funktion, Komplexität zu erhöhen und neue Einsichten zu ermöglichen. Diese Perspektive ist „viabel", insofern sie anschlussfähig ist und irritiert, d.h. insofern es ihr gelingt, Bekanntes auf ungewohnte Weise erscheinen zu lassen, sodass dadurch die „gewohnte Weise" des Betrachtens als nur eine unter vielen möglichen Betrachtungsweisen erkannt und in ihrer unweigerlichen Limitiertheit durchschaut werden kann. Diese Perspektive eignet sich z.B. dazu, Hochschulpolitik zu analysieren und kann die Probleme der Hochschulpolitik erklären, jedoch kaum behandeln und nicht lösen.
Man könnte nun unterstellen bzw. fordern, dass eine Perspektive zwischen Wissenschaft und Praxis möglich ist bzw. möglich sein muss, die sowohl Erklärungen liefern als auch Praxis anleiten kann. Aufgrund dieser Vorstellung könnte man den Anspruch erheben, dass eine feldtheoretische Analyse der Reformen, wie sie hier versucht wird, zu „praktikablen" Ergebnissen kommen muss, zu Ergebnissen also, die sich z.B. in der Praxis der Hochschulpolitik umsetzen lassen.
Ich zweifle am Sinn eines solchen Unterfangens, denn es beruht aus meiner Sicht auf einem Missverständnis des Verhältnisses von Wissenschaft und praktischer Problembehandlung. Ich gehe im Gegenteil davon aus, dass wissenschaftliche Tätigkeit umso mehr Potenzial hat, je mehr es ihr gelingt, sich von den Imperativen der Praxis zu lösen. (Ebenso scheint mir die praktische Behandlung von Problemen davon zu profitieren, wenn die zugrunde liegende Vorstellung/Erklärung des Problems so einfach wie möglich gehalten wird.)
Die Imperative der Praxis verengen das Feld der Möglichkeiten und erzeugen so zugleich Handlungsfähigkeit und Blockaden von Handlungsfähigkeit, d.h. Probleme. Die Aufgabe der Wissenschaft besteht darin, bei der Auflösung bzw. Umgehung praktischer Blockaden/Probleme zu helfen, und zwar durch Hinweis auf Möglichkeiten jenseits der aktuell geltenden praktischen Imperative. Die Grundlage hierfür ist eine Exploration des Feldes der Möglichkeiten in alle Richtungen – unabhängig von praktischen Imperativen.
Die vorliegende Arbeit besteht zu großen Teilen in einer solchen Exploration und ist motiviert durch die Hoffnung, dass ihre Ergebnisse als Hinweise auf neue Möglichkeiten jenseits der aktuell geltenden praktischen Imperative wissenschaftlicher und wissenschaftspolitischer Praxis dienen können.

geworfen werden – im Gegenteil: Die eingangs referierten Argumente und Befunde bilden eine wichtige Grundlage für die folgenden Untersuchungen und die erarbeiteten Ergebnissen werden durchgehend im Lichte vorhandener Erkenntnisse aus der Literatur interpretiert. Im Schlusskapitel erfolgt darüber hinaus eine zusammenfassende Diskussion, die auf Parallelen und Divergenzen zwischen den Ergebnissen dieser Arbeit und den Erkenntnissen aus der vorhandenen Literatur eingeht.

3.2 Zur Einordnung in die aktuelle Feldanalyse-Literatur

Zur Konkretisierung des oben skizzierten relationalen Erkenntnisprogramms verwende ich das von Pierre Bourdieu entwickelte theoretisch-methodische Instrumentarium der Habitus-Feld-Theorie, das gelegentlich auch als „Feldanalyse" bezeichnet wird. Die Vorteile der Feldanalyse gegenüber vielen anderen soziologischen Ansätzen liegen aus meiner Sicht darin, dass sie sowohl eine Theorie mit relationalen Begrifflichkeiten als auch eine Methodologie mit relationalen Untersuchungsstrategien umfasst. Diese beiden Aspekte – Theorie und Methodologie – sind in der Feldanalyse sehr eng integriert und basieren auf der gemeinsamen Grundlage relationalen Denkens. Im Rahmen der Feldanalyse ist es deshalb relativ einfach möglich, die oben skizzierte Idee des Relationalen in die einzelnen Arbeitsschritte der soziologischen Untersuchung auf produktive Weise einfließen zu lassen. Wie ein Blick in die Literatur zeigt, lassen sich unter dem der Begriff „Feldanalyse" viele teils weit divergierende Beiträge zusammenfassen, weshalb hier ein paar Worte zur Einordnung der vorliegenden Untersuchung nötig sind.

Bernhard und Schmidt-Wellenburg (2011) unternehmen in ihrem Sammelband „Feldanalyse als Forschungsprogramm" den Versuch, aktuelle feldtheoretisch inspirierte Arbeiten enger aufeinander zu beziehen und als Forschungsprogramm im Sinne Imre Lakatos' (1980) zu rahmen. Obwohl dieser Vorstoß durchaus zu begrüßen ist, fehlt es aus meiner Perspektive den vielen Beiträgen, die sich unter dem Label „Feldanalyse" zusammenfassen lassen, (noch) an echten, d.h. für die Analyse folgenreichen und für die Kooperation fruchtbaren theoretischen und methodischen Gemeinsamkeiten. Zwar können in der Literatur durchaus geteilte Bezugspunkte ausgemacht werden, etwa eine mehr oder weniger enge Orientierung an Bourdieus Arbeiten sowie eine empirische Vorgehensweise, die einen gesellschaftlichen Teilbereich abgrenzt und ihn als Feld beschreibt. Jenseits dieser Ähnlichkeiten jedoch divergieren sowohl die theoretischen Stoßrichtungen, die eingesetzten Untersuchungsmethoden sowie die Untersuchungsgegenstände sehr weit. Anstelle eines gemeinsamen abstrakten theoretisch-methodischen Programms, das von verschiedenen Autoren auf verschiedenen Untersuchungsfeldern mit empirischer Substanz gefüllt wird (Bernhard & Schmidt-Wellenburg 2011: 30), erweckt die Feldanalyse-Literatur (im deutschsprachigen Raum) eher den Eindruck eines Sammelsuriums relativ disparater Beiträge, die durch nicht viel mehr als eine geteilte Theoriepräferenz verbunden sind. Es fehlt insbesondere an Kooperation und produktivem Dissens, die zu Fortschritten auf der Ebene der Theorie oder der Methodologie führen könnten.[9]

Die Hauptunterschiede zwischen den feldanalytischen Arbeiten verlaufen dabei entlang (mindestens) dreier Dimensionen: Die erste Dimension beschreibt die Nähe zu Bourdieus Arbeiten bzw. den Grad der „Orthodoxie", mit der Bourdieschen Ideen umgesetzt und typische Analyseformen reproduziert werden. Hier reicht das Spektrum von eher orthodoxen Arbeiten, die sich theoretisch, methodisch und auch was die behandelten Themen angeht nahe an Bourdieu halten (z.B. Lenger 2008, Blasius & Schmitz 2013) bis zu Arbeiten, die Bourdieu mit anderen Ansätzen kombinieren, etwa mit Diskursanalyse (Schmidt-Wellenburg 2013, Hamann 2014), mit Netzwerkanalyse und Netzwerktheorie (Heiberger 2015) oder mit dem Konventionenökonomie-Ansatz (Suckert 2015). Der überwiegende Teil der deutschsprachigen Beiträge zur Feldanalyse rangiert dabei am „heterodoxen" Ende dieser Dimension. Das heißt, Feldanalyse bedeutet selten eine enge Umsetzung des Bourdieuschen Erkenntnisprogramms, sondern die Habitus-Feld-Theorie wird in vielen Fällen mithilfe anderer Ansätze erweitert.

Die zweite Dimension wird durch die jeweils gewählten Untersuchungsmethoden aufgespannt: Auf der einen Seite gibt es einige Arbeiten, die Methoden bevorzugen, die von Bourdieu selbst angewandt wurden, d.h. qualitative, ethnografische Verfahren wie teilnehmende Beobachtung und Interviews sowie die Korrespondenzanalyse und verwandte Verfahren der geometrischen Statistik. Auf der anderen Seite werden im Rahmen feldanalytischer Untersuchungen

9 Bernhard und Schmidt-Wellenburg bemühen Lakatos' Unterscheidung zwischen dem „Kern" und dem „Schutzgürtel" eines Forschungsprogramms, um die starken Divergenzen innerhalb der Feldanalyse zu begründen: Während der Kern von den Anhängern eines Forschungsprogramms nicht empirisch überprüft, sondern „stillschweigend vorausgesetzt" wird, befindet sich der Schutzgürtel im „Kreuzfeuer der empirischen Arbeit und der Auseinandersetzung mit konkurrierenden Erkenntnissen, Forschungsansätzen und Schulen" (Bernhard & Schmidt-Wellenburg 2011: 28). Mein Eindruck ist vielmehr, dass die aktuelle Entwicklungsphase dieses Literaturstrangs durch eine Abwesenheit jeglichen „Kreuzfeuers" gekennzeichnet ist – was dagegen spricht, Feldanalyse in ihrer heutigen Gestalt als Forschungsprogramm zu begreifen. Das bedeutet jedoch nicht, dass eine Entwicklung in dieser Richtung unmöglich ist. Ein gelungenes Beispiel einer solchen Entwicklung ist die ebenfalls feldtheoretisch ausgerichtete „Strasbourg School" in der politische Soziologie (vgl. Gengnagel 2014). Ein entscheidender Schritt auf diesem Weg wäre sicherlich die stärkere Etablierung der Feldanalyse in der deutschsprachigen soziologischen Fachgemeinschaft – denn bisher werden die allermeisten feldtheoretischen Beiträge von NachwuchswissenschaftlerInnen verfasst.

vielfach Methoden angewandt, die in den Arbeiten Bourdieus keine Rolle spielen, etwa die bereits erwähnte Diskursanalyse. In einigen Fällen werden Feldanalysen auch mit Methoden durchgeführt, von denen Bourdieu selbst sich explizit distanziert hat – dazu zählen insbesondere netzwerkanalytische Verfahren und Regressionsanalysen (z.B. Anheier et al. 1995, Münch & Baier 2012).

Die dritte Dimension schließlich beschreibt die thematische Ausrichtung der einzelnen Feldanalysen bzw. die Art der jeweils betrachteten Felder. Auf der einen Seite finden sich Arbeiten, die makrosoziologische Forschung zu großen Teilbereichen moderner Gesellschaften wie etwa Kunst, Ökonomie, Wissenschaft und Politik aus feldtheoretischer Perspektive betreiben (z.B. Zahner 2006; Schmidt-Wellenburg 2013; Suckert 2015; Heiberger 2015; Massih-Tehrani et al. 2015). Diese Beiträge sind oft anschlussfähig an den allgemeinen (makro-)soziologischen Diskurs und haben darüber hinaus auch gesellschaftstheoretisches Potenzial[10], d.h. sie generieren Erkenntnisse, die möglicherweise über die jeweils betrachteten Felder hinaus verallgemeinert und zu einer feldanalytisch fundierten Gesellschaftstheorie bzw. Gegenwartsdiagnose zusammengeführt werden könnten. Auf der anderen Seite gibt es Feldanalysen zu weniger stark beforschten, „exotischeren" Themen[11] bzw. zu deutlich „kleineren" Feldern.[12]

Wie lässt sich nun die vorliegende Arbeit auf diesen Dimensionen verorten? Zumindest der Intention nach nehmen die folgenden Untersuchungen auf der Theorie- und der Methoden-Dimension eine gemäßigt orthodoxe Position ein. Beabsichtigt ist also, dem theoretischen und methodischen Programm Bourdieus weitgehend treu zu bleiben, d.h. keine Anleihen bei anderen theoretischen Ansätzen zu machen und Methoden so zu verwenden, dass sie den relationalen Grundgedanken der Arbeit möglichst deutlich widerspiegeln. Dabei werden allerdings die feldtheoretischen Begriffe auf einen relativ unüblichen Gegenstandsbereich, nämlich auf Organisationen, angewandt, und die dazu eingesetzten Methoden basieren zwar zum Großteil auf der geometrischen Statistik, gehen jedoch an einigen Stellen darüber hinaus und inkorporieren sowohl Netzwerkanalysen als auch Regressionsanalysen und nichtparametrische Schätzverfahren.

Auf der Themen-Dimension rangiert die vorliegende Arbeit ganz eindeutig im makrosoziologischen Bereich. Auch im vorliegenden Fall sind also Affinitäten zu laufenden soziologischen Debatten vorhanden, die, soweit möglich, in den folgenden Analysen fruchtbar gemacht werden sollen. Explizite Anschlüsse an eine umfassende Gesellschaftstheorie oder eine Theorie sozialer Felder kann die vorliegende Arbeit jedoch nur an vereinzelten Stellen generieren. Die problema-

---

10 Das gesellschaftstheoretische Potenzial der Feldanalyse wird allerdings, wie bereits erwähnt, nur selten umgesetzt.

11 Etwa zum Feld der Gelehrten im vormodernen Europa in Füssel & Trüter (2011)

12 So konzipiert z.B. Neumann (2011) eine einzelne Interaktionssituation in der teilnehmenden Beobachtung als Feld.

tische Tendenz zur Isolierung eines einzelnen Feldes als Untersuchungsgegenstand – und die damit einhergehende Schwierigkeit, die Rolle dieses Feldes im gesamtgesellschaftlichen Gefüge zu erfassen – wird man den folgenden Untersuchungen also ebenfalls vorwerfen können. Angesichts der oben bereits erwähnten Theorieferne der soziologischen Auseinandersetzung mit der Hochschulreform kann es vielleicht schon als kleiner Fortschritt gelten, dass hier überhaupt ein Anschluss an übergreifende gesellschaftstheoretische Debatten eröffnet wird. Die vorliegende Arbeit betreibt in diesem Sinne Wissenschaftssoziologie mit gesellschaftstheoretischen Hintergedanken – in der Hoffnung, dass die mitgeführten gesellschaftstheoretischen Bezüge in weiteren Arbeiten aufgegriffen werden können.

3.3 Organisationssoziologie und Feldtheorie

Seit den frühen 1990er Jahren sind vermehrt Versuche zu beobachten, Pierre Bourdieus Forschungsansatz für die Untersuchung von Organisationen fruchtbar zu machen. Dieses Unterfangen ist bis heute eine Herausforderung geblieben, denn Bourdieu hat selbst keine explizite Organisationssoziologie entwickelt und deshalb gibt es viel Unsicherheit und mehr als genug Raum für konkurrierende Lesarten und Interpretationen. Die vorhandenen Literaturbeiträge, die sich mit einer Bourdieuschen Organisationssoziologie befassen, kann man grob in zwei Kategorien einteilen: Einerseits finden sich eine Reihe programmatischer Beiträge, die methodologische Prinzipien und theoretische Konzepte des Bourdieuschen Oeuvres aus organisationssoziologischer Perspektive diskutieren (DiMaggio & Powell 1991: 26; Everett 2002; Lounsbury & Ventresca 2003; Emirbayer & Johnson 2008; Golshorki et al. 2009, Fligstein & MacAdam 2011). Andererseits kommen Bourdieus Ideen – meist in selektiver Form – immer wieder in empirischen Studien zu Organisationen zum Einsatz (z.B. Kurunmäki 1999; Hallet 2003). Angesichts dieser Situation lässt sich behaupten, dass in der organisationssoziologischen Annäherung an Bourdieu eine Lücke zwischen umfassenden theoretisch-programmatischen Arbeiten und kleinteiligen empirischen Studien existiert. Der theoretische Literaturstrang tendiert dazu, Bourdieus Ideen sehr abstrakt zu diskutieren, sodass die gewonnen Einsichten in der konkreten Forschungspraxis nur schwer umzusetzen sind. Andererseits fällt bei vielen empirischen Studien ein starker Hang zum Eklektizismus auf, d.h. es werden jeweils nur einzelne Begriffe (etwa Habitus, Kapital, Feld) aus dem Bourdieuschen Ansatz herausgegriffen. Diese Vorgehensweise ist problematisch, denn sie verkennt den inhärent relationalen Charakter des Bourdieuschen Theorieapparates und verschenkt deshalb den Großteil der Erklärungskraft dieses Ansatzes, die sich erst aus dem wechselseitigen Bezug der Begriffe ergibt

(Dederichs & Florian 2004; Florian 2008; Emirbayer & Johnson 2008; Swartz 2008; Dobbin 2008; Vaughan 2008).

Ein Ziel der vorliegenden Arbeit besteht darin, auf die Schließung dieser Lücke zwischen rein theoretischer und selektiv empirischer Rezeption hinzuarbeiten. Im Folgenden werden zu diesem Zweck einige zentrale Begriffe aus dem Bourdieuschen Forschungsprogramm im Hinblick auf ihre organisationssoziologische Anwendbarkeit diskutiert. Der Fokus liegt dabei auf Aspekten, die in der vorhandenen Literatur kaum beachtet worden sind, nämlich der Entwicklung organisationaler Felder im Zeitverlauf, den räumlichen bzw. topologischen Eigenschaften von Feldern sowie der Frage nach einem organisationalen Habitus. Um den Mehrwert einer feldtheoretischen Perspektive auf Organisationen herauszuarbeiten, werden in dieser Diskussion zwei etablierte Perspektiven aus der Organisationssoziologie als Kontrastfolien herangezogen, und zwar die neo-institutionalistische Organisationsforschung auf der einen und der Organisationsökologie-Ansatz auf der anderen Seite.

Die sozialwissenschaftliche Literatur über Organisationen ist, auch wenn man sich auf diese beiden Ansätze beschränkt, ein extrem weites und vielseitiges Gebiet, sodass es kaum möglich ist, aus einer Bourdieuschen Perspektive eine Kritik zu formulieren, die allen vorhandenen Spielarten des organisationssoziologischen Neo-Institutionalismus und/oder der Organisationsökologie gerecht wird. Ich beschränke mich deshalb hier darauf, auf zwei häufig zu beobachtende Tendenzen innerhalb dieser Forschungsansätze hinzuweisen, die man mit Bourdieu als problematisch bezeichnen kann: Erstens ist in der Organisationssoziologie eine ineffektive Form der intellektuellen Arbeitsteilung zu beobachten, die – zweitens – dazu führt, dass zentrale soziologische Charakteristika von Organisationen aus dem Blick geraten.

Beim Vergleich zwischen Neo-Institutionalismus und Organisationsökologie stößt man schnell auf eine merkwürdige analytische Spezialisierung. Die beiden Ansätze haben sich in Abgrenzung voneinander entwickelt und scheinen dabei die sozialwissenschaftliche Erforschung von Organisationen auf eine Weise untereinander aufgeteilt zu haben, die zu parallelen, aber inkompatiblen Forschungsprogrammen und zu disparaten, unzusammenhängenden Erkenntnissen geführt hat. In der Organisationsökologie geht es darum, zu erklären, weshalb es so viele verschiedene Arten von Organisationen gibt (Hannan & Freeman 1977) und wie sich Nischen in Organisationsökologien bilden (Dobrev et al. 2002). Im Neo-Institutionalismus geht es im Gegenzug darum zu erklären, weshalb Organisationen einander so ähnlich sind und im Zeitverlauf immer ähnlicher werden (DiMaggio & Powell 1983: 148). Passend zu diesen spiegelbildlichen Ausgangsfragen werden unterschiedliche Mechanismen postuliert, die organisationale Differenzierung bzw. Isomorphie erklären. Die Organisationsökologie geht davon aus, dass Organisationen äußerst starre und träge Gebilde sind, die aus eigener Kraft nicht zu einer gezielten Umweltanpassung in der Lage sind, weshalb die empirische Vielfalt von Organisationen durch Selektionsprozesse in der Umwelt zu erklären ist (Hannan & Freeman 1977: 931-932; 1984: 151 ff.). Im Gegensatz dazu argumentiert der Neo-Institutionalismus, dass Organisationen innerhalb geteilter Themen- oder Arbeitsbereiche dazu tendieren, Netzwerke der wechselseitigen Beobachtung und des Austausches zu etablieren, aus denen langfristig gemeinsame Regeln und Standards erwachsen, die dann für die beteiligten Organisationen bindend werden und Druck auf abweichende Organisationen entfalten (DiMaggio & Powell 1983: 148, 150 ff.). Aus der Perspektive der Organisationsökologie betrachtet hängen Organisationen vor allem von den vorhandenen materiellen Ressourcen ab, die sie in ihrer Umwelt vorfinden. Aus neo-institutionalistischer Perspektive hingegen sind es vor allem symbolische Aspekte wie Anerkennung, Legitimität und Reputation, die über das Schicksal von Organisationen entscheiden.

Insgesamt ist hier eine intellektuelle Arbeitsteilung zu beobachten, die auf einer ganzen Reihe von „false dualisms" (Emirbayer & Johnson: 16) basiert: Die sozialen Phänomene in und um Organisationen werden ohne Not in exklusive Kategorien einsortiert. Dadurch geraten die empirisch durchaus vorhandenen und soziologisch interessanten Zusammenhänge zwischen diesen Phänomenen zwangsläufig aus dem Blick. Als Folge daraus wird organisationale Isomorphie untersucht, ohne auf Differenzierung zu achten; Organisationsökologien werden erforscht, ohne dass die einzelnen dazugehörigen Organisationen berücksichtigt werden; es werden Alltagspraktiken in Organisationen analysiert, ohne dass das umfassende organisationale Feld berücksichtigt würde, in dem diese Praktiken situiert sind; oder es werden Organisationskulturen und -identitäten unabhängig von ihren materiellen Rahmenbedingungen erforscht.

Angesichts dieser Situation ist es leicht, die bleibende Attraktivität des Bourdieuschen Forschungsprogramms für die Organisationssoziologie zu verstehen, denn eines seiner zentralen Anliegen besteht darin, solche „falschen Dualismen" zu unterlaufen. Mit einer feldtheoretischen Organisationssoziologie verbindet sich daher die Hoffnung, dass die vielfältigen Ansätze, Methoden und Themen der Organisationsforschung nicht nur nebeneinander existieren, sondern im Rahmen eines umfassenden theoretisch-methodischen Rahmens fruchtbar aufeinander bezogen werden könnten.

Das zweite Problem der Organisationsforschung, auf das ich hier eingehen möchte, ist zumindest teilweise eine Folge der unglücklichen intellektuellen Arbeitsteilung: Beide hier betrachteten organisationssoziologischen Paradigmata übersehen tendenziell ein zentrales soziologisches Charakteristikum von Organisationen, und zwar ihre Dualität (Emirbayer and Johnson 2008: 22). Diese Dualität besteht darin, dass Organisationen auf der einen Seite aus den Relationen zwischen ihren individuellen menschlichen Mitgliedern bestehen und auf der anderen Seite selbst kollektive Akteure mit eigener Geschichte, eigenem Geschmack und eigenen Interaktionsbeziehungen sind. Diese empirisch vorhandene

Dualität hat weitreichende Implikationen für theoretische, methodische und forschungspraktische Aspekte der Organisationsforschung. Sie verweist vor allem auf die Gefahren einer essentialistischen Perspektive auf Untersuchungsobjekte, egal ob es sich dabei um Gesellschaften, soziale Felder, Organisationen, Gruppen oder individuelle Akteure handelt (Fuchs 2001, 2004). Dennoch hat die intellektuelle Spezialisierung gerade in der Organisationssoziologie dazu geführt, dass diese zentrale Eigenschaft von Organisationen weitgehend unbeachtet bleibt. Bourdieu wendet sich im Gegensatz dazu gegen eine essentialistische Auffassung von Untersuchungsobjekten, indem er den Prozess der Konstruktion des Forschungsgegenstandes ins Zentrum seiner Methodologie rückt. Auch in diesem Punkt könnte also der feldtheoretische Ansatz dabei helfen, das Erklärungspotenzial der Organisationssoziologie zu erweitern.

3.4 Feldtheoretische Begriffe in der Anwendung auf Organisationen

Die Frage, wie die theoretisch-methodische Position Bourdieus für die Untersuchung von Organisationen erschlossen werden kann, ist keineswegs trivial, denn wie oben bereits angedeutet hat Bourdieu zwar in seinem Spätwerk über Organisationen geforscht,[13] jedoch selbst keine explizite Organisationstheorie entwickelt. Es gibt allerdings einiges an Literatur, die sich mit diesem Thema befasst (Everett 2002; Lounsbury & Ventresca 2003; Emirbayer & Johnson 2008; Swartz 2008; Dobbin 2008; Vaughan 2008; Golshorki et al. 2009). Emirbayer und Johnson bieten eine Bourdieu-Interpretation an, die Organisationen auf der einen Seite als Akteure in „organizational fields“ betrachtet, andererseits aber auch Fallanalysen mit dem Fokus auf einzelne „organizations-as-fields“ durchführt (Emirbayer & Johnson 2008). Es bleibt jedoch bei einer theoretischen Diskussion, die zwar Empfehlungen für empirische Umsetzungen formuliert, selbst aber den Praxistest nicht unternimmt.

In Bourdieus eigenen Arbeiten finden sich Hinweise für die Möglichkeit, Feldanalysen mit dem Fokus auf Organisationen durchzuführen. So konzipiert er selbst Organisationen als Akteure in verschiedenen sozialen Feldern, etwa Grandes Ecoles im französischen Feld der Bildung oder Unternehmen im Feld der Eigenheimproduktion (Bourdieu 2004, 2005b). Zudem betont er die Abstraktheit des feldanalytischen Akteursbegriffs: Akteure sind diejenigen Entitäten, die „Eigenschaften besitzen, die erforderlich sind, um im Feld Wirkungen zu entfalten, Effekte zu produzieren“ (Bourdieu & Wacquant 1996: 139). Swartz arbeitet diesen Punkt noch deutlicher heraus: Die Positionen in einem Feld können nicht nur von Menschen, sondern von verschiedenen sozialen Gebilden – Organisatio-

[13] Etwa über Wohnungsbauunternehmen (Bourdieu 2005b) und Verlage (Bourdieu 2008a).

nen, Gruppen, Netzwerken – eingenommen werden (Swartz 2008: 49). Ob man also Organisationen im feldtheoretischen Sinne als Akteure betrachten und Analysen organisationaler Felder mit Bourdieu durchführen kann, hängt letztlich von den empirischen Gegebenheiten ab, nämlich davon, ob sich ein Feld konstruieren lässt, in dem sie als Träger von Positionen auftreten und Praktiken offenbaren, die sich insbesondere über ihre Position im Feld erklären lassen.

Das Ziel der folgenden Ausführungen besteht darin, auf dieser Diskussion aufbauend die wichtigsten Begriffe des Bourdieuschen Theorieapparats kurz vorzustellen und zu diskutieren, wie sie für die Untersuchung von Organisationen verwendet werden können. Dabei werden insbesondere die Aspekte des Bourdieuschen Begriffsapparats beleuchtet, die in der Literatur bisher nicht die gebührende Aufmerksamkeit gefunden haben.

3.4.1 Feld

Die klassische Definition bezeichnet ein Feld als eine „Konfiguration von objektiven Relationen zwischen Positionen" (Bourdieu & Wacquant 1996: 127) und damit als sozialen Raum, der durch Nähe und Distanz, Über- und Unterordnung zwischen Positionen aufgespannt wird. Da Felder relativ autonome „Mikrokosmen" sind, folgen Nähe und Distanz sowie Über- und Unterordnung bestimmten Mustern, die sich von Strukturen außerhalb der Felder erheblich unterscheiden können (Bourdieu 1998a: 18ff.). Zugleich ist jedes Feld ein Kampfplatz, in dem Akteure um materielle und symbolische Ressourcen verschiedener Art konkurrieren – etwa um Reputation in Form von Zitationen, um Publikationschancen in Fachjournalen, um Forschungsgelder und Personalstellen.

Der analytische Nutzen des Feldbegriffs besteht darin, die Praxis von Akteuren auch dann erklären zu können, wenn sie weder aus ihrer allgemeinen, etwa sozioökonomischen Situation, noch aus ihren intrinsischen Eigenschaften allein zu verstehen ist. Mit dem Feldbegriff geraten zum einen die direkten Beziehungen zwischen den Akteuren in den Blick – zum anderen aber auch die indirekten Beziehungen und Verhältnisse, die zum Beispiel durch die gemeinsame Teilhabe oder Nicht-Teilhabe an bestimmten Ressourcen, Fähigkeiten oder Eigenschaften vermittelt sein können. Ein Feld beeinflusst sowohl externe Möglichkeiten, Notwendigkeiten und Zwänge als auch intrinsische Absichten, Kalküle und Ziele der Akteure und lenkt diese in spezifische Bahnen – Bourdieu spricht in diesem Zusammenhang von „Feldeffekten" (Bourdieu & Wacquant 1996: 131).

Ein weiteres Spezifikum des Feldbegriffs ist die Unterstellung eines grundsätzlichen konflikthaften Charakters feldinterner Praxis, gleichgültig ob Konflikte offen ausgetragen werden oder hinter anderen Praxisformen verborgen bleiben – wie etwa im Fall des Gabentausches (Bourdieu 1998a: 163ff.). Spricht man von einem Feld, so unterstellt man eine grundsätzliche Konkurrenz zwischen allen Akteuren um die Vorherrschaft im Feld und die Definitionsmacht über seine Spielregeln. Aus diesem allgemeinen Konkurrenzverhältnis resultiert eine (zumindest latente) Machtstruktur, die alle beteiligten Akteure umfasst. Ihre Grundlage ist die *illusio*, d.h. das durch Sozialisation erworbene, oft vorreflexive Interesse, das alle beteiligten Akteure dem Feld und seinen Produkten entgegenbringen (Bourdieu & Wacquant 1996: 128).

Der Feldbegriff kann auf mehreren Abstraktionsebenen zur Anwendung kommen: Organisationen können deshalb einerseits als Akteure in organisationalen Feldern miteinander konkurrieren, während andererseits jede einzelne von ihnen als eigenes Feld betrachtet werden kann, in dem die Organisationsmitglieder um die Vorherrschaft kämpfen (Everett 2002: 60; Bourdieu 2005: 205; Emirbayer & Johnson 2008). Der Feldbegriff hat somit das Potenzial, dem oben erwähnten dualen Charakter von Organisationen Rechnung zu tragen.

In der Anwendung auf Organisationen, z.B. auf die deutsche Hochschullandschaft, können diese begrifflichen Grundprinzipien beibehalten werden. Die Anwendung des Feldbegriffs auf die Konkurrenz zwischen Universitäten erscheint angesichts der oben skizzierten wissenschaftspolitischen Veränderungen angemessen, denn aufgrund der inzwischen sehr komplexen Wettbewerbsstrukturen und des Umbaus der Universitäten zu kollektiven Akteuren wird es zusehends schwerer, das Verhalten einzelner Universitäten aus ihren spezifischen ökonomischen, politischen und regionalen Rahmenbedingungen oder ihren internen Besonderheiten und Eigenschaften heraus zu erklären. Die gewandelten Rahmenbedingungen erfordern die Einführung des Feldbegriffs, der es ermöglicht, die objektiven Positionen und die daraus resultierenden Machtverhältnisse, Ähnlichkeiten und Differenzen herauszuarbeiten, die heute den Hintergrund universitärer Praxis bilden. Um jedoch das Feld der deutschen Hochschulen als Beziehungsgeflecht zwischen objektiven Positionen untersuchen zu können, müssen zunächst die in diesem Zusammenhang relevanten Formen von Macht – die feldspezifischen Kapitalformen– identifiziert werden.

In der Organisationssoziologie könnte ein so verstandener Feldbegriff dabei helfen, die terminologische Spaltung zwischen dem neo-institutionalistischen Begriff organisationaler Felder und dem organisationsökologischen Begriff der Population zu überwinden. Der Bourdieusche Feldbegriff ist auf der einen Seite inklusiver als sein neo-institutionalistisches Pendant, denn bei Bourdieu müssen Feldteilnehmer einander weder kennen noch durch direkte Interaktionen miteinander verbunden sein. Für die Entstehung einer Felddynamik genügt es vielmehr, wenn Akteure den gleichen bzw. gegensätzlichen sozialen Kategorien angehören und damit ähnliche bzw. entgegengesetzte soziale Positionen aufweisen. Ein weiterer Unterschied zum neo-institutionalistischen Konzept besteht darin, dass die Kräfte, mit denen das Feld auf seine Akteure wirkt, je nach ihrer Position im Feld unterschiedlich sind. Der neo-institutionalistische Feldbegriff unterstellt im Gegensatz dazu einen homogenen Isomorphie-Effekt, der Organisationen im gesamten Feld dazu nötigt, sich den vorherrschenden Standards anzupassen. Auf der anderen Seite sind Felder in der Bourdieuschen Perspektive weniger abstrakt und umfassen eine Vielzahl konkreter Details der Organisationsumwelt, die sie modellieren, während Populationen in der Organisationsökologie tendenziell sehr abstrakt beschrieben werden – häufig mit nicht mehr als dem Alter und der Größe der beteiligten Organisationen.

3.4.2 Kapital

Bourdieus Kapitalbegriff umfasst alles, „was in einem bestimmten Feld zugleich als Waffe und als umkämpftes Objekt wirksam ist, das, was es seinem Besitzer erlaubt, Macht oder Einfluss auszuüben, also in einem bestimmten Feld zu existieren" (Bourdieu & Wacquant 1996: 128). Kapitalformen sind also einerseits feldspezifische Ressourcen von Macht und Einfluss und spannen andererseits die zentralen Gegensatzbeziehungen in einem Feld auf: Gegensätze zwischen Akteuren mit viel und Akteuren mit wenig Kapital sowie Gegensätze zwischen verschiedenen Formen feldspezifischer Macht, Praktiken der Sicherung, Erweiterung und Reproduktion von Macht etc. Entscheidungen darüber, was in einem konkreten Fall als Kapital zu betrachten ist, können nicht a priori getroffen werden, sondern ergeben sich in enger Auseinandersetzung mit der Empirie.

In Bezug auf akademische Felder erarbeitete Bourdieu zwei Kapitalformen: Eine, „die mit der Macht über die Produktionsmittel zusammenhängt", sowie eine zweite, die „auf dem wissenschaftlichen Renommee beruht" (Bourdieu & Wacquant 1996: 107). Demnach akkumulieren Wissenschaftler die erste Kapitalsorte – das „institutionelle Kapital" – indem sie sich an Gremien, Kommissionen und Vereinigungen ihres Faches und ihrer Hochschule beteiligen, Preise und prominente Plätze in Ranglisten erringen, insgesamt also durch zeitaufwendige, jedoch planbare Investitionen in die politisch-administrative bzw. repräsentative Seite wissenschaftlicher Praxis. Die Akkumulation der zweiten Kapitalsorte – „rein wissenschaftliches Kapital" – ist vergleichsweise schwerer steuerbar, flüchtiger und weniger dauerhaft, denn sie beruht auf der Anerkennung der Leistungen eines Forschers durch seine Fachkollegen (Bourdieu 1998b: 31ff.).

Analysen organisationaler Felder können diese Überlegungen aufgreifen. Dabei ist zu beachten, dass das Kapital von Organisationen nicht unbedingt mit dem Kapital ihrer Mitglieder gleichzusetzen ist: Zwar werden z.B. die Leistungen individueller Forscher im Rahmen von Rankings zunehmend als Leistungen von Universitäten interpretiert – sodass die Universität als „Autor" wissenschaftlicher Beiträge erscheint. Andererseits beinhalten die Bewertungen ganzer Universitäten in Rankings ein starkes emergentes Element, da Indikatoren wie das gesamte Publikationsaufkommen oder die gesamte Drittmittelsumme einer

Hochschule jenseits des Einflussbereichs einzelner Forscher liegen. Das spezifische Kapital der Hochschulen beruht damit partiell auf dem Kapital ihrer Mitglieder, jedoch spielen auch andere Ressourcen eine Rolle, etwa Mitarbeiter, Studenten, Infrastrukturen, Reputation aufgrund einer langen universitären Tradition, Eigenschaften des geographischen Standortes und Ähnliches. Machtdifferenzen auf der organisationalen Ebene eines Feldes basieren also zum Teil auf Machtdifferenzen auf der individuellen Ebene, können aber in bestimmten Hinsichten auch relativ unabhängig davon sein. Eine Herausforderung einer feldtheoretischen Organisationssoziologie besteht deshalb darin, die Zusammenhänge zwischen der individuellen und der organisationalen Ebene des untersuchten Feldes zu verstehen.

3.4.3 Habitus und Praxis

Die Geschichte eines Feldes ist ein Prozess von Verteilung, Umverteilung, sowie Auf- und Abwertung der verschiedenen Kapitalsorten. Die beteiligten Akteure nehmen an dieser Geschichte nicht nur aktiv teil, indem sie mit ihrem jeweils verfügbaren Kapital um neue Kapitalgewinne kämpfen, sondern werden im Gegenzug auch von dieser Geschichte geformt: Im Auf und Ab ihrer feldspezifischen Laufbahn bilden sich habitualisierte Formen der Wahrnehmung und Bewertung heraus, die maßgeblich dazu beitragen, wie Akteure gewohnheitsmäßig ihre Position im Feld einschätzen und welche Strategien sie auf der Basis dieser Einschätzung verfolgen. Der Habitusbegriff bezeichnet diese Prägungen durch die Wechselfälle im „sozialen Lebenslauf“ als Bündel von „Dispositionen [...], die sich in der dauerhaften Beziehung zu einer bestimmten objektiven Chancenstruktur herausgebildet haben“ (Bourdieu & Wacquant 1996: 129; Bourdieu 1987: 277f.). Der analytische Nutzen des Habitusbegriffs besteht in der Verknüpfung objektiver sozialer Strukturen mit den Wahrnehmungen, Bewertungen und Handlungen einzelner Akteure; er zeigt, dass Handeln aus einem praktischen Sinn erwächst, der selbst wiederum durch früheres Erleben und Handeln geprägt ist. Die Praxis, die aus dem Zusammenpiel von Habitus und objektiven Rahmenbedingungen erwächst, ist deswegen nicht immer zweckrational, hat aber aus der Perspektive der Akteure immer einen Sinn, der sich soziologisch rekonstruieren lässt.

Im Fall von Organisationen ist die Anwendbarkeit des Habitusbegriffs umstritten: In der neo-institutionalistischen Organisationsforschung weckte er bereits in den frühen 1990er Jahren die Hoffnung auf analytische Fortschritte (DiMaggio & Powell 1991), ist jedoch bisher in empirischen Untersuchungen kaum systematisch verwendet worden (Florian 2008: 134). Emirbayer und Johnson äußern Bedenken hinsichtlich der „dangers of reification“, die dem Begriff eines „organizational habitus“ innewohnen und plädieren daher für einen Zwei-

Ebenen-Ansatz, der dem dualen Charakter von Organisationen Rechnung trägt. Dabei werden einerseits gesamte „organizational fields“ untersucht, andererseits wird jede einzelne der beteiligten Organisation als eigenständiges Feld betrachtet („organization as field“), und der Habitusbegriff bleibt für die Organisationsmitglieder reserviert. Zugleich stellen Emirbayer und Johnson auch den analytischen Nutzen heraus, den ein auf Organisationen gemünztes Pendant zum Habitusbegriff mit sich brächte (Emirbayer & Johnson 2008: 12). Bourdieu selbst wendet zwar den Habitusbegriff nicht explizit auf Organisationen an, behandelt Organisationen aber in jeder anderen Hinsicht als Akteure in Feldern.

Insgesamt herrscht also mehr oder weniger Einigkeit darüber, dass die Organisationsforschung von einem Begriff profitieren könnte, der es erlaubt, Phänomene der Verinnerlichung objektiver gesellschaftlicher Existenzbedingungen auch auf der Ebene von Organisationen zu analysieren. Explizit dagegen sprechen die von Emirbayer und Johnson genannten Gefahren der Reifizierung sowie die Tatsache, dass der Mechanismus der Inkorporierung sozialer Umstände in Bezug auf Organisationen erst theoretisch erarbeitet werden müsste. Für einen Begriff des organisationalen Habitus spricht hingegen die in der Literatur verbreitete Position, dass das Wesentliche des feldtheoretischen Ansatzes in der engen Relation der drei Hauptbegriffe Kapital, Feld und Habitus besteht. Im Lichte der oben skizzierten Fragmentierung in der Organisationssoziologie wäre mit der Öffnung des Habitusbegriffs für organisationale Akteure somit Einiges zu gewinnen. Deshalb wird in den folgenden Absätzen ein möglicher begrifflicher Zuschnitt für den Begriff eines organisationalen Habitus skizziert und zu vorhandenen organisationssoziologischen Theoriebausteinen in Beziehung gesetzt.

Genau wie menschliche Akteure tun Organisationen nicht einfach das, was ihre Mitglieder wollen oder wozu sie durch externe Zwänge gedrängt werden, sondern schon die Zusammensetzung der Mitglieder, die (expliziten und impliziten) internen Entscheidungsregeln, die darin enthaltenen Routinen der Wahrnehmung und Bewertungen objektiver Chancenstrukturen, die Durchsetzungswahrscheinlichkeiten verschiedener Fraktionen des Personals, die Formen der institutionellen Selbstdarstellung, die organisationale Arbeitsteilung und damit die vom Willen Einzelner unabhängigen, emergenten Organisationseffekte sind geprägt durch innere und äußere Bedingungen, denen Organisationen ausgesetzt sind. Die Praxis von Organisationen lässt sich deshalb oft nicht hinreichend anhand der aktuellen Struktur des Feldes oder anhand interner Verhältnisse erklären. In solchen Fällen kann es analytisch nützlich sein, von einem organisationalen Habitus zu sprechen. Dabei geht man davon aus, dass das Tun und Lassen der Organisation durch ein System von Dispositionen geprägt ist – durch ein historisch gewachsenes „menu of solutions“ (Dobbin 2008: 59) – das seine Form der sozialen Laufbahn der Organisation im Feld verdankt und das die Reaktion der Organisation auf externe und interne Gegebenheiten maßgeblich mitbestimmt. Ein solcher organisationaler Habitus ist als Modus organisationaler Wahrnehmung, Bewertung und Handlung zu verstehen, der dem Feld angepasst ist und nicht zwingend zweckrational sein muss, sondern einer feldspezifischen, aus der Praxis erwachsenden Logik folgt. Im Falle von Organisationen wird der Habitus nicht durch Inkorporierung, sondern durch Institutionalisierung erworben: So wie menschliches Handeln durch halbbewusste, im Körper verankerte Dispositionen geprägt wird, werden auch die Aktivitäten von Organisationen beeinflusst durch Dispositionen in Form von organisationalen Routinen, Prozeduren, Regeln, Kulturen, Stilen und Identitäten (Meyer & Rowan 1977, Schein 1984; Albert & Whetten 2004, White 2008).

Diese oft informellen Grundstrukturen von Organisationen sind in der Literatur bekannt für ihren kaum zu unterschätzenden Einfluss auf das Verhalten von Organisationen sowie für ihre weitgehende Immunität gegenüber Reformbemühungen und internem oder externem Wandel. Insbesondere in der neo-institutionalistischen Theorietradition wird die Idee einer informellen organisationalen Kernstruktur stark gemacht, die nur sehr träge auf gewandelte Bedingungen reagiert und von den Details des Tagesgeschäfts, insbesondere von der Außendarstellung der Organisation entkoppelt ist (Meyer & Rowan 1977). Ähnlich ist auch in der Organisationsökologie die Annahme der Trägheit organisationaler Strukturen eine Kernannahme, die erklären soll, weshalb Organisationen kaum planmäßig auf Umweltveränderungen reagieren können (Hannan & Freeman 1977, 1984). Aus Bourdieuscher Perspektive kann die Stabilität von Organisationsstrukturen, -kulturen und -identitäten mit Verweis auf den dualen Charakter von Organisationen erklärt werden: Organisationen sind einerseits kollektive Akteure, andererseits sind sie auch relativ autonome Felder, deren innere Abläufe eine gewisse Eigendynamik aufweisen (Bourdieu 2005: 205, Emirbayer & Johnson 2008). Organisationales Handeln wird daher weder von den Mitgliedern noch von äußeren Bedingungen bestimmt, sondern von den Dispositionen des organisationalen Habitus, die sich aus den latenten inneren Strukturen, Abläufen und Kräfteverhältnissen ergeben. Diese relativ autonome, großteils informelle Organisationsstruktur bestimmt, welche äußeren und inneren Einflüsse zur Geltung kommen und welche Art von Reaktionen sie hervorrufen. Externe Bedingungen können sich wandeln, Mitglieder können kommen und gehen oder innerhalb der Organisation auf- und absteigen, ohne dass sich dadurch zwingend Änderungen in den Strukturen des organisationalen Habitus ergeben. Auf diese Weise können Organisationen eine wiedererkennbare Identität und einen eigenen Stil entwickeln, der sich trotz veränderter Rahmenbedingungen und fluktuierendem Personal nur sehr zögerlich wandelt.

3.5 Weiterführende Überlegungen zum Feldbegriff

Die folgenden Überlegungen sind dem Eindruck geschuldet, dass in vielen feldtheoretischen Arbeiten die volle theoretische Tragweite des Feldbegriffs nicht bewusst mitgeführt, geschweige denn in der empirischen Analyse zur Geltung gebracht wird. Felder sind jedoch mehr als Punktwolken in einem Achsenkreuz – auch wenn sie meist nur als solche dargestellt werden. Die Behauptung, ein bestimmter sozialer Zusammenhang sei als Feld zu betrachten, hat vielmehr eine Reihe äußerst weitreichender, selten explizit mitgedachter Implikationen: So muss man sich ein Feld als eine nicht weiter zerlegbare Ganzheit vorstellen, die „als Ganzes und nur als Ganzes gegeben" ist (Cassirer 2004: 46, zit. nach Neumann 2011: 223). Ein Feld hat also „keine Teile oder Bestandteile", sondern ist ein „Spiel-Raum mit dynamischen Grenzen" (Bourdieu & Wacquant 1996: 134f.). Auch die beteiligten Akteure sind keine Elemente oder Teile, sondern eine „Ausgeburt des Feldes" (ebd.: 138). Diese Ganzheiten ohne Teile und ohne klare Grenzen sind darüber hinaus als „Inbegriff reiner Wirkungen" zu verstehen, „die nicht mehr notwendig an ein materielles Substrat gebunden sind" (Cassirer 1957: 278, zit. nach Neumann 2011: 223). Ein Feld ist also eine Art sozialer „Gestalt" (Martin 2003), ein zusammenhängender, in sich schlüssiger Komplex gesellschaftlicher Kräfte und Tendenzen, den man sich auch als eine Art sozialen Raum mit quasi-topologischen Eigenschaften vorstellen kann: „[A]t any given point, the field consists of a slope (a gradient) down which an object will 'roll',, (Martin 2003: 7f.).

Felder haben darüber hinaus auch zeitliche Besonderheiten – man kann sogar sagen, sie produzieren ihre eigene Zeit, die mit der Zeitstruktur anderer Bereiche der Gesellschaft nicht ohne Weiteres in Einklang zu bringen ist. So entsteht etwa im Kunstfeld durch die Ablösung einer etablierten Künstlergeneration durch eine neue Avantgarde eine eigene zeitliche Ordnung, die homolog ist zu räumlichen Aspekten der Feldstruktur, etwa zur Hierarchie der Schulen und Stile. Erst „durch den Kampf" zwischen den etablierten und den aufstrebenden Akteuren „tritt [ein Feld] in die Zeit ein" (Bourdieu 2001: 253). Diese eigene räumlich und zeitlich strukturierte Logik des Feldes manifestiert sich im Tun und Lassen der Akteure als „Logik der Praxis", die ebenfalls mit einer eigenen Zeitlichkeit einhergeht.[14] Das Handeln der Akteure in einem Feld ist an die spezifische feldinterne Zeit gebunden und unterliegt bestimmten Abläufen und Zwängen, die außerhalb des Feldes nicht unbedingt Sinn ergeben und die zudem aus der Per-

[14] Illustrieren lässt sich dies an der Praxis des Gabentausches, die Bourdieu in seinen ethnografischen Arbeiten untersucht hat: Die Erwiderung einer Gabe kann etwas ganz anderes bedeuten und andere praktische Folgen haben, je nachdem, wie viel Zeit zwischen der ursprünglichen Gabe ihrer Erwiderung verstrichen ist (Bourdieu 1993:180ff.).

spektive des externen Beobachters nicht ohne Weiteres zugänglich sind (Bongaerts 2008: 37ff., Schneickert 2013: 83f.)

Die folgenden Überlegungen greifen einige dieser besonderen Eigenschaften von Feldern auf und versuchen eine Brücke zur empirischen Einlösung dieser weitreichenden theoretischen Desiderate zu schlagen. Konkret geht es um die Räumlichkeit sozialer Felder einerseits und die Entwicklung von Feldstrukturen im Zeitverlauf andererseits.[15] Einige theoretische Implikationen und weiterführende analytische Möglichkeiten, die in diesen Konzepten enthalten sind, werden in den folgenden beiden Abschnitten kurz skizziert. In Abschnitt 4.2 finden sich einige Anmerkungen dazu, wie sich diese theoretischen Ideen mithilfe moderner statistischer Methoden umsetzen lassen. In Abschnitt 5 werden diese Überlegungen schließlich zur Modellierung des universitären Feldes praktisch eingesetzt.

3.5.1 Entwicklung von Feldern im Zeitverlauf

Felder sind bei Bourdieu keineswegs die statischen oder mechanischen Strukturen, als die sie gelegentlich aufgefasst werden (Bourdieu & Wacquant 1996: 120), sondern zeichnen sich durch eine mitunter sehr dynamische Entwicklung im Zeitverlauf aus. Die Entwicklung eines Feldes im Zeitverlauf lässt sich als „Begegnung zweier Geschichten" beschreiben, nämlich der „Geschichte der Produktion der besetzten Positionen" und der „Geschichte der Dispositionen derer, die sie besetzen" (Bourdieu 2001: 405f.).

Angetrieben werden Veränderungen im Feld erstens durch die allgegenwärtigen Positionskämpfe zwischen den beteiligten Akteuren. In der Anwendung auf Organisationen ist das sofort einsichtig: Jede Organisation ist mehr oder weniger explizit am eigenen Fortbestand interessiert, weshalb ähnliche, konkurrierende Organisationen immer eine potentielle Bedrohung darstellen. Offenen Wettbewerb um Mitglieder, Ressourcen und Reputation gibt es nicht nur zwischen Unternehmen, sondern auch zwischen vielen anderen Organisationstypen, z.B. Universitäten. Tritt eine neue Organisation in ein bestehendes Feld ein, oder verändert sich die Strategie bestimmter Organisationen, so kann der Status Quo des Feldes aus dem Gleichgewicht geraten, sodass auch andere Akteure – ihrem jeweiligen Habitus entsprechend – Positionsänderungen vornehmen, um z.B. einen frei gewordenen Platz in den oberen Rängen der Feldhierarchie einzunehmen oder sich von einer entstehenden Gruppierung abzugrenzen. Die

[15] Es wäre ein Gewinn für die Feldanalyse, wenn diese Ideen nicht nur als sozialphilosophischer Hintergrund betrachtet, sondern tatsächlich in die Untersuchung sozialer Felder eingebracht und empirisch umgesetzt würden. Hier kann dazu freilich nur ein Anfang gemacht und ein möglicher Weg aufgezeigt werden.

Entwicklung der Feldstruktur im Zeitverlauf ist ein Ergebnis solcher Positionierungskämpfe.

Zweitens werden die Verhältnisse im Feld auch durch äußere Einflüsse in Bewegung gehalten. Die zwei wichtigsten Felder, die fast alle Bereiche moderner Gesellschaft beeinflussen, sind das bürokratische und das ökonomische Feld. Diese wirken über den heteronomen Pol in andere Felder hinein, indem sie den Zugang zu feldexternen Ressourcenquellen regulieren und die „Wechselkurse" bestimmen, anhand derer feldspezifisches Kapital – etwa wissenschaftliche Reputation – außerhalb des Feldes bewertet wird. Die zunehmende Bedeutung des Drittmittelwettbewerbs für die Finanzierung universitärer Forschung und die daraus erwachsene zunehmende Stratifikation zwischen Universitäten in Deutschland ist ein eindrucksvolles Beispiel für diese Art extern angestoßener Entwicklung von Feldern.

Die Bedeutung feldexterner Einflüsse verweist auf eine große Herausforderung für die Feldanalyse, die darin besteht, sich in empirischen Studien nicht nur auf ein bestimmtes Feld und seinen einzigartigen Charakter zu konzentrieren, sondern auch die feldspezifischen Erscheinungsformen allgemein wirksamer gesellschaftlicher, etwa ökonomischer oder politischer Kräfte aufzudecken. In der Organisationssoziologie bedeutet das, dass eine Untersuchung sich nicht nur auf eine einzelne Organisation oder einen bestimmten Organisationstyp beschränken, sondern den sozialen Mikro- und Makrokosmos mitberücksichtigen sollte, in den diese Organisation eingebettet ist. Umgekehrt muss auch eine Untersuchung eines gesamten organisationalen Feldes soweit möglich die jeweiligen Einflüsse berücksichtigen, die aus den internen Kräfteverhältnissen in den einzelnen beteiligten Organisationen entstehen.

Betrachtet man Bourdieus eigene Arbeiten, so fällt auf, dass er die Zeitlichkeit und Entwicklungsdynamik von Feldern immer wieder betont hat, oft jedoch, ohne dieses theoretische Postulat empirisch vollständig einzulösen.[16] In Bourdieus empirischen Studien sowie in vielen daran orientierten Arbeiten wird die Entwicklung von Feldern im Zeitverlauf typischerweise dargestellt, indem eine Erzählung über den früheren Zustand des Feldes verglichen wird mit einem empirischen Modell des Feldes in der Gegenwart (z.B. in Bourdieu 1992). Während diese Vorgehensweise durchaus sinnvoll und pragmatisch ist, würde eine explizite empirische Modellierung des Feldes zu zwei oder mehr Zeitpunkten den theoretischen Postulaten der Feldanalyse grundsätzlich besser gerecht. Die

16 Das lässt sich beispielsweise an Bourdieus Analysen des Verhältnisses zwischen Künstlergenerationen und Avantgarde- bzw. Arrieregarde-Positionen beobachten (Bourdieu 2001: 253ff.). Die spezifische Zeitlichkeit des Kunstfeldes wird theoretisch eindrucksvoll herausgearbeitet und es werden weitreichende Schlüsse gezogen – etwa, dass neue Akteure des Feldes die „Zeit [des Kunstfeldes] schaffen", indem sie etablierte Akteure verdrängen. Eine explizite empirische Modellierung der Feldstruktur im Zeitverlauf wird zwar durch eine Grafik angedeutet (Bourdieu 2001: 255), findet allerdings nicht statt.

weit verbreiteten synchronen Feld-Modelle geben Einblick in die Feldstruktur und die Positionierung von Akteuren, Ressourcen und Praktiken in einem bestimmten Zeitraum. Diachrone Feld-Modelle würden darüber hinaus sehr detailliert zeigen, wie sich diese Positionen im Zeitverlauf zueinander verhalten und verschieben. Dadurch werden genauere Analysen zu den unterschiedlichen Laufbahnen, Strategien und Praktiken sowie den dahinter liegenden habituellen Strukturen der Akteure möglich – denn diese entfalten sich in der Zeit und werden erst durch eine explizit diachrone Analyse in ihrer vollen Komplexität sichtbar gemacht. Darüber hinaus werden durch ein diachrones Untersuchungsdesign auch Aussagen über das Ausmaß von Stabilität und Wandel der Feldstruktur insgesamt möglich. Damit ließe sich auch die Frage nach der Reproduktion von Machtstrukturen empirisch genauer und differenzierter untersuchen. Diese Vorgehensweise würde unter anderem die von Bourdieu oft bemerkte Unangemessenheit vereinfachender strukturalistischer Interpretationen herausstellen, die etwa davon ausgehen, dass Akteure auf ähnlichen Feldpositionen ähnliche Laufbahnen einschlagen werden. In Kapitel 4 werden methodische Zugänge zu einer solchen diachronen Modellierung von Feldern erläutert und in Kapitel 5 wird diese Analyseform auf das Feld deutscher Universitäten angewendet.

3.5.2 Räumlichkeit sozialer Felder

Felder werden bei Bourdieu als soziale Räume konzipiert. Dabei verwendet Bourdieu den Begriff des sozialen Raumes, um die Marxsche Vorstellung einer Klassengesellschaft zu überwinden. Nach Marx sind Gesellschaften in einander ausschließende Klassen aufgeteilt, die durch jeweils eigene Lebensumstände und daraus erwachsende Interessen gekennzeichnet sind, wobei jedes Individuum eindeutig einer Klasse zuzuordnen ist. Bourdieu schlägt hingegen vor, Gesellschaft als mehrdimensionalen Raum zu denken, in dem Akteure, Ressourcen und Praktiken im Verhältnis zueinander positioniert sind. Mit zunehmender Nähe im sozialen Raum steigt auch die Wahrscheinlichkeit geteilter Weltanschauungen und Interessen unter Akteuren, während weit voneinander entfernt positionierte Akteure die soziale Welt aus sehr verschiedenen Perspektiven betrachten und daher kaum zu ähnlichen Ansichten gelangen werden.

Der Vorzug der Vorstellung eines sozialen Raumes ist es, dass sie mit der Eindimensionalität und Kategorialität der Marxschen Konzeption bricht: Akteure müssen nicht mehr eindeutig einer Klasse zugeordnet werden, können aber dennoch in ein Schema der Über- und Unterordnung gebracht werden. Die Grundidee von Gesellschaft als objektivierte und subjektivierte Doppelstruktur bleibt dabei erhalten: Wie das Klassensystem bei Marx bezeichnet der soziale Raum bei Bourdieu zugleich das System objektiver Relationen als auch die

Sphäre subjektiver Perspektiven und Praktiken, die sich innerhalb dieser objektiven Struktur gegenüberstehen. Eine Marxsche Klassengesellschaft ist eine unter vielen möglichen empirischen Manifestationen des sozialen Raums.

Der Begriff des sozialen Raumes ist damit offen genug, um den vielfältigen Formen sozialer Strukturierung gerecht zu werden, die in modernen Gesellschaften zu beobachten sind. Zudem unterstreicht der Begriff dank seiner Allgemeinheit und Offenheit die Notwendigkeit empirischer Untersuchungen, denn nur auf diesem Weg lässt sich etwas Konkretes über die spezifische Struktur eines zu untersuchenden sozialen Raums erfahren. Felder sind soziale Räume die, wie oben bereits angedeutet, von ihrer Umwelt relativ unabhängig sind, d.h. potenziell anders strukturiert sind und sich nach anderen Gesetzmäßigkeiten entwickeln und den Beteiligten andere Zwänge auferlegen als ihre gesellschaftliche Umgebung. Die Dimensionen sozialer Felder, die Positionen der Akteure auf diesen Dimensionen und die daraus resultierende räumliche Feldstruktur lassen sich mithilfe empirischer Analysen bestimmen.

In der Anwendung auf Organisationen ist zunächst festzustellen, dass Organisationen allgemein als eingebettet in größere soziale Zusammenhänge verstanden werden. Im Neo-Institutionalismus werden diese übergreifenden Strukturen als „organizational fields" bezeichnet, in der Organisationsökologie spricht man von Populationen. Zwar weisen beide Begriffe eine gewisse Ähnlichkeit zum Bourdieuschen Konzept von Feld als Raum auf, erweisen sich bei näherer Betrachtung jedoch als einseitig: Der neo-institutionalistische Begriff organisationaler Felder betont Netzwerkstrukturen zwischen den beteiligten Organisationen und insbesondere die daraus erwachsenden Normen und Standards (DiMaggio & Powell 1982, Fligstein & McAdam 2011). In neo-institutionalistischen Feldern gibt es zwar unterschiedliche Positionierungen als „challenger" oder „encumbents", jedoch ist diese Unterscheidung viel gröber und steht der Marxschen Unterscheidung distinkter Klassen viel näher als der im Bourdieuschen Kontext üblichen detaillierten, topologischen Beschreibung von Feldstrukturen mithilfe von Korrespondenzanalysen. Dem neo-institutionalistischen Feldbegriff fehlt deshalb der explizit räumliche Aspekt, der bei Bourdieu aufgrund der detaillierten statistischen Konstruktion von Felddimensionen und Akteurspositionen vorhanden ist. Am anderen Ende des Spektrums findet sich in der Organisationsökologie ein enger Fokus auf die Verteilung (primär materieller) Ressourcen, die als selektierende Umwelteinflüsse auf Organisationen einwirken. Organisationen können unterschiedliche Positionen in ihrer Population einnehmen und haben dementsprechend unterschiedliche Ressourcenzugänge. Im Gegensatz zu Bourdieus Ansatz fehlt hier die Frage nach den grundlegenden Dimensionen der organisationalen Umwelt. Verschiedene, aus theoretischer Sicht als relevant betrachtete Ressourcen werden nebeneinander gestellt, ohne dass nach latenten Hintergrundvariablen gesucht würde, die im Sinne der Bourdieuschen Vorstellung von Kapitalien die Verteilung einzelner manifester Ressourcen bestimmen.

Insgesamt kann man sagen, dass die Vorstellung von Gesellschaften und sozialen Sphären als Räume im Werk Bourdieus eine zentrale Rolle spielt. Gleichzeitig fällt auf, dass sowohl bei Bourdieu selbst als auch in vielen Anwendungen seines Ansatzes die Räumlichkeit des Sozialen meist nicht viel mehr ist als eine Metapher und selten einen zentralen Bezugspunkt der Untersuchung ausmacht. Dass hier eine lohnenswerte Analysestrategie vernachlässigt wird, zeigt sich, wenn man vor Augen führt, was Disziplinen wie die Stadtsoziologie, die Architektur oder die Humangeographie mit dem Begriff des sozialen Raums anfangen. Diese Disziplinen zeigen dass soziale Räume viel mehr sein können als Verteilungen punktförmiger Akteure in kartesianischen Koordinatensystemen, wie sie in der Feldanalyse üblich sind. Die Charakteristika des sozialen Raumes selbst werden dort sehr detailliert und eindrucksvoll beschrieben und Prozesse der Produktion und Strukturierung (Öffnung & Schließung, Teilung & Vereinigung etc.) sozialen Raumes erhalten ein hohes Maß an Aufmerksamkeit (z.B. Lefebvre 1991, Tonkiss 2005, Löw 2008). Zwar ist diese Form detaillierter Analyse sozialen Raumes besonders gut umsetzbar, wenn die betreffenden Räume irgendwie physisch zugänglich sind, wie etwa im Fall der Architektur und Stadtsoziologie. Allerdings machen diese Beispiele auch klar, dass eine explizitere und detailliertere Analyse nicht-physischer sozialer Räume eine viel versprechende Analysestrategie sein und dazu beitragen kann, die Postulate der Feldtheorie in der empirischen Arbeit noch relevanter werden zu lassen. Auch eine feldtheoretische Organisationssoziologie könnte von dieser Arte der Analyse profitieren, denn sie bietet die Möglichkeit, mithilfe eines topologischen Raumkonzepts eine Brücke zu schlagen zwischen Differenzierung und Nischenbildung auf der einen und isomorphischer Vereinheitlichung auf der anderen Seite. Die Vorstellung einer topologischen Struktur ermöglicht es, diese beiden Mechanismen als Effekte von Steigungen und Gefällen im sozialen Raum zu betrachten.

Im folgenden Kapitel stelle ich einen methodischen Ansatz vor, mit dessen Hilfe topologische Modelle sozialer Felder statistisch konstruiert werden können. In Abschnitt 5 wird diese Methode zur Untersuchung des universitären Feldes angewendet.

3.6 Relationale Soziologie, Felder und Netzwerke

Da in den folgenden empirischen Untersuchungen auch netzwerkanalytische Methoden zum Einsatz kommen, um Strukturen und Praktiken des universitären Feldes zu beleuchten, erscheint es notwendig, einige Bemerkungen zum Verhältnis zwischen Feld- und Netzwerkanalyse zu machen. Legt man die oben skizzierte Auffassung von Relationalität zugrunde, so könnte man sich eine unkomplizierte Beziehung zwischen diesen beiden Ansätzen vorstellen: Relationale Soziologie wäre demnach eine grundlegende soziologische Perspektive, unter die sich sowohl die Feldanalyse als auch die Netzwerkanalyse subsumieren ließen. Netzwerk- und Feldanalyse wären dann aufgrund der gemeinsamen relationalen Theoriegrundlage ohne Weiteres kompatibel.

Ein Blick in die Literatur zeigt jedoch, dass die tatsächlichen Verhältnisse um Einiges verwickelter sind. Zunächst ist festzustellen, dass es in der deutschsprachigen soziologischen Literatur einige Arbeiten gibt, die unter dem Label „Relationale Soziologie" firmieren. Einen systematischen Überblick über diesen Literaturstrang und die zugrunde liegende Programmatik liefert ein Sammelband von Fuhse und Mützel (2010). „Relationale Soziologie" ist demnach kein übergreifender soziologischer Ansatz, mit dessen Hilfe sich relational orientierte Forschungstraditionen wie die Netzwerk- und die Feldanalyse integrieren ließen. Vielmehr ist die „Relationale Soziologie", wie sie von Fuhse und Mützel (2010) dargestellt wird, ein relativ neues Teilgebiet der soziologischen Netzwerkforschung (Häußling 2010: 80), dessen Programmatik primär darauf abzielt, sich vom Mainstream der Netzwerkforschung abzugrenzen, indem die Sinndimension sozialer Netzwerkbeziehungen in den Vordergrund gerückt wird. Die so verstandene „Relationale Soziologie" möchte sich vom „klassischen Strukturalismus in der soziologischen Netzwerkforschung" abgrenzen, indem „strukturelle *und* kulturelle Elemente" berücksichtigt werden, die zu „Schaffung und [...] Erhalt von sozialen Netzwerken" beitragen (Mützel & Fuhse 2010: 7).

Fuhse und Mützels „Relationale Soziologie" nimmt zur Bourdieuschen Feldtheorie ein distanziertes Verhältnis ein. Die Distanz ist einerseits eine Reaktion auf Bourdieus eigene Kritik gegenüber einer allzu interaktionistisch orientierten Netzwerkanalyse (Mützel & Fuhse 2010: 10). Andererseits wird auch Bourdieus Auffassung von Relationalität moniert, weil sie sich auf relative Positionierung und Beziehungen von Über- und Unterordnung beschränke. Dabei würden „empirisch beobachtbare, manifeste Interaktionsbeziehungen" zugunsten von „theoretisch deduzierbaren, 'objektiven' Beziehungen" abgewertet (Mützel & Fuhse 2010: 18). Zwar wird auch festgestellt, dass einige Arbeiten aus dem Kanon der „Relationalen Soziologie" auf Bourdieu Bezug nehmen bzw. von Bourdieu inspiriert sind, etwa Beiträge von Paul DiMaggio – jedoch ist auch hier eine kritische Distanz spürbar, die sich z.B. darin äußert, dass Bourdieus Ideen nicht mit Methoden der geometrischen Statistik, sondern in netzwerkanalytischen Verfahren empirisch umgesetzt werden.[17]

Insgesamt wird aber in Mützel und Fuhses Diskussion der „Relationalen Soziologie" nicht völlig klar, worauf die distanzierte Haltung gegenüber der Feldtheorie eigentlich beruht. Die angeführten Kritikpunkte an Bourdieu spre-

[17] Z.B. mit Blockmodellanalysen wie in Anheier et al. (1995).

chen keineswegs für einen unüberwindbaren Gegensatz, sondern könnten auch als Grundlagen für ein arbeitsteiliges, einander ergänzendes Verhältnis interpretiert werden. Die Unterstellung, Bourdieu bevorzuge „theoretisch deduzierbare" gegenüber „empirische beobachtbaren" Relationen deutet zudem darauf hin, dass in der von Fuhse und Mützel präsentierten „Relationalen Soziologie" keine ernsthafte Auseinandersetzung mit Bourdieus Methodologie stattgefunden hat.

Auf der anderen Seite gibt es nicht wenige Autoren, die in ihren feldtheoretisch orientierten Arbeiten netzwerkanalytische Ideen und Methoden zur Anwendung bringen (z.B. Albrecht 2004, Bernhard 2010, Baier & Münch 2013). Die Grundlage hierfür ist häufig die Feststellung, dass Bourdieus Begriff des sozialen Kapitals zwar für seine Theorie maßgeblich ist, jedoch in seinen empirischen Analysen nicht voll ausgeschöpft wurde (Trezzini 1998: 536). Dabei besteht – trotz Bourdieus kritischer Distanz – weitgehend Einigkeit darüber, dass die Netzwerkanalyse vielversprechende Methoden zur Operationalisierung sozialen Kapitals im Kontext der Feldtheorie bereithält (Burris 2004, Bernhard 2010, Hennig & Kohl 2012).[18] Die Netzwerkanalyse untersucht manifeste Paarbeziehungen und daraus entstehende Sozialstrukturen, während die Feldanalyse darüber hinaus auch latente[19] Machtbeziehungen in den Fokus nimmt. Viel spricht also dafür, die beiden Ansätze arbeitsteilig aufeinander zu beziehen.

Dennoch wird auch aufseiten der Feldanalyse mangelnde Kompatibilität attestiert: So unterscheidet sich laut Bernhard (2010) der Strukturbegriff der Netzwerkanalyse, der ausschließlich beobachtbare, manifeste Beziehungen in Betracht zieht, vom feldtheoretischen Begriff sozialer Strukturen, der insbesondere auf latente Muster hinweist. Darüber hinaus bleiben in der Netzwerkanalyse die theoretischen Annahmen zu den Handlungsmotiven von Akteuren entweder implizit, oder sie werden mithilfe einer Theorie rationaler Wahl erklärt; beides ist mit der Bourdieuschen Perspektive nur schwer vereinbar. Weiterhin begreift die Netzwerkanalyse soziales Kapital typischerweise als Ressource von Individuen, die nach individuellem Nutzenkalkül eingesetzt wird, während soziales Kapital

---

18 Bemerkenswerterweise wird in diesem Zusammenhang der Unterschied zwischen der Analyse von Gesamtnetzwerken und der Ego-zentrierten Netzwerkanalyse nicht thematisiert. Bernhards Ausführungen scheinen sich eher auf Gesamtnetzwerke zu beziehen, während Hennig und Kohl explizit Ego-zentrierte Netzwerke im Sinn haben. Das führt auch zu einigen unterschiedlichen Einschätzungen, etwa wenn Bernhard (2010: 123) Sozialkapital als Makrostruktur beschreibt, während Hennig und Kohl (2010: 25) Sozialkapital über die persönlichen Netzwerke, d.h. auf der Mikro-Ebene operationalisieren.

19 Latente Relationen sind Beziehungen oder Verhältnisse in sozialen Räumen, die von den Akteuren meist nicht reflektiert werden und sich erst im Zuge statistischer Analysen von Positionen, Praktiken und Ressourcen in Feldern herauskristallisieren. Im Vergleich zu den in der Netzwerkanalyse untersuchten Relationen wie z.B. Freundschaft sind latente Relationen also relativ abstrakt. Sie werden jedoch nicht theoretisch deduziert, sondern im Prozess der Objektkonstruktion und mithilfe statistischer Methoden konstruiert (vgl. Abschnitt 4).

aus feldtheoretischer Perspektive ein Merkmal des sozialen Raumes darstellt und damit auf der Makroebene angesiedelt ist (Bernhard 2010: 122).

Ich möchte auf eine weitere, in der Literatur kaum angesprochene Konfliktlinie zwischen Feldtheorie und Netzwerkanalyse hinweisen, die das soziologische Selbstverständnis betrifft: Die beiderseits festgestellten Kompatibilitätsprobleme basieren auch darauf, dass Netzwerkanalyse und Feldanalyse mit unterschiedlichen Interpretationen der oben beschriebenen relationalen Grundposition operieren. Die relationale Perspektive besagt – kurz gefasst – dass Beziehungen und Verhältnisse im Fokus der soziologischen Analyse stehen sollten. Die von Fuhse und Mützel präsentierte „Relationale Soziologie" – und vielleicht die Netzwerkanalyse insgesamt – schließt daraus, dass soziologische Analysen sich primär mit manifesten Interaktionsbeziehungen zwischen sozialen Einheiten beschäftigen sollten. Die Feldtheorie hingegen schließt daraus, dass soziale Einheiten, seien es Organisationen, Gruppen oder einzelne Akteure, erst durch die manifesten und latenten Beziehungen und Verhältnisse, in denen sie stehen, zu dem werden was sie sind.[20] Diese umfassendere Interpretation von Relationalität, die für die Feldtheorie typisch ist, führt notwendig zu einem kritischen Blick auf den Untersuchungsgegenstand. Wenn Bourdieu z.B. darauf besteht, dass Herrschende wie Beherrschte gleichermaßen an der Reproduktion der Herrschaftsrelation mitarbeiten, aktualisiert er dieses kritische Potenzial (Bourdieu & Wacquant 1996: 208f.; Bourdieu 2005a). Es scheint mir nicht weit hergeholt zu vermuten, dass hier der Stein des Anstoßes liegt, der Fuhse und Mützel dazu bewegt, ihre „Relationale Soziologie" auf Distanz zur Feldtheorie zu halten. Ebenso lässt sich unterstellen, dass der Vorwurf der Theorielosigkeit, den feldtheoretische Beiträge regelmäßig an die Netzwerkanalyse richten, zumindest teilweise durch deren fehlende Bereitschaft motiviert ist, das kritische Potenzial der relationalen Perspektive voll auszuschöpfen.

Was lässt sich aus alledem nun für das Verhältnis von Netzwerkanalyse und Feldtheorie schließen? Da die vorliegende Arbeit der eingangs skizzierten, umfassenden Interpretation von Relationalität und der damit einhergehenden kritischen Perspektive verpflichtet ist, und da die „Relationale Soziologie" von Fuhse und Mützel (und wahrscheinlich auch große Teile der Netzwerkanalyse insgesamt) diesen kritischen Impuls nicht teilen, werden in den folgenden Untersuchungen netzwerkanalytische Methoden zwar in einem feldtheoretischen Kontext *verwendet,* jedoch werden theoretische Konzepte der Netzwerkanalyse

[20] Dazu Bourdieu: „Das Individuum ist [...] eine Ausgeburt des Feldes" (Bourdieu & Wacquant 1996: 138). Proponenten der Netzwerkanalyse würden dem wahrscheinlich in gewissem Maße zustimmen und einräumen, dass man z.B. von einem Freundschaftsnetzwerk nur sinnvoll sprechen kann, wenn nicht alle betrachteten Netzwerkakteure miteinander befreundet sind. Die Ausdehnung dieser Perspektive auf alle denkbaren, auch latenten und nicht-dyadischen Beziehungen, die für die Feldanalyse grundlegend ist, wird allerdings in der Netzwerkanalyse nicht geteilt.

nicht auf Augenhöhe in die Untersuchung einbezogen, sondern einseitig im Sinne der Feldtheorie interpretiert. In den folgenden Analysen steht daher die statistische Konstruktion der latenten Relationen im universitären Feld im Vordergrund und bildet den Rahmen, innerhalb dessen auch Netzwerke untersucht werden.

Nichtsdestotrotz wäre eine echte Integration zwischen Netzwerkanalyse und Feldtheorie langfristig wünschenswert. Das größte Potenzial hierfür scheint mir auf der methodischen Ebene zu liegen. So bietet etwa die Blockmodellanalyse (Heidler 2010) mit ihrem Konzept struktureller Äquivalenz interessante Anknüpfungspunkte für die Feldtheorie: Blockmodelle sind Typologien von Positionen in Netzwerken; die einzelnen Blöcke, aus denen sich Blockmodelle zusammensetzen, sind Gruppen von Akteuren, die jeweils zu allen anderen Akteuren im Netzwerk strukturell äquivalente (d.h. homologe) Beziehungen haben. Blockmodelle können methodisch mithilfe von Clusteranalyseverfahren konstruiert werden – mit Verfahren also, die eng verwandt sind mit den Methoden der geometrischen Statistik, die in der Feldanalyse zum Einsatz kommen. Das Konzept von Klassen homologer Positionen in Netzwerken weist Parallelen zum feldtheoretischen Konzept von Positionen in sozialen Räumen auf, die für eine Integration von Netzwerk- und Feldanalyse fruchtbar gemacht werden können.

Überhaupt scheint die Vorstellung von Gesellschaft als *Raum* ein gemeinsamer Ausgangspunkt für Netzwerk- und Feldtheorie zu sein – der jedoch in der Feldtheorie bei Weitem expliziter behandelt wird als in der Netzwerkanalyse. Feldanalyse konstruiert soziale Räume, indem sie latente Strukturen herausarbeitet, die in der Verteilung von Ressourcen, Praktiken, Einstellungen usw. verborgen sind. Felder sind damit im Grunde räumliche Interpretationen der Verhältnisse zwischen Individuen und Merkmalen.[21] Netzwerke können ebenfalls als soziale Räume aufgefasst werden, jedoch stehen hier die betrachteten Individuen nicht in Beziehung zu Variablen, sondern in Beziehung *zueinander*. Eine solche empirische Basis eignet sich nicht ohne Weiteres für eine Analyse mithilfe der üblichen, variablen-orientierten Methoden der Soziologie – was die methodische Eigenständigkeit der Netzwerkanalyse erklärt. Dennoch lassen sich viele netzwerkanalytische Methoden und Maßzahlen zur Beschreibung von Netzwerken als im Weitesten Sinne „räumlich“ interpretieren. Am deutlichsten ist dies bei vielen Maßen für Zentralität in Netzwerken: Die zugrunde liegende Vorstellung von Zentrum und Peripherie hat einen eindeutig räumlichen Charakter.

[21] Aus diesen Verhältnissen lassen sich in weiteren Analyseschritten auch Schlussfolgerungen für das Verhältnis der Individuen untereinander oder der Variablen untereinander ziehen – Ausgangspunkt der statistischen Konstruktion von Feldern ist aber typischerweise eine Verteilung bestimmter Merkmale in einer Gruppe von Merkmalsträgern (vgl. Abschnitt 4.1).

Eines der am häufigsten verwendeten Zentralitätsmaße in der Netzwerkanalyse ist die sogenannte Eigenvektor-Zentralität (Bonacich 1987): Es definiert die Zentralität eines Netzwerkknotens als die Summe aller Beziehungen dieses Knotens, gewichtet durch die Zentralität seiner Beziehungspartner. Die Berechnung dieses Maßes ist also ein rekursiver Prozess: Sie beginnt mit der Summierung der Beziehungen, die jeder einzelne Knoten im Netzwerk unterhält. Als nächstes erfolgt die Gewichtung, die dazu führt, dass Beziehungen zu „zentraleren" Akteuren mehr zur Zentralität eines Knotens beitragen als Beziehungen zu „weniger zentralen" Akteuren. Das Resultat dieser ersten Gewichtung wird weiteren Gewichtungen unterzogen, so lange, bis sich ein Gleichgewicht zwischen den Zentralitätswerten einstellt. Die Eigenvektor-Zentralität eines Netzwerkknotens ist also nicht nur eine Funktion seiner Beziehungen zu anderen Netzwerkknoten, sondern hängt auch davon ab, wie seine Beziehungspartner selbst im Netzwerk positioniert sind, was wiederum davon abhängt, wie ihre Beziehungspartner im Netzwerk positioniert sind usw.

Diese Konzeption von Netzwerkmacht weist deutliche Parallelen zu Bourdieus Konzept sozialen Kapitals auf (vgl. Burris 2004: 251ff.) und hat darüber hinaus auch einen starken räumlichen Charakter: Obwohl das Netzwerk aus diskreten dyadischen Beziehungen besteht, sind lokale Machtverhältnisse zwischen zwei direkt verbundenen Akteuren A und B von den Verhältnissen zwischen Akteuren X, Y und Z abhängig, die in weit entfernten Teilen des Netzwerkes positioniert sein können. Eigenvektor-Zentralität konstruiert also aus den diskreten, lokalen Paarbeziehungen einen kontinuierlichen, trans-lokalen Raum von Relationen, der als latente Machtstruktur in jede einzelne Beziehung des Netzwerks einfließt. Dieser Fokus der Eigenvektor-Zentralität auf abstrakte, latente Strukturen, die hinter konkreten, manifesten Ähnlichkeiten und Interaktionen liegen, hat deutliche Parallelen zum feldtheoretischen Raumkonzept und zu den statistischen Methoden der Feldanalyse, die im folgenden Abschnitt 4 näher diskutiert werden.[22] Dies wäre also – trotz der oben genannten Kompatibilitätsprobleme – ein robuster und viel versprechender Ansatzpunkt für eine methodische und auch begriffliche Integration von Feldtheorie und Netzwerk-

---

[22] Die empirischen Analysen in Abschnitt 7 liefern einen anekdotischen Hinweis für die Kompatibilität der Eigenvektor-Zentralität mit feldtheoretischen Methoden: Es findet sich ein starker statistischer Zusammenhang zwischen der Machtdimension des universitären Feldes und der Eigenvektor-Zentralität im Mobilitätsnetzwerk ERC-geförderter Nachwuchswissenschaftler. Inhaltlich gesehen deutet dies auf eine Homologie zwischen den Netzwerkstrukturen und den übergreifenden Machtverhältnissen im Feld. In methodischer Hinsicht lässt sich argumentieren, dass diese Homologie nur sichtbar wird, weil das verwendete Netzwerkmaß ein spezifisch räumliches Konzept von Macht operationalisiert, das zu den feldtheoretischen Methoden passt. Andere netzwerkanalytische Maße für Macht und Einfluss, denen dieser räumliche Fokus fehlt, hätten an dieser Stelle sicherlich weniger kompatible Ergebnisse geliefert.
Eine Übersicht über die verschiedenen theoretischen Konzepte, die in netzwerkanalytischen Zentralitätsmaßen operationalisiert sind, liefert Borgatti (2005).

analyse, die in Zukunft hoffentlich weiter vorangetrieben werden kann. Die vorliegende Arbeit geht einen Schritt in diese Richtung, indem sie den Zusammenhang von Netzwerken und Feldern in zwei empirischen Beispielen untersucht (siehe Abschnitte 6 und 7) und dabei die Eigenvektor-Zentralität als Maß für Netzwerkmacht für feldtheoretische Zwecke einsetzt.

4 Methodologie und statistische Methoden in der Feldanalyse

Aus der Perspektive Bourdieus auf die soziale Wirklichkeit spielen Ereignisse, Gegenstände, Akteure, Gruppen oder Diskurse eine Nebenrolle, während die Hauptrolle den Relationen – d.h. den Verhältnissen und Beziehungen – zwischen diesen Dingen vorbehalten bleibt. Der Begriff der Relation umfasst dabei sowohl manifeste, direkte, bewusste Interaktionsbeziehungen wie Freundschaft oder Wettbewerb als auch latente, indirekte und unbewusste Beziehungen und Verhältnisse zwischen Akteuren, Institutionen oder Gruppen, die einander zwar nicht wahrnehmen und nicht bewusst interagieren, deren Schicksale aber dennoch aneinander geknüpft sind, weil sie z.B. entgegengesetzten sozialen Kategorien angehören. Das Besondere der feldtheoretischen Perspektive, das sie von anderen „relationalen" Ansätzen z.B. in der Netzwerkanalyse unterscheidet, liegt in der Ausweitung des Relationsbegriffs auf diese indirekten, unbewussten, latenten, translokalen Kräfteverhältnisse, die in sozialen Räumen und Feldern zu finden sind (Martin 2003). Viele empirische Forschungsarbeiten Bourdieus basieren deshalb auf einem statistisch konstruierten Feld oder Raum (Lebaron 2009), dessen Dimensionen die latenten Verhältnisse und Beziehungen zwischen manifesten Klassen, Gruppen oder Typen von Individuen nachzeichnen.

4.1 Relationale Methodologie und Objektkonstruktion

Eine Grundüberzeugung Bourdieus war es, das jeweilige Objekt des Erkenntnisinteresses nicht apriorisch vorauszusetzen, sondern dieses im Wechselspiel theoretischer und empirischer Analyseschritte zu konstruieren. Aus feldanalytischer Perspektive gilt es demnach, ein Feld als empirisches Objekt zu konstruieren, in dem die Relationen zwischen Merkmalen und Merkmalsträgern räumlich dargestellt werden. Obgleich verschiedene Wege der Objektkonstruktion denkbar sind, lege ich hier Bourdieus Auffassung zugrunde, die auf der Notwendigkeit statistischer Konstruktion beharrt: „[S]tatistical analysis [...] is the only means of manifesting the structure of the social space" (Bourdieu 1985: 725). Interviews, Diskursanalysen und andere qualitative Erhebungstechniken haben selbstverständlich ihren Platz in der Feldanalyse, sollten aber, wie das obige Zitat nahelegt, soweit möglich durch statistische Verfahren unterstützt werden. Der besondere Nutzen der statistischen Analyse besteht darin, dass sie zur Objektivierung des zu untersuchenden Materials zwingt und damit unbewussten subjektiven Interpretationstendenzen entgegenwirken kann. Darüber hinaus erlauben es bestimmte statistische Verfahren wie die Korrespondenzanalyse, latente Muster aufzudecken, die – für das bloße Auge unsichtbar – hinter einer Menge manifester Einzelbeobachtungen liegen können.

Auch in der empirischen Konstruktion von Feldern schlägt sich Bourdieus relationales Denken nieder. So ist bereits die Erhebung geeigneter Daten gekennzeichnet durch das wechselseitige Kategorisieren von Akteuren oder Organisationen (Bourdieu & Wacquant 1996: 264f.). Die praktische Umsetzung der Objektkonstruktion beginnt mit der Frage, ob der betrachtete Gegenstand sinnvollerweise als sozialer Raum bzw. als Feld aufgefasst werden kann. Im ersten Schritt sucht man innerhalb des Gegenstandsbereichs nach Attributen, die die entscheidenden objektiven und subjektiven Unterschiede zwischen den betrachteten Akteuren markieren. Bei der Auswahl dieser Merkmale spielen sowohl theoretische Überlegungen als auch praktische Eindrücke aus dem Feld eine wichtige Rolle. Bei den gewählten Merkmalen kann es sich z.B. um Positionen oder Titel handeln, die einige Akteure innehaben und andere nicht, oder um verschiedene Formen von Ressourcen, Input und Output. Weitere Merkmale können Aspekte der Identität oder des Stils der Akteure beschreiben, z.B. ihr Alter, ihre geografische Lage, ihre politische Haltung oder religiöse Zugehörigkeit oder die Art ihrer Selbstdarstellung nach außen. In Bezug auf Organisationen können auch Merkmale der organisationalen Identitäten und Kulturen, Arten der Spezialisierung und Eigenarten der internen Organisationsstruktur betrachtet werden. Darüber hinaus können auch die Ansichten und Meinungen der Akteure zu wichtigen Themen und Konflikten im Feld erfasst werden.

Nach der ersten Datenerhebungsrunde folgt als zweiter Schritt eine vorläufige statistische Analyse. Diese eröffnet erste Einblicke in die Struktur des konstruierten Feldes, zeigt die relative Bedeutung der gesammelten Daten auf und gibt Hinweise darauf, welche Aspekte noch unterbelichtet sind und in einer zweiten Datenrunde beleuchtet werden sollten. Auf diese Weise bauen im Zuge der Objektkonstruktion theoretische Überlegungen, Datenrecherchen und statistische Analysen aufeinander auf, bis schließlich eine analytische Sättigung eintritt.[23]

Zur statistischen Auswertung relational gewonnener Daten greift Bourdieu nicht auf die in den Sozialwissenschaften weit verbreiteten Verfahren der multivariaten Inferenzstatistik zurück, deren bekanntester Vertreter die

[23] Wann genau die Arbeit der Objektivierung als abgeschlossen betrachtet werden kann, ist kaum allgemein bestimmbar: „Diese Arbeit ließe sich bis ins Unendliche fortsetzen, wäre man nicht gezwungen, einen mehr oder weniger willkürlichen Schlusspunkt zu setzen" (Bourdieu 2001: 295)

Regressionsanalyse ist. Diese Verfahren sind aus der Perspektive der Feldtheorie aus mehreren Gründen problematisch: Sie betrachten meist nur Zusammenhänge zwischen relativ wenigen ausgewählten Variablen, konzipieren diese Zusammenhänge meist als linear und weisen allen betrachteten Variablen und Merkmalsträgern dasselbe analytische Gewicht zu (Blasius & Schmitz 2013: 204). Im Gegensatz dazu verwendet Bourdieu Verfahren der geometrischen Datenanalyse. Es handelt sich dabei um eine Gruppe statistischer Skalierungsverfahren, deren bekanntester Vertreter die Hauptkomponentenanalyse bzw. Faktorenanalyse ist, die darüber hinaus aber auch die von Bourdieu verwendete einfache und multiple Korrespondenzanalyse und verwandte Verfahren umfasst (Le Roux & Rouanet 2004; Greenacre & Blasius 2006). Die Gemeinsamkeit dieser Verfahren besteht darin, dass sie versuchen, einen Datensatz mit einer Vielzahl gemessener, manifester Variablen auf eine kleine Anzahl latenter Hintergrundvariablen zu reduzieren. Solche Verfahren werden beispielsweise in der Persönlichkeitspsychologie eingesetzt, um latente Persönlichkeitsmerkmale hinter manifesten Item-Ausprägungen aufzufinden. Mithilfe der geometrischen Datenanalyse können die latenten Relationen zwischen allen Variablen in den relational konstruierten Datensätzen aufgedeckt werden, wobei lineare wie nichtlineare statistische Beziehungen zwischen den Variablen in Betracht kommen und verschiedene Variablen und Merkmalsträger unterschiedlich stark zu den Ergebnissen der Analyse beitragen, d.h. unterschiedliche Gewichte erhalten können. Die geometrische Statistik erlaubt somit eine methodische Umsetzung von Bourdieus relationaler Wirklichkeitsauffassung (Lebaron 2009).

Die statistisch ermittelten latenten Hintergrundvariablen relationaler Datensätze werden in der Feldtheorie als Dimensionen eines sozialen Raumes oder Feldes interpretiert und sie werden zur grafischen Visualisierung dieser Räume verwendet. So verwendete Bourdieu in seinen empirischen Studien meist die Korrespondenzanalyse, ein Verfahren, das kategoriale Daten und ihre Assoziationen in eine latente Raumstruktur überführt (Blasius 2001). Merkmale, die einander ähnlich sind, d.h. ähnliche Akteure beschreiben, liegen in diesen Räumen nahe beieinander. Merkmale, die einander unähnlich sind, d.h. unterschiedliche Akteure beschreiben, liegen weit voneinander entfernt. Dies ermöglicht die Interpretation von Nähe und Distanz zwischen Merkmalen und Merkmalsträgern in einem grafisch visualisierten Raum. Dabei können neben den aktiven, den Raum konstruierenden Variablen auch passive, d.h. den Raum illustrierende Variablen zum Einsatz kommen. Merkmale wie „Einkommen“ und „Bildung“ werden in der Lebensstilforschung in Anschluss an Bourdieu meist als passive bzw. illustrierende Merkmale verwendet; sie dienen zur Validierung und Anreicherung der Analyse und nicht zum „Aufspannen“ des „sozialen Raums“ (Blasius & Schmitz 2013: 207).

4.2 Statistische Methoden in der Feldanalyse

Die moderne angewandte Statistik eröffnet eine Reihe von Möglichkeiten zur statistischen Umsetzung des feldanalytischen Programms,[24] mit denen Probleme der klassischen korrespondenzanalytischen Herangehensweise überwunden und methodologische Prinzipien des Bourdieuschen Programms besser umgesetzt werden können. Ich gehe hier auf einige Punkte kurz ein, die für die empirischen Analysen in den folgenden Kapiteln von Bedeutung sind: Erstens beschreibe ich kurz die Möglichkeit einer weniger fehleranfälligen Konstruktion relationaler Räume mithilfe der Multiplen Faktorenanalyse (MFA), zweitens diskutiere ich die explizite Modellierung der Entwicklung von Feldern im Zeitverlauf, die ebenfalls mit der MFA möglich ist und die damit zusammenhängende Möglichkeit der Analyse von Akteurslaufbahnen und Schätzungen des dahinter liegenden Feldeffekts. Drittens gehe ich auf die Möglichkeit der Modellierung von Feldern als topologische Strukturen ein, die mithilfe der MFA und darauf aufbauender Verfahren umgesetzt werden kann.

4.2.1 Jenseits der Korrespondenzanalyse

Obwohl sich die (Multiple) Korrespondenzanalyse als überaus nützliches Verfahren im Kontext der Feldanalyse erwiesen hat (Blasius & Schmitz 2013), sind die Nachteile, die dieses Verfahren mit sich bringt, kaum zu übersehen. Das schwerwiegendste Problem ist sicherlich die Beschränkung auf kategoriale Daten. Dieses Problem lässt sich zwar umgehen, indem intervallskalierte Daten klassiert und die so entstandenen kategorialen Variablen zur Analyse verwendet werden. Diese Vorgehensweise ist allerdings nicht optimal, denn sie erzeugt häufig statistische Artefakte, insbesondere den sogenannten Horseshoe-Effekt[25] in der Multiplen Korrespondenzanalyse. Darüber hinaus stellt sich bei dieser Methode immer die Frage nach der „richtigen“ Art der Klassierung – denn unterschiedlich klassierte Daten können unter Umständen zu verschiedenen

[24] Einige Hinweise zu statistischer Software, mit deren Hilfe sich die hier vorgestellten Überlegungen praktisch umsetzen lassen, sind in Anhang I zusammengetragen.

[25] Der Horseshoe-Effekt ist ein statistisches Artefakt, das in der Multiplen Korrespondenzanalyse auftritt, wenn die Ausprägungen der verwendeten kategorialen Variablen in irgendeiner Form „geordnet" sind, etwa der Größe oder dem Umfang nach. In einem solchen Fall bildet die zweite Dimension der Korrespondenzanalyse keine inhaltlich begründete Varianz ab, sondern erfasst nur den Unterschied zwischen den mittleren Kategorien und den Extremwerten der „geordneten" Variablen. Bildet man die ersten beiden Achsen graphisch ab, so erkennt man ein charakteristisches Muster, das einem Hufeisen ähnelt. Blasius und Thiessen (2006) nutzen dieses Phänomen, um Umfragedaten auf Eindimensionalität zu testen. Blasius (2010: 382) gibt an, dass die zweite (Artefakt-) Dimension vernachlässigt werden kann, wenn – wie im vorliegenden Fall – eine inhaltliche Interpretation angestrebt wird.

Ergebnissen führen und unterschiedliche Interpretationen nahelegen. Die Entscheidung für eine bestimmte Art der Klassierung erfolgt in den meisten Fällen *ad hoc*, d.h. durch Versuch und Irrtum, denn die Bourdieusche Methodologie enthält keine allgemeinen Leitlinien zum Umgang mit diesem Problem. Möchte man sich diese Schwierigkeiten ersparen, so empfiehlt es sich, zur einfachen und multiplen Korrespondenzanalyse nur dann zu greifen, wenn es die Datengrundlage erlaubt, d.h. wenn ausschließlich kategoriale Daten vorliegen. Für Untersuchungen mit verschiedenen, auch nicht-kategorialen Datentypen wurden in der geometrischen Statistik neue Verfahren entwickelt, unter anderem die in den folgenden Analysen verwendete Multiple Faktorenanalyse (MFA) (Husson et al. 2011, Pages 2014).

Die MFA kann sowohl als Verallgemeinerung der Faktorenanalyse (mit intervallskalierten Variablen) und als Verallgemeinerung der multiplen Korrespondenzanalyse (mit kategorialen Variablen) betrachtet werden. Sie zeichnet sich dadurch aus, dass sowohl kategoriale als auch intervallskalierte Daten zugleich in die Analyse eingebracht werden können, ohne dass dadurch statistische Artefakte oder Verzerrungen in den Ergebnissen entstehen. Das Verfahren eignet sich für Datentypen aller Art und Variablen aller Skalenniveaus. Die verwendeten Variablen müssen allerdings vor der Analyse in Gruppen eingeteilt werden. Die Gruppierung kann verschiedene Ziele verfolgen und daher verschiedene Formen annehmen: Möchte man etwa sicherstellen, dass die Varianzunterschiede zwischen kategorialen und intervallskalierten Indikatoren das Ergebnis nicht verzerren, bietet es sich an, diese beiden Gruppen im Kontext der MFA getrennt zu halten. Darüber hinaus kann man weitere Unterscheidungen vornehmen, indem man z.B. Variablen, die aus verschiedenen Datensätzen stammen oder von verschiedenen Personen codiert wurden, durch Gruppierung getrennt analysiert. Das Verfahren produziert Ergebnisse, in denen die jeweiligen Variablengruppen auf vergleichbare und ausbalancierte Weise einfließen. Die Ergebnisse des Verfahrens beschreiben sowohl die einzelnen Variablengruppen als auch die Gesamtanalyse.

In den empirischen Untersuchungen, die in den folgenden drei Kapiteln vorgestellt werden, wird die MFA nicht nur dazu verwendet, die Struktur des Feldes der deutschen Universitäten herauszuarbeiten, sondern die spezifischen Stärken der MFA werden zur Konstruktion eines diachronen Feldmodells verwendet, d.h. zur Modellierung der Entwicklung des Feldes zwischen zwei Zeitpunkten. Wie oben bereits angemerkt, ist die Zeitlichkeit ein theoretisch entscheidendes Charakteristikum von Feldern, das bisher in empirischen Analysen jedoch selten gebührend gewürdigt wird. Die MFA bietet die Möglichkeit einer expliziten Modellierung von Feldern zu zwei oder mehr Zeitpunkten, indem die Daten für jeden Zeitpunkt zu einer Variablengruppe zusammengefasst werden. Auf diese Weise wird die Vergleichbarkeit der Ergebnisse über Zeitpunkte hinweg garantiert.

4.2.2 Laufbahnen von Akteuren und der Feldeffekt

Die Laufbahnen von Akteuren – ein weiteres empirisch nicht vollständig eingelöstes Desiderat der Feldtheorie – können über den Vergleich von Positionen zu verschiedenen Zeitpunkten bestimmt werden. Diese Möglichkeit ist einerseits ein Fortschritt gegenüber einer synchronen Darstellung des Feldes, die lediglich die Positionen, aber nicht die Bewegungsrichtung der Akteure angibt. Andererseits handelt es sich hierbei um eine deutliche Komplexitätssteigerung, die die empirische Unübersichtlichkeit des Feldgeschehens offen legt und somit an die Interpretation deutlich höhere Anforderungen stellt. Ein fiktives Beispiel mit zwei Zeitpunkten und sechs Individuen ist in Abbildung 1 zu sehen.

Abbildung 1: Beispiel Laufbahnen in Feldern

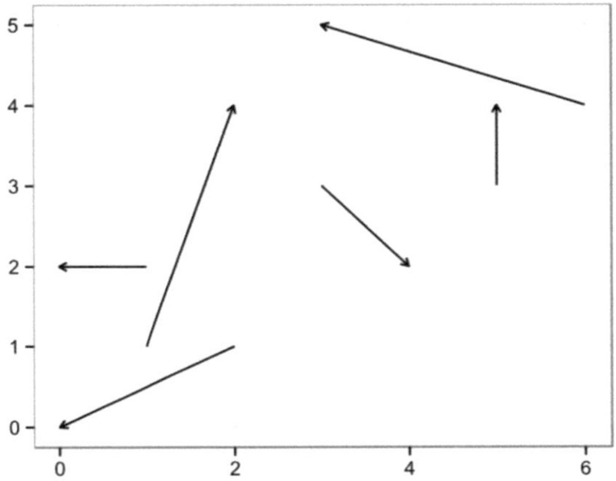

Die Analyse von Laufbahnen kann einerseits Aufschluss über das empirisch vorhandene Ausmaß von Stabilität und Wandel im Feld geben und hilft so dabei, allzu rigide strukturalistische Interpretationsweisen zu überwinden. Zugleich wirft das potenziell ziemlich unübersichtliche Bild der Laufbahnen im Feld die Frage auf, ob und wie sich die Feldeffekte identifizieren lassen, die hinter diesen beobachteten Bewegungen stehen. Im abgebildeten Beispiel lässt sich z.B. mit bloßem Auge erkennen, dass alle Akteure tendenziell vom Zentrum des Feldes weg streben, d.h. der allgemeine Feldeffekt besteht hier in einer zentrifugalen Kraft. In empirischen Beispielen mit viel mehr Akteuren und weitaus komplexeren Bewegungsmustern wird es im Regelfall kaum möglich sein, die latenten Bewegungstendenzen mit bloßem Auge zu erkennen. In solchen Fällen kann es sinnvoll sein, regressionsanalytische Methoden heranzuziehen, um einen allgemeinen Trend hinter ansonsten nicht zu überblickenden Details herauszuarbeiten. Mithilfe von Regressionsanalysen lässt sich feststellen, ob die Positionen der Akteure zum Zeitpunkt t_1 in systematischer Weise mit Positionen zum Zeitpunkt t_2 zusammenhängen. Es gibt also gute Gründe, regressionsanalytische Ansätze nicht aus dem methodischen Repertoire der Feldanalyse zu verbannen – trotz Bourdieus Kritik an der Regressionsanalyse und der damit zusammenhängenden Vorstellung von abhängigen und unabhängigen Variablen und „reinen" Effekten einzelner Indikatoren (Lebaron 2009: 12). Wenn diachrone Feldmodelle konstruiert werden, steigt unweigerlich die in der Interpretation zu bewältigende Komplexität; Regressionsanalysen und verwandte Verfahren können einen Beitrag dazu leisten, diese Komplexität wieder einzufangen. Solche Regressionsmodelle können als Operationalisierung des feldtheoretisch bedeutenden, aber empirisch selten explizit betrachteten „Feldeffekts“ angesehen werden.

4.2.3 Von Gruppen und Klassen zu topologischen Strukturen

Ein Standard-Element des Bourdieuschen Forschungsprogramms ist die Identifikation von Gruppen oder Klassen latent ähnlicher Akteure. Wie oben skizziert ging es Bourdieu um eine Erweiterung bzw. Verallgemeinerung der Marxschen Klassengesellschaft zu einem Konzept sozialen Raums. Die Struktur sozialer Räume wird durch die Positionen von latent ähnlichen Akteursgruppen bzw. durch die Relationen zwischen diesen Positionen bestimmt. Bourdieus Interesse an latenten Gruppen oder Klassen kann als Versuch angesehen werden, die allgemeine topologische Struktur des sozialen Raums zu beschreiben, die unterhalb der konkreten Positionierung einzelner Akteure liegt. In seinen frühen Studien bildete Bourdieu diese Klassen, indem er per Hand Kreise auf Korrespondenzanalyse-Plots einzeichnete. Später ersetzte er diesen groben Ansatz durch die Anwendung von Clusteranalyse-Verfahren auf die Ergebnisse von Korrespondenzanalysen. Auf diesem Weg können Gruppen von Akteuren identifiziert werden, die auf den latenten Dimensionen ähnlich positioniert sind. Neuere Klassifikationsverfahren wie das Finite Mixture Modelling (McLachlan & Peel 2000) ermöglichen es, Akteure nicht exklusiv einer bestimmten Klasse zuzuordnen, sondern die Wahrscheinlichkeit der Zugehörigkeit zu den latenten Klassen zu bestimmen.

Trotz dieser Fortschritte sollte klar sein, dass die Identifikation von Gruppen nicht unbedingt der beste Weg ist, um die räumliche Struktur von Feldern zu beschreiben. Der Grund dafür ist, dass keine feste, über die Zeit stabile Beziehung zwischen Gruppen auf der einen und Akteuren auf der anderen Seite besteht. Wenn etwa die eine Hälfte der Akteure der latenten Klasse A sich im Zeitverlauf auf die andere Seite des Feldes bewegt, während die andere Hälfte an Ort und Stelle bleibt: Gehören sie weiterhin zu Klasse A? Bilden sie eine neue Klasse? Hat sich Klasse A selbst bewegt?

Um solche Schwierigkeiten zu umgehen, schlage ich ein Verfahren vor, das die Positionen von Akteuren im Feld als Ausgangspunkt für eine weitere, verallgemeinernde statistische Analyse verwendet. Die Idee für diesen Ansatz stammt aus dem Bereich der geografischen Statistik. Ein Ziel statistischer Anwendungen in der Geografie besteht darin, topografische Eigenschaften eines Geländes anhand einer begrenzten Anzahl von Messpunkten zu modellieren (Bivand et al. 2013). Um diesen Ansatz für die Feldanalyse fruchtbar zu machen, kann man die Positionen der Akteure im Feld als Messpunkte interpretieren und auf dieser Basis eine statistische Schätzung der Topologie des Feldes vornehmen. Anstatt eines Spatial-Regression-Verfahrens, wie sie in der Geostatistik üblich sind, verwende ich hier ein einfacheres und mit weniger Vorannahmen behaftetes, nichtparametrisches Verfahren, und zwar eine zweidimensionale Kernel-Density-Schätzung (Venables & Ripley 2007). Dieses Verfahren versucht, auf der Basis einiger beobachteter Werte die zugrunde liegende Verteilungsfunktion zu schätzen.

Abbildung 2: Beispiel eindimensionale Kernel-Density-Schätzung

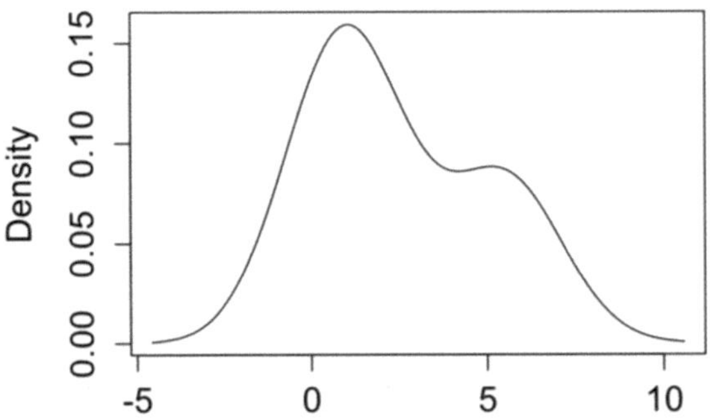

Abbildung 2 zeigt ein Beispiel einer solchen Schätzung für eine fiktive Stichprobe mit nur sechs Werten. Die Dichtefunktion zeigt, dass sich die Verteilung der Werte jeweils um die Werte 5 und 0 herum verdichtet; zwischen 0 und 5 liegen weniger Fälle und außerhalb dieses Intervalls liegen fast keine Fälle. Das Ergebnis des Kernel-Density-Verfahrens kann nun verwendet werden um abzuschätzen, wie wahrscheinlich es ist, dass in weiteren Stichproben bestimmte Werte realisiert werden; so sind etwa Werte zwischen 0 und 2 sehr wahrscheinlich, während Werte unter 0 und über 5 sehr unwahrscheinlich sind.

Dieses Verfahren der Schätzung von Wahrscheinlichkeitsverteilungen auf Grundlage realisierter Werte kann auch im zweidimensionalen Raum verwendet werden. Da die Positionen der Akteure in Feldern üblicherweise anhand zweier Dimensionen beschrieben werden, wird in den unten folgenden Analysen eine zweidimensionale Schätzung vorgenommen, die anstelle einer Schätz-Kurve wie in Abb. 2 eine geschätzte Fläche produziert, wie sie in Abbildung 3 zu sehen ist.

Abbildung 3: Beispiel zweidimensionale Kernel-Density-Schätzung

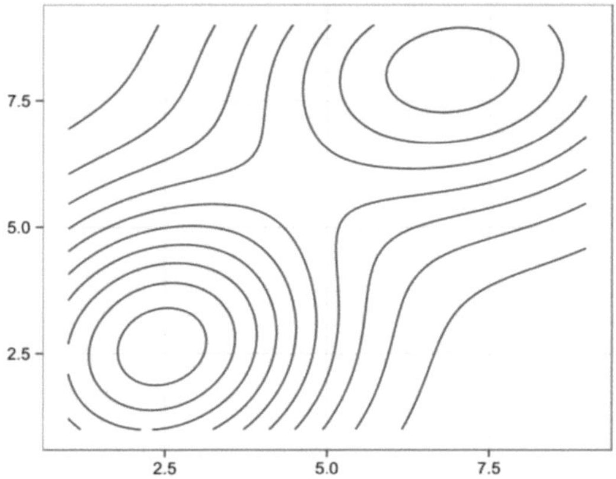

Eine solche Fläche kann auf der Grundlage der Positionen von Akteuren in Feldern berechnet werden. Im Kontext der Feldtheorie lässt sie sich wie eine topografische Karte interpretieren: Sie liefert eine grafische Darstellung der gesamten Raumstruktur des Feldes auch an den Stellen, wo sich zum Zeitpunkt der Messung keine Akteure befinden. Die Verdichtungen der Akteure liegen hier im linken unteren und rechten oberen Bereich, während in den anderen Regionen der Grafik nur wenige Fälle zu finden sind.

Darstellungen dieser Art abstrahieren von der Positionierung einzelner Akteure und beschreiben die dahinterliegende, latente räumliche Gestalt des Feldes. In Regionen des Feldes, in denen viele Akteure nahe beieinander liegen, kann man sich den sozialen Raum als „gekrümmt" vorstellen (in Abb.3 links unten und rechts oben), d.h. es liegt in diesen Regionen ein „Gefälle" vor, das die Laufbahnen der Akteure beeinflusst, z.B. in eine neue Richtung lenken kann. In Regionen, wo nur wenige Akteure positioniert sind, kann man den sozialen Raum hingegen als „flach" begreifen, d.h. die Bewegungen von Akteuren in diesen Bereichen werden weniger vom Feld beeinflusst, sondern folgen stärker den vom Akteur selbst generierten Antriebskräften.[26]

---

[26] Eine ähnliche Verwendung und Interpretation von Kernel-Density-Schätzungen (KDE) findet sich in der Zoologie: Auf der Basis beobachteter Aufenthaltsorte von Tieren werden mittels KDE-Verfahren sogenannte *home ranges* konstruiert – Zonen, in denen sich Tiere typischerweise aufhalten bzw. in denen sie typischerweise bestimmten Verhaltensweisen nachgehen (siehe z.B. Fieberg 2007). Überträgt man dieses Konzept auf den soziologischen Gegenstandsbereich, so ergibt sich eine Vorstellung räumlich strukturierter Nischen mit bestimmten sozialen Bedingungen, in denen bestimmte Akteure oder Organisationen typischerweise zu finden sind. Feldtheoretisch gewendet mündet dies in dem oben skizzierten Konzept der topologischen Strukturierung sozialer Räume in Zonen mit verschieden starkem Feldeffekt bzw. verschiedenen Formen von Machtgefälle.

5 Struktur und Entwicklung des Feldes deutscher Universitäten

Nachdem in den vorangegangenen Kapiteln der aktuelle Forschungsstand skizziert und die theoretische und methodische Basis für eine feldanalytische Untersuchung des deutschen Hochschulsystems gelegt wurde, wird im Folgenden die erste empirische Analyse präsentiert. Das Ziel dieser Untersuchung besteht darin, die Struktur und Entwicklung des deutschen Hochschulsystems zwischen den späten 1990er und den späten 2000er Jahren aus verschiedenen feldtheoretisch relevanten Perspektiven zu beleuchten. Dabei kommen die oben diskutierten theoretischen und methodischen Konzepte zum Einsatz.

Die Untersuchung gliedert sich wie folgt: Zunächst wird der Prozess der Objektkonstruktion beschrieben, in dem ein Datensatz zum Feld der deutschen Universitäten aufgebaut wurde. Anschließend folgt eine einfache synchrone Strukturanalyse des Feldes, die die grundlegenden Relationen zwischen deutschen Universitäten für den gesamten anvisierten Zeitraum in einer Zusammenschau erfasst. Darauf aufbauend folgt eine diachrone Analyse, die die Entwicklung des Feldes zwischen 1995-2000 (t1) und 2007-2012 (t2) in den Blick nimmt. Im Zuge dieser Analyse werden die Laufbahnen aufgezeigt, die die Universitäten zwischen diesen beiden Zeiträumen im Feld zurückgelegt haben. Zusätzlich wird versucht, den hinter diesen Laufbahnen liegenden, allgemeinen Feldeffekt herauszuarbeiten. Der darauf folgende Analyseschritt abstrahiert von den einzelnen Akteuren und ihren Positionen bzw. Laufbahnen und richtet den Blick stattdessen auf die latente topologische Struktur des Feldes, die hinter den einzelnen Positionierungen und Bewegungen liegt. Die Entwicklung dieser räumlichen Struktur im Zeitverlauf wird dabei ebenfalls untersucht. Im letzten Schritt wird der Zusammenhang zwischen der Position im Feld und dem organisationalen Habitus der Universitäten betrachtet.

5.1 Objektkonstruktion: Das Feld deutscher Universitäten

Wie die oben angestellten methodischen Überlegungen gezeigt haben, stellt die Konstruktion des Forschungsobjekts einen zentralen Bestandteil der feldtheoretischen Praxis dar. Dabei kommt es darauf an, theoretische Hypothesenbildung, Datensammlung, statistische Analyse und Interpretation in einer Weise ineinander fließen zu lassen, die letztendlich zum Aufbau eines empirisch gesättigten Forschungsobjekts in Form eines relationalen Datensatzes führt.

Die Arbeit an dem Datensatz, der den folgenden Analysen zugrunde liegt, begann mit einer Sichtung relevanter Literatur und einer Reihe theoretischer Überlegungen, die in die erste Datensammlungsrunde mündeten. Dabei ging es mir darum, Daten zu sammeln die dafür geeignet waren, die materiellen, institutionellen und symbolischen Hauptunterschiede zwischen den deutschen Universitäten abzubilden und so die Grunddimensionen der Ungleichheit im Feld zu erfassen. Der erste Datensatz enthielt verschiedene Informationen zum Publikationsoutput und zur Forschungsfinanzierung sowie Variablen, die institutionelle und historische Differenzen abbilden, etwa das Gründungsdatum oder die geografische Lage der Universitäten in West- oder Ostdeutschland.

Eine statistische Exploration zeigte, dass in diesem Datensatz einige relevante Distinktionsmerkmale zwischen Universitäten noch unzureichend berücksichtigt wurden. Deshalb wurden in der zweiten Datenrunde detailliertere Daten zu Positionen, Strategien und zur Reputation von Universitäten gesammelt, etwa zur Beteiligung an und Erfolg in der Exzellenzinitiative, zu Mitgliedschaften in den strategischen Universitätsverbünden, die in den 2000er Jahren als Reaktion auf den steigenden Wettbewerb entstanden sind. Darüber hinaus wurde auch die interne Organisationsstruktur der Universitäten in den Blick genommen, insbesondere solche Strukturmerkmale, die in Beziehung zu den Reformen stehen. Die gesammelten Daten geben an, ob Universitäten interne organisationale Einheiten besitzen, die speziell auf aktuelle Entwicklungen im Kontext der Hochschulreform ausgerichtet sind, z.B. Stabstellen oder Referate für die Exzellenzinitiative, für Fundraising, Internationalisierung, Strategie oder Qualitätsmanagement. Weil solche internen Organisationsstrukturen auf eine Internalisierung neuer Rahmenbedingungen im Feld hinweisen, bilden sie einen wichtigen Bestandteil für eine umfassende Analyse des Feldes und seiner Akteure.

Die statistische Analyse des erweiterten Datensatzes zeigte, dass trotz der inzwischen umfassenden Datenbasis immer noch wichtige Aspekte fehlten, um eine möglichst aufschlussreiche Analyse des Feldes zu gewährleisten. Erst an dieser Stelle wurde klar, dass eine explizite, diachrone Modellierung des Feldes nötig sein würde, um über die bekannten typologischen Beschreibungen z.B. entlang des Unterschiedes zwischen Volluniversitäten, TUs und Reformuniversitäten hinauszukommen. Es folgte daher eine weitere Datensammlungsrunde, in der zusätzliche Daten zur Publikationstätigkeit und zur Finanzierung gesammelt wurden. Dabei ging ich davon aus, dass sich diese beiden Aspekte – Finanzierung und Publikation – als die wichtigsten Formen von Input und Output an Universitäten betrachten lassen und dass sich mit ihrer Entwicklung im Zeitverlauf auch die bedeutendsten Veränderungen im Feld insgesamt abbilden lassen. Mithilfe dieser zeitlich ausdifferenzierten Daten ist es nun möglich, das Feld der deutschen Universitäten in seiner Struktur und seiner Entwicklung feldanalytisch zu untersuchen. Die statistische Analyse dieses Datensatzes zeigte, dass ein gewisses Maß an empirischer Sättigung erreicht war, das für die Zwecke der vorliegenden Untersuchung ausreichend erschien.

Der resultierende Datensatz enthält 58 der aktuell 105 deutschen Universitäten. Für die fehlenden Fälle lag bei den aktiven Variablen kein hinreichendes, verlässliches bzw. vergleichbares Datenmaterial vor. Die zentralen Variablen beschreiben – wie bereits erwähnt – den Publikationsoutput sowie den finanziellen Input der Universitäten. Diese Variablen werden in den folgenden Analysen aktiv verwendet, d.h. sie spannen den relationalen Raum auf, während die übrigen Variablen eine lediglich illustrierende, informationsverdichtende Funktion haben. Nun besteht einer der Hauptunterschiede zwischen den Universitäten in der absoluten Summe an Finanzmitteln, die sie vom Staat und von verschiedenen Drittmittelgebern erhalten. Hierbei handelt es sich um einen allgemeinen Größenunterschied, der mit verschiedenen anderen Merkmalen zusammenhängt, etwa mit der Studenten- und Mitarbeiterzahl oder der Breite des Fächerspektrums. Dieser Größenunterschied ist insofern zwar sehr bedeutend für die Relationen im Feld der Universitäten, kann aber zugleich als eine der gröbsten Unterscheidungen betrachtet werden, die alleine nicht genügt, um die Komplexität der Feldstruktur abzubilden. Einen geeigneteren Ausgangspunkt bildet das Verhältnis zwischen den zwei wichtigsten Quellen für die Finanzierung von Forschung an Universitäten, nämlich zwischen den regulären staatlich bereitgestellten Grundmitteln auf der einen und den meist kompetitiv erworbenen Drittmitteln auf der anderen Seite, die zu großen Teilen auch aus nichtstaatlichen Quellen stammen. Die Entwicklung dieses Verhältnisses im Zeitverlauf sagt z.B. viel mehr über die Reaktion einer Universität auf die Hochschulreformen aus als etwa die Entwicklung der absoluten Grund- oder Drittmittelsumme. Um solche detaillierteren Information bei der statistischen Feldkonstruktion zur Geltung zu bringen und den einfachen Größenunterschied nicht übermäßig zu betonen, ziehe ich in den folgenden Analysen das Verhältnis zwischen den laufenden Ausgaben der Universitäten und den Drittmitteln als Hauptindikator für den finanziellen Input heran.

In Bezug auf den Output von Universitäten werden hier, wie bereits in der Einleitung angekündigt, lediglich die Forschungsleistungen von Universitäten betrachtet. Selbstverständlich erfüllen Universitäten auch jenseits der Forschung eine Reihe wichtiger Funktionen – jedoch gibt es deutliche Hinweise darauf, dass im Zuge der aktuellen Wandlungen des Feldes die Forschung zur eindeutig wichtigsten Aufgabe geworden ist. Arbeiten wie die von Hartmann (2010) und Meier und Schimank (2009) sowie die aktuellen Debatten über ein mögliches Ende des Kooperationsverbots in der Bildungspolitik legen zudem nahe, dass eine weitere Entwicklung weg von Bildung und Forschung als gleichberechtigte und zusammenhängende Aufgaben der Universität zu erwarten ist.

Als Datenquelle für die Operationalisierung des Forschungsoutputs wurde die von Thomson Reuters betriebene Publikationsdatenbank „Web of Science" (WoS) herangezogen. Dabei handelt es sich um eine Datenbank, die ein breites Spektrum wissenschaftlicher Publikationen umfasst, wobei der Fokus auf englischsprachigen Aufsätzen in Fachzeitschriften liegt. Als Hilfestellung für die Literaturrecherche bietet das WoS eine eigene Kategorisierung von Publikationen in sogenannte *research areas* an. Für jede Universität wurden die 12 *research areas* gesammelt, zu denen die meisten der im WoS gelisteten Publikationen der betreffenden Universität gehören, und zwar jeweils einmal für den Zeitraum t1, 1995 bis 2000, sowie für t2, 2007 bis 2012. In einigen Fällen, insbesondere bei kleinen Universitäten und bei solchen mit starker Fokussierung auf die Sozial- und Geisteswissenschaften waren verhältnismäßig wenige Publikationen im WoS aufgelistet, sodass in einigen Fällen weniger als 12 *research areas* gefunden werden konnten. Im Durchschnitt decken die maximal 12 erfassten *research areas* ca. 80% der im WoS enthaltenen Publikationen ab. Obwohl diese Datenbasis nicht optimal ist, halte ich sie doch für geeignet, die Grundstrukturen der Forschung an deutschen Universitäten abzubilden. Der Fokus liegt dabei – ähnlich wie in Bezug auf den finanziellen Input – weniger auf einer ganz exakten Abbildung des absoluten Outputs, sondern auf einer Erfassung der Verhältnisse zwischen Universitäten und dem Spektrum akademischer Disziplinen, das für die Zwecke der hier beabsichtigten Untersuchung nicht in allzu großem Detailreichtum erfasst werden muss. In den im Folgenden vorgestellten Analysen werden die 40 am weitesten verbreiteten *research areas* berücksichtigt.

Tabelle 1 und Abbildung 4 geben einen ersten Einblick in die so erfassten Relationen im Feld. Abbildung 4 zeigt den Anteil von Drittmitteln an den laufenden Ausgaben für alle Universitäten im Datensatz zwischen 1992 und 2009. Tabelle 1 zeigt ausgewählte *research areas* und ihre Verbreitung im Feld zu t1 und t2.

Abbildung 4: Anteil von Drittmitteln an laufenden Ausgaben in %

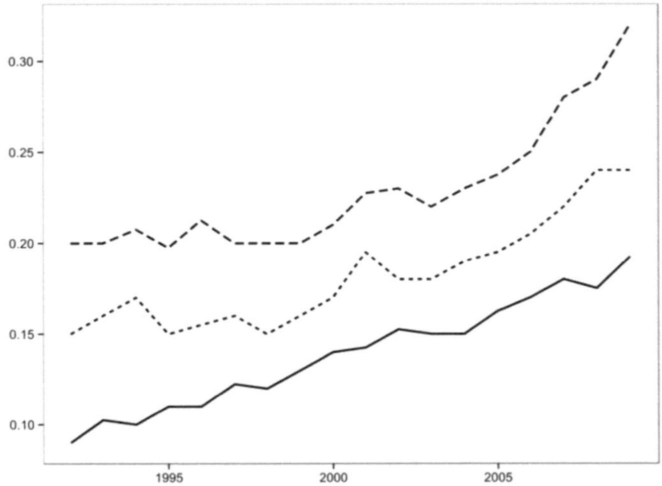

Legende: Gestrichelte Linie (oben): 75%-Quartil; gepunktete Linie (mitte): Median; durchgezogene Linie (unten) 25%-Quartil.

Abbildung 4 dokumentiert den Anstieg der Drittmittelquote an deutschen Universitäten: Der Anteil der Drittmittel an den gesamten laufenden Ausgaben steigt für die hier betrachteten 58 Universitäten von einem Median von ca. 15% in den frühen 1990er Jahren auf einen Median von deutlich über 20% in den späten 2000er Jahren. Die Dramatik dieser Veränderung kann man sich besonders deutlich vor Augen führen, indem man die Entwicklung des 75%-Quartils betrachtet, das von einem Drittmittelanteil von 20% auf 32% steigt. Während also die drittmittelstärksten Universitäten am Anfang der 1990er Jahre etwa ein Fünftel ihres Haushalts aus Drittmittel bestritten, machen die Drittmittel in der Spitzengruppe Ende der 2000er Jahre bereits mehr als ein Drittel des gesamten Haushalts aus. Darüber hinaus ist eine leicht zunehmende Ungleichverteilung der Drittmittelanteile zu beobachten. So steigt der Abstand zwischen dem oberen und dem unteren Quartil von 11 Prozentpunkten im Jahr 1992 auf 12,75 Prozentpunkte im Jahre 2009. Dieser Überblick sollte genügen um zu zeigen, dass hier ein sehr aussagekräftiger Indikator für die Entwicklung des universitären Feldes vorliegt.

Tabelle 1: Verteilung ausgewählter *research areas* an den Universitäten im Datensatz

		1995-2000		2007-2012
	N	Anteil	N	Anteil
Physics	51	88%	50	86%
Chemistry	49	84%	50	86%
Biochemistry & Molecular Biology	40	69%	37	64%
Computer Science	35	60%	42	72%
Psychology	19	33%	30	52%
Cell Biology	18	31%	11	19%
Oncology	17	29%	21	36%
Plant Sciences	10	17%	8	14%
Environmental Sciences	10	17%	22	38%
Business Economics	6	10%	17	29%

Tabelle 1 präsentiert einige ausgewählte *research areas*, die zur Operationalisierung der Publikationstätigkeit von Universitäten herangezogen werden. Schon ein kurzer Blick auf die Daten zeigt, dass hier komplexe Verhältnisse vorliegen, die sich zudem im Zeitverlauf unterschiedlich entwickeln. Einerseits existieren *research areas*, die sehr weit verbreitet sind und sehr stabil bleiben, etwa Physik und Chemie. Auf der anderen Seite gibt es auch deutliche Veränderungen, etwa die stark zunehmende Bedeutung von Disziplinen wie der Umweltwissenschaft und der BWL, oder der moderate Rückgang in Fächern wie der Molekularbiologie oder der Zellbiologie. Wie oben bereits angedeutet, enthält der Datensatz neben den zehn exemplarisch abgebildeten noch weitere dreißig *research areas*, sodass man auch was die disziplinären Relationen von Universitäten angeht davon ausgehen kann, dass die statistische Konstruktion des Feldes auf Grundlage einer umfangreichen, ausreichend komplexen und detaillierten Datenbasis vorgenommen wird.

An dieser Stelle möchte ich noch einmal die Besonderheit der hier gewählten Datenbasis herausstellen: Im Unterschied zu vielen vorhandenen Analysen werden zur Modellierung des universitären Feldes ausschließlich relative Daten herangezogen, also einerseits die relativen Anteile von Drittmitteln am Gesamthaushalt – unabhängig von der Größe dieses Haushalts, und andererseits die relative Bedeutung bestimmter Disziplinengruppen im Publikationsoutput – unabhängig von der Größe dieses Outputs. Der Grund für diesen Zuschnitt der Datengrundlage liegt darin, dass die vorliegende Analyse Universitäten vergleichen möchte, die sich vor allem durch ihre sehr unterschiedliche Größe, d.h. Mitarbeiter- und Studentenzahl unterscheiden. Dieser Größenunterschied ist zwar wichtig, jedoch liegt die Vermutung nahe, dass die interessanten und soziologisch relevanten Unterschiede nur indirekt mit der Größe der Universitäten zusammenhängen. So gibt es z.B. auch unter den größten Universitäten erhebliche Unterschiede in der disziplinären Schwerpunktsetzung und im relativen Erfolg im Drittmittelwettbewerb. Diese relativen Differenzen sind es, die im Fokus der folgenden Untersuchung liegen.

Neben den oben besprochenen aktiven Variablen, die zur statistischen Konstruktion des Relationenraumes verwendet werden, werden in den folgenden Analysen eine Reihe illustrierender Variablen berücksichtigt, die verschiedene Eigenschaften und Tätigkeiten von Universitäten aufgreifen, und zwar die Existenz spezifischer organisatorischer Untereinheiten und die Beteiligung an der Exzellenzinitiative. Tabelle 2 gibt einen Überblick über diese Variablen. Im Unterschied zu den aktiven Variablen wurden diese Merkmale nicht spezifisch für die beiden Zeiträume gesammelt, was in einigen Fällen auch nicht sinnvoll bzw. nicht möglich gewesen wäre, sondern die erfassten Daten beschreiben den Zustand des Feldes im Jahr 2013.

Tabelle 2: Universitäre Praktiken und Organisationsstrukturen

Bewerbungen in der Exzellenzinitiative	N	Anteil
Exzellenz-Cluster	34	57,6%
Graduate Schools	35	59,3%
Zukunftskonzept	13	22,0%
Interne Strukturen (Stabstellen etc.)	N	Anteil
Fundraising	33	55,9%
Strategie	50	84,7%
Internationalisierung	44	74,6%
Qualitätsmanagement	55	93,2%

Angesichts der Komplexität des konstruierten Datensatzes ist die in der Organisationssoziologie verbreitete Strategie der selektiven Fokussierung ganz bestimmter Teilaspekte durchaus nachvollziehbar. Auch im vorliegenden Fall gäbe es viele Möglichkeiten für einen selektiven Zuschnitt. So könnte beispielsweise eine neo-institutionalistisch inspirierte Studie die verschiedenen Hinweise auf steigende Isomorphie in den Vordergrund rücken, die z.B. in der allgemein gestiegenen Bedeutung von Drittmitteln oder in der Verbreitung bestimmter Disziplinen zu beobachten sind. Andererseits würde eine organisationsökologisch angelegte Studie gerade diese isomorphischen Aspekte unbeachtet lassen und sich stattdessen für die verschiedenen Formen bzw. Typen von Universitäten interessieren, die im Zuge der Hochschulreform entstehen (z.B. Würmseer 2010). Wie oben bereits argumentiert wurde, liegt die Stärke des Bourdieuschen Programms in der Möglichkeit, diese beiden Aspekte zu berücksichtigen und darüber hinaus das Zusammenspiel von Differenzierung und Standardisierung im Feld zu untersuchen.

Zur statistischen Konstruktion des Feldes wurde eine MFA auf Grundlage des oben beschriebenen Datensatzes durchgeführt. Die aktiven Variablen sind das Verhältnis von Drittmitteln und laufenden Ausgaben sowie Publikationen in den 40 *research areas*. Um die beiden Zeiträume in der MFA zu modellieren, wurden die Daten gruppiert (vgl. Abschnitt 4.2.1). Für den ersten Zeitraum Ende der 1990er Jahre wurden Daten zu Finanzen und Publikationstätigkeiten für die Jahre 1995 bis 2000 verwendet. Da die Daten zu den Universitätsfinanzen nur bis 2009 vorliegen, wurde zur Modellierung des zweiten Zeitraums Ende der 2000er Jahre Finanzdaten für die Jahre 2004 bis 2009 und Publikationsdaten für 2007 bis 2012 zugrunde gelegt. Da die betrachteten Variablen von Jahr zu Jahr keine großen Fluktuationen aufweisen, sondern sich vergleichsweise langsam verändern, ist diese nicht ganz kongruente Datengrundlage für den zweiten Zeitraum kaum problematisch.

Im Folgenden werden nur die ersten beiden Dimensionen der MFA verwendet, da nur hier der Eigenwert größer 1 ist. Dimension 1 erfasst 19,5%, Dimension 2 13,9% der im Datensatz enthaltenen Varianz, sodass sich die folgende Analyse auf gut 33% der Gesamtvarianz stützt.[27]

5.2 Grundstrukturen des universitären Feldes in den späten 1990er Jahren

Als erster Analyseschritt folgt eine synchrone Analyse, die nur den ersten der beiden Zeiträume in den Blick nimmt und die Lage im Feld in den späten 1990er Jahren als eine zusammenhängende relationale Struktur abbildet. Abbildung 5 zeigt einen Polt der MFA, in dem die Positionen der *research areas* in diesem Zeitraum abgebildet sind. Zur besseren Interpretierbarkeit zeigen die eingezeichneten Pfeile an, wo größere und kleinere bzw. drittmittelstarke und -schwache Universitäten im Feld positioniert sind. Diese Abbildung entspricht der Standardform statistischer Konstruktion von Feldern im Bourdieuschen Kontext (vgl. etwa Lebaron 2009, Blasius & Schmitz 2013). Zur Interpretation betrachtet man die relative Lage der *research areas* zueinander bzw. zu den durch die Pfeile angedeuteten Verteilungen von Größe und Drittmittelstärke. Nahe beieinander liegende Kategorien sind einander ähnlich, d.h. sie werden von ähnlichen Universitäten in ähnlichem Ausmaß bedient; weit auseinander liegende Kategorien

[27] Dieser Wert ist aufgrund der Vielzahl kategorialer Variablen (*research areas*) nicht besonders hoch. Angesichts der erheblichen Diversität der Informationen, die in diese Analyse einfließen, können 33% erfasste Varianz jedoch als solide gelten.

sind im selben Sinne unähnlich, d.h. es ist unwahrscheinlich, dass Universitäten mehrere dieser Disziplinengruppen gleichermaßen intensiv bearbeiten.

Abbildung 5: Das universitäre Feld in den späten 1990er Jahren

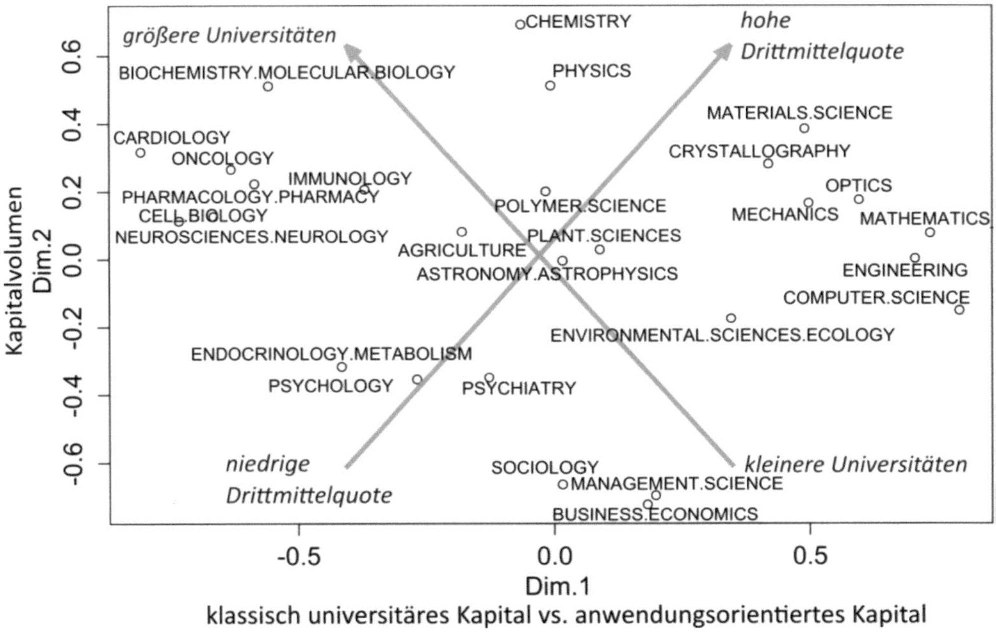

Die Positionierung der *research areas* deutet darauf hin, dass das Feld der Universitäten disziplinär strukturiert ist: Die meisten naturwissenschaftlichen, medizinischen und ingenieurwissenschaftlichen Publikationen stammen aus dem oberen Bereich des Feldes, während im unteren Bereich vor allem sozialwissenschaftliche und psychologische Publikationen im Fokus stehen. Auf der rechten Seite des Feldes wird ein relativ breites disziplinäres Spektrum abgedeckt, das von Molekularbiologie bis Psychologie reicht. Dabei bilden medizinische und biologische Fächer einen Schwerpunkt. Auf der linken Seite hingegen herrscht ein engeres Themenspektrum vor, und der Fokus liegt deutlich auf der anwendungsorientierten Forschung. Angesichts dieser disziplinären Struktur ist es kaum verwunderlich, dass große Universitäten mit hohem Drittmittelvolumen tendenziell im oberen Bereich des Feldes zu finden sind, während kleinere Universitäten mit relativ kleinem Drittmittelaufkommen im unteren Bereich positioniert sind. Dabei finden sich die größten Universitäten im linken oberen Bereich und die drittmittelstärksten im rechten oberen Bereich.

Mithilfe des Bourdieuschen Kapitalbegriffs lassen sich diese Strukturen auf einen gemeinsamen Nenner bringen. Dazu interpretiere ich die latenten Dimensionen, die hinter der Verteilung der einzelnen betrachteten Merkmale liegen, als Dimensionen der Verteilung von Macht im Feld, bzw. als Hinweise auf zwei verschiedene Typen feldspezifischer Macht: Die vertikale Dimension 1 unterscheidet zwischen zwei Machtformen, die ich im Folgenden als „klassisch universitäres Kapital“ und „anwendungsorientiertes Kapital“ bezeichnen möchte. Das Verhältnis zwischen dem klassisch universitären Kapital und dem anwendungsorientierten Kapital kann als parallel zum Verhältnis der beiden von Bourdieu herausgearbeiteten Kapitalien des akademischen Feldes – rein wissenschaftliches und institutionelles wissenschaftliches Kapital – gelten (Bourdieu 1992, 1998a): Rein wissenschaftliches Kapital wird durch wissenschaftliche Arbeit akkumuliert, die am *state of the art* der jeweiligen Disziplin orientiert ist und nur darauf zielt, dieses disziplinäre Wissen zu erweitern – ganz unabhängig vom potenziellen Nutzen dieser Arbeit für die Gesellschaft oder die Wissenschaftler selbst. Ebenso wird klassisch universitäres Kapital akkumuliert, indem Universitäten Forschung und Lehre – insbesondere in den traditionsreichen Disziplinen (Naturwissenschaften, Medizin, Jura und andere Geisteswissenschaften) – als Selbstzweck betreiben, ganz unabhängig davon, ob die resultierende Forschung patentierbar ist oder ob die Inhalte der Studiengänge auf dem Arbeitsmarkt nachgefragt werden.

Institutionelles wissenschaftliches Kapital hingegen wird nach Bourdieu durch Mitarbeit an den organisationalen und institutionellen Rahmenbedingungen von Forschung akkumuliert, d.h. durch Beteiligung an der akademischen Selbstverwaltung, durch Bekleidung von Positionen in wissenschaftlichen Fachverbänden, durch Gutachtertätigkeiten und Ähnliches. Ebenso wird anwendungsorientiertes Kapital akkumuliert, indem Universitäten direkt auf die außerwissenschaftlichen Rahmenbedingungen von Wissenschaft Bezug nehmen, etwa auf Nachfrage in der Wirtschaft, aktuelle Probleme in der Politik usw. Sowohl auf der individuellen Ebene der einzelnen Wissenschaftler als auch auf der Ebene der Universitäten besteht der kreative Konflikt des akademischen Feldes in der Opposition zwischen einem Interesse an den Produkten des Feldes in ihrer Bedeutung für Akteure im Feld und einem Interesse an den Produkten des Feldes in ihrer Bedeutung für Akteure außerhalb des Feldes.

Das klassisch universitäre Kapital findet sich vor allem auf der linken, das anwendungsorientierte Kapital auf der rechten Seite des Feldes in Abbildung 5. Akteure die über große Mengen klassisch universitäres Kapital verfügen, sind tendenziell größere Universitäten, die hauptsächlich durch Grundmittel finanziert sind. Sie bearbeiten ein sehr breites Spektrum von Disziplinen, das von Biologie und anderen Naturwissenschaften über verschiedene medizinische Subdisziplinen bis hin zur Psychologie reicht. Der Begriff „klassisch universitäres Kapital“ wurde gewählt, um die spezifischen Stärken von Universitäten hervorzuheben, die dem klassischen Humboldtschen Ideal der freien, universalistischen, anwendungsfernen, auf reine Wissensproduktion ausgerichteten Volluniversität nacheifern. Den disziplinären Kern dieses Universitätstyps bilden die naturwissenschaftlichen Fächer sowie die traditionellen Professionen Jura und Medizin.

Akteure mit viel anwendungsorientiertem Kapital hingegen sind in ihrer Ausrichtung relativ weit von den Ideen Humboldts entfernt. Sie versuchen vielmehr, wissenschaftliches Wissen für die Bearbeitung außerwissenschaftlicher Bedürfnisse und Ansprüche nutzbar zu machen. Dementsprechend wird ein großer Teil ihrer Forschung aus Drittmitteln finanziert, die mindestens teilweise aus der Wirtschaft stammen und meist kompetitiv erworben werden. Das Disziplinenspektrum dieses Universitätstyps fällt deshalb vergleichsweise eng aus. Der Begriff „anwendungsorientiertes Kapital" soll die spezifischen Stärken dieses Universitätstyps hervorheben, die in ihrer Fähigkeit zur Öffnung wissenschaftlichen Wissens für nicht-wissenschaftliche Anliegen und der damit zusammenhängenden Offenheit für aktuelle gesellschaftliche Entwicklungen und Problemlagen begründet ist.

Die zweite, vertikale Dimension repräsentiert das Kapitalvolumen. Akteure in den oberen Bereichen des Feldes verfügen insgesamt über größere Kapitalmengen und haben damit mehr Einfluss im Feld als Akteure in den unteren Bereichen, die entsprechend über kleinere Kapitalmengen verfügen. Die Größe, die Drittmittelstärke sowie die fachliche Schwerpunktsetzung auf Naturwissenschaften oder Sozialwissenschaften sind mit der Dimension des Kapitalvolumens korreliert. Dimension 2 kann damit als Dimension der allgemeinen Beherrschung des Feldgeschehens betrachtet werden, während Dimension 1 zwei gegensätzliche, latent konflikthafte Typen der Machtausübung im Feld abbildet.

Abbildung 6: Die Positionen der Universitäten im Feld (t1)

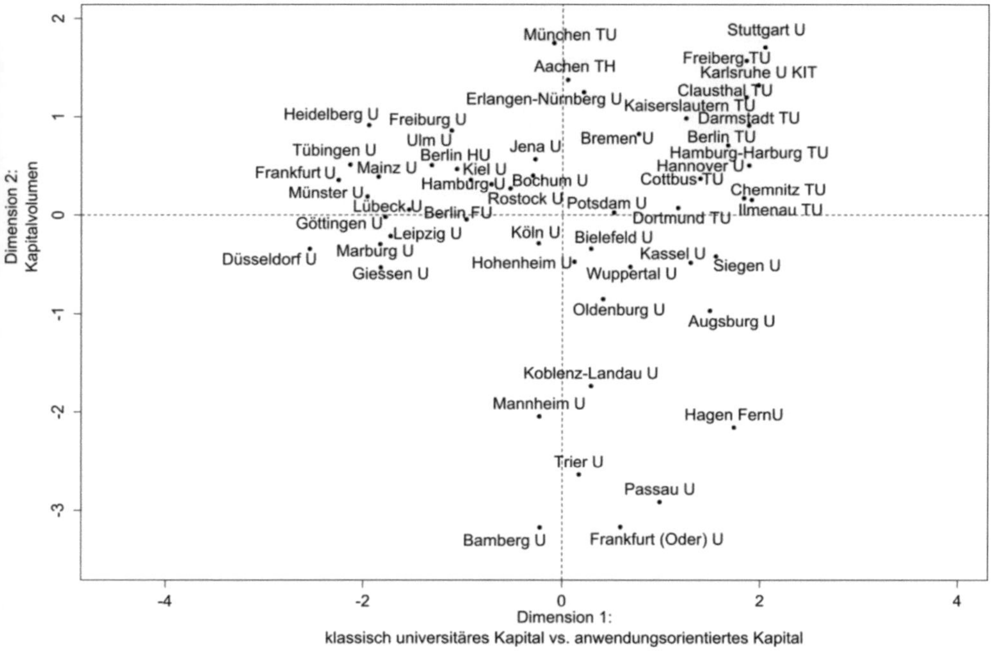

Abbildung 6 zeigt, welche Position die Universitäten Ende der 1990er Jahre im Feld besetzt haben. Während die *research areas* (oben in Abb. 5) relativ homogen über das gesamte Feld verteilt sind, liegt hier eine ungleichmäßige Verteilung vor, bei der sich viele Universitäten im oberen Bereich des Feldes zusammendrängen, während im unteren Bereich nur wenige, weiter verstreute Akteure positioniert sind. Entlang der vertikalen Kapitalvolumen-Achse stehen also eine Vielzahl relativ ähnlich einflussreicher Universitäten (oben) einer kleineren Anzahl relativ marginalisierter Universitäten gegenüber. Diese kleine Gruppe zeichnet sich, wie bereits aus Abbildung 5 bekannt ist, durch eine relativ große Distanz zu den akademischen Kerndisziplinen der Naturwissenschaften aus und legt den Schwerpunkt in der Forschung stattdessen auf Sozialwissenschaften, Wirtschaftswissenschaften und Grenzdisziplinen wie Psychologie und Umweltwissenschaft. Viele dieser Universitäten wurden im Zuge der deutschen Bildungsexpansion in den 1960er und 1970er Jahren gegründet (oder wieder gegründet), jedoch nie zu vollwertigen Universitäten mit umfassendem Fächerspektrum ausgebaut. Die Fokussierung auf Sozialwissenschaften und verwandte Disziplinen ist eine Folge dieser historischen Entwicklung, die in den 1990er Jahren noch deutlich nachwirkt und diese Akteure in einer relativ schwachen Außenseiterposition im Feld verharren lässt.

Auch in horizontaler Richtung neigen die Akteure zu einer latenten Gruppenbildung, die ebenfalls auf die historische Entwicklung des Feldes zurückgeführt werden kann. Hier ist es der Unterschied zwischen den sogenannten Volluniversitäten, die zum Großteil im linken oberen Quadranten zu finden sind, und den Technischen Universitäten (TUs), die größtenteils oben rechts platziert sind. Die Technischen Universitäten haben einen Sonderstatus, der darauf zurückgeht, dass viele von ihnen im 19. Jahrhundert als weiterführende Schulen für Ingenieure und Techniker gegründet wurden und erst zu Beginn des 20. Jahrhunderts den vollen Universitätsstatus erhielten. Trotz – oder gerade wegen – dieser Sonderrolle gehören einige TUs heute zu den einflussreichsten und reputiertesten Universitäten Deutschlands, z.B. die Technische Universität München oder die RWTH Aachen. Diese Universitäten sind relativ groß, äußerst drittmittelstark und legen den fachlichen Schwerpunkt zugleich auf naturwissenschaftliche Grundlagenforschung und anwendungsorientierte Forschung. Wie Abbildung 6 zeigt, sind diese Akteure sehr nahe am dominanten Pol des Feldes (oben, in der Mitte) positioniert. Sie sind damit die vergleichsweise einflussreichsten Akteure im Feld, denn es gelingt ihnen, die Balance zwischen der klassisch universitären Logik und der Anwendungslogik zu halten und damit große Mengen beider Kapitalsorten gleichzeitig zu akkumulieren.

Insgesamt lässt sich festhalten, dass die Positionierung der Akteure zum Ende der 1990er Jahre der geläufigen Unterscheidung zwischen Volluniversitäten, technischen Universitäten und den später gegründeten und nicht voll ausgebauten Universitäten der 1960er Jahre folgt. Diese Typologie bildet den Ansatzpunkt der verschiedenen, im ersten Kapitel skizzierten Reformbemühungen, die auf eine Modernisierung des Feldes abzielen. Im Folgenden geht es darum, welche Veränderungen in der Feldstruktur sich im Zuge dieser Reformen ergeben haben.

5.3 Wandel des Feldes unter dem Einfluss der Hochschulreform

Bis zu diesem Punkt ist die Untersuchung einem analytischen Pfad gefolgt, den man als eine Art Standard in der Feldanalyse betrachten kann. Wollte man diesen Pfad weiter beschreiten, so bestünden die nächsten Schritte darin, die oben skizzierte basale Feldstruktur mithilfe weiterer illustrierender Daten anzureichern und so eine möglichst detaillierte und konkrete Beschreibung des universitären Feldes zu generieren.

Wie oben bereits bemerkt, bin ich der Ansicht, dass ein solches Vorgehen durchaus sinnvoll sein kann – dass jedoch eine Feldanalyse soweit möglich versuchen sollte, über die Fokussierung eines einzelnen Zeitabschnittes hinaus zu gelangen und die Entwicklung eines Feldes im Zeitverlauf möglichst umfassend statistisch zu modellieren. Die Betrachtung nur eines einzigen

Zeitabschnittes in der Entwicklung des Feldes bringt eine ganze Reihe von Problemen mit sich, die bisher innerhalb des feldanalytischen Paradigmas kaum beachtet worden sind. Insbesondere wird eine solche Vorgehensweise dem theoretischen Anspruch nicht gerecht, Felder als historische und zeitlich dynamische Strukturen verstehen zu wollen. Darüber hinaus lädt sie zu einer Überschätzung der Stabilität der beobachteten Strukturen und Verhältnisse ein und lenkt den theoretischen Blick einseitig auf Mechanismen der Reproduktion. Weiterhin müssen bei einer solchen Betrachtung alle nahe beieinander positionierten Akteure und sozialen Kategorien als ähnlich und latent zusammengehörig erscheinen, auch wenn sie eigentlich ganz unterschiedlichen Laufbahnen im Feld folgen, die sich nur zufällig gerade zum beobachteten Zeitpunkt kreuzen. Die Konstruktion von Akteurstypen oder -klassen ohne Berücksichtigung ihrer Relationen im Zeitverlauf kann äußerst irreführend sein.

Solche Fallstricke werden umgangen, sofern die Entwicklung von Feldern im Zeitverlauf ins Zentrum des feldanalytischen Interesses rückt. Allerdings muss auch erwähnt werden, dass eine solche Erweiterung der Feldanalyse ihren Preis hat: Wenn zwei oder mehr Stadien in der Entwicklung eines Feldes explizit modelliert werden, ergibt sich daraus ein nicht zu unterschätzender Komplexitätszuwachs, der die Interpretation erheblich erschweren und eventuell auch das begriffliche Instrumentarium vor neue Herausforderungen stellen kann.

Abbildung 7 illustriert diesen Punkt: Sie zeigt die Laufbahnen der 58 Universitäten im Feld zwischen den späten 1990er und den späten 2000er Jahren. Diese Laufbahnen sind Effekte von Änderungen in den aktiven Variablen, d.h. im Verhältnis zwischen laufenden Grund- und Drittmitteln sowie in den Publikationsprofilen.

Abbildung 7: Laufbahnen der Universitäten im Beobachtungszeitraum

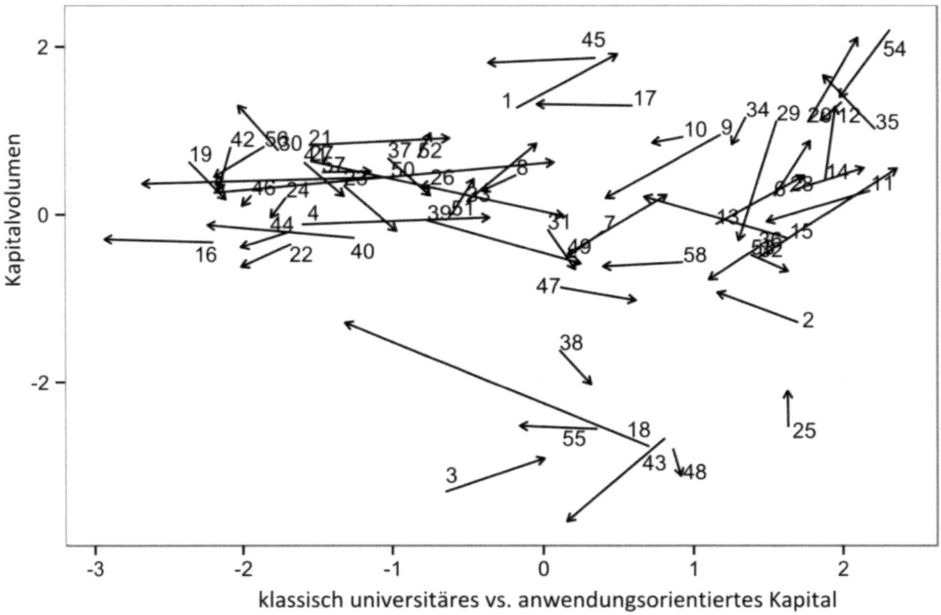

Anmerkung: *Die Pfeilenden zeigen die Position zum Zeitpunkt t1, die Pfeilspitzen die Position zum Zeitpunkt t2. Der Übersichtlichkeit halber sind die Akteure mit Zahlen markiert: (1) RWTH Aachen, (2) Univ. Augsburg, (3) Univ. Bamberg, (4) FU Berlin, (5) HU Berlin, (6) TU Berlin, (7) Univ. Bielefeld, (8) Univ. Bochum, (9) TU Braunschweig, (10) Univ. Bremen, (11) TU Chemnitz, (12) TU Clausthal, (13) TU Cottbus, (14) TU Darmstadt, (15) TU Dortmund, (16) Univ. Düsseldorf, (17) Univ. Erlangen-Nürnberg, (18) Univ. Frankfurt/Oder, (19) Univ. Frankfurt/Main, (20) TU Freiberg, (21) Univ. Freiburg, (22) Univ. Gießen, (23) Univ. Greifswald, (24) Univ. Göttingen, (25) Fern-Univ. Hagen, (26) Univ. Halle-Wittenberg, (27) Univ. Hamburg, (28) TU Hamburg-Harburg, (29) Univ. Hannover, (30) Univ. Heidelberg, (31) Univ. Hohenheim, (32) TU Ilmenau, (33) Univ. Jena, (34) TU Kaiserslautern, (35) KIT Karlsruhe, (36) Univ. Kassel, (37) Univ. Kiel, (38) Univ. Koblenz-Landau, (39) Univ. Köln, (40) Univ. Leipzig, (41) Univ. Lübeck, (42) Univ. Mainz, (43) Univ. Mannheim, (44) Univ. Marburg, (45) München TU, (46) Univ. Münster, (47) Univ. Oldenburg, (48) Univ. Passau, (49) Univ. Potsdam, (50) Univ. Regensburg, (51) Univ. Rostock, (52) Univ. Saarbrücken, (53) Univ. Siegen, (54) Univ. Stuttgart, (55) Univ. Trier, (56) Univ. Tübingen, (57) Univ. Ulm, (58) Univ. Wuppertal.*

Es ist bemerkenswert, mit welcher Dynamik sich das Feld im betrachteten Zeitraum entwickelt hat – insbesondere vor dem Hintergrund der oben referierten organisationssoziolgischen Arbeiten, in denen Universitäten als „träge“ Organisationen mit stark pfadabhängiger Entwicklungslogik beschrieben werden sowie angesichts der Tatsache, dass die Hochschulreformen in Deutschland im Vergleich zu anderen Ländern relativ langsam und milde stattfinden. Die Bewegungen der Akteure zeigen keine mit bloßem Auge identifizierbare Richtung oder Tendenz und erwecken insgesamt einen äußerst chaotischen Eindruck. Besonders hervorzuheben ist die Beobachtung, dass Akteure mit ähnlichen Startpositionen sich nicht unbedingt in ähnliche Richtungen im Feld bewegen. Im Gegenteil, es gibt Akteure die in den 1990er Jahren nahe beieinander liegen, dann aber in entgegengesetzte Richtungen auseinander driften. Ebenso gibt es Fälle, in denen Organisationen aus ganz unterschiedlichen Regionen des Feldes sich aufeinander zu bewegen. Man betrachte beispielsweise die Universitäten Mannheim (markiert mit „43“) und Frankfurt/Oder („18“). Beide besetzten in den späten 1990er Jahren praktisch dieselbe Position im Feld und müssten daher in einer synchronen Feldanalyse, die allein diesen Zeitraum modelliert, als sehr ähnliche Akteure mit vergleichbaren Ressourcen, Interessen und Strategien angesehen werden. Nichtsdestotrotz zeigt hier die diachrone Analyse, dass sich diese beiden Akteure im Untersuchungszeitraum drastisch auseinander entwickeln. Dabei nähert sich die Universität Frankfurt/Oder dem Block der Volluniversitäten im rechten oberen Quadranten an, während die Universität Mannheim sich weiter vom Hauptgeschehen im Feld entfernt und so ihren in den 1990er Jahren bereits vorhandenen Sonderstatus als sozial- und wirtschaftswissenschaftlich profilierte Universität weiter ausbaut.

Dieses Ergebnis zeigt das Potenzial, das in einer expliziten Modellierung der Feldentwicklung im Zeitverlauf steckt: Voreilige Vereinfachungen und Überschätzung von Homogenität, Stabilität und Reproduktion sind weniger wahrscheinlich, wenn die Entwicklung im Zeitverlauf detailliert betrachtet wird. Darüber hinaus sind die in Abbildung 7 zu beobachtenden Phänomene mithilfe der gängigen organisationssoziologischen Ansätze kaum zu erklären: Die Laufbahnen der Universitäten sprechen weder für eine Entwicklung hin zu mehr Isomorphie, noch ist eine deutliche Ausdifferenzierung in ökologische Nischen zu erkennen. Die explizite diachrone Analyse macht damit auch die Limitationen solch einseitiger theoretischer Ansätze deutlich und liefert ein weiteres Argument für eine Bourdieusche Organisationssoziologie.

Mit dem Bourdieuschen Ansatz besteht immerhin die Möglichkeit, die erhebliche Komplexität in Abbildung 7 methodisch sichtbar zu machen und begrifflich zu erfassen. Die relative Unübersichtlichkeit der Laufbahnen lässt sich dabei auf das komplexe Bündel zugrunde liegender Ursachen und Bedingungen zurückführen: Die Kräfteverhältnisse innerhalb der einzelnen Universitäten und die daraus erwachsenden Strategien und Praktiken, ihre relative Ausstattung mit feldspezifischem Kapital und die damit zusammenhängende Erfolgswahrscheinlichkeit der verfolgten Strategien, die manifesten und latenten Relationen zwischen den Universitäten und die daraus erwachsenden vielfältigen gegenseitigen Einflüsse sowie die politischen, juristischen und ökonomischen Rahmenbedingungen, die außerhalb des Feldes bestimmt werden – all diese Faktoren wirken zusammen und erzeugen das in Abbildung 7 beobachtete Bewegungsmuster. Diese Interpretation versteht Organisationen wie oben vorgeschlagen als duale Akteure, die einerseits den Kräften des sie umgebenden organisationalen Feldes ausgesetzt sind, andererseits aber selbst als relativ autonome Felder funktionieren, interne habituelle Dispositionen ausbilden und daher nicht mechanisch auf die Einflüsse ihrer Umgebung reagieren, sondern diese auf je eigene Weise in die eigene interne Feldlogik integrieren. Isomorphiesteigerung und Nischenbildung sind nur zwei der vielen möglichen Phänomene, die mithilfe dieser Perspektive erfasst werden können.

Legt man diese Gedanken zugrunde, lassen sich die Ursachen und Bedingungen für das in Abbildung 7 dargestellte Bewegungsmuster ganz grob in zwei Gruppen gliedern: Erstens gibt es Einflüsse, deren Ursprung „innerhalb" der organisationalen Akteure liegt, zweitens gibt es die „äußeren" Einflüsse des Feldes.[28] Im Folgenden versuche ich, den „äußeren" Einfluss, den das Feld auf alle an ihm beteiligten Akteure ausübt, mithilfe eines Regressionsmodells zu schätzen. Der Zweck dieses Versuches besteht darin, nach einem möglicherweise vorhandenen allgemeinen Trend hinter den auf den zunächst chaotisch erscheinenden Bewegungen der Akteure im Feld zu suchen. Legt man die bei Bourdieu gelegentlich anklingende Metapher von Magnet- oder Gravitationsfeldern zugrunde (Bourdieu & Wacquant 1996: 134ff., Martin 2003), so läuft dieser Ansatz darauf hinaus, die Stärke und Ausrichtung des vorliegenden sozialen Kraftfeldes abzuschätzen. Dazu nehme ich an, dass die Position der Universitäten zum Zeitpunkt t2 abhängig ist von ihrer jeweiligen Position zum Zeitpunkt t1 und dass es eine allgemeine Gesetzmäßigkeit gibt, die diesen Zusammenhang für alle Positionen beschreibt. Diese Gesetzmäßigkeit ist analog zu Bourdieus „Feldeffekt" (Bourdieu & Wacquant 1996: 131).

In dem vorliegenden zweidimensionalen Feld-Modell besteht jede Position aus zwei Koordinaten. Um diese beiden Werte zu schätzen, werden zwei lineare Regressionen berechnet, wobei einmal die Koordinaten auf Dimension 1 zum Zeitpunkt t2 und einmal die Koordinaten auf Dimension 2 zu t2 als abhängige Variablen fungieren. Unabhängige Variablen sind in beiden Fällen die Koordinaten auf denselben Dimensionen zum Zeitpunkt t1.

[28] Diese Unterscheidung von inneren und äußeren Einflüssen muss hier in Klammern stehen, denn aus feldtheoretischer Perspektive gibt es keine scharfe Trennung zwischen dem Inneren einer Organisation und ihrer Umwelt. Vielmehr ist die Umweltwahrnehmung einer Organisation ebenso durch objektive externe Gegebenheiten bedingt wie durch die internen Kräfteverhältnisse, Regeln und Routinen.

Tabelle 3: Regressionsmodelle zur Schätzung des Feldeffekts

	Abhängige Variable: Dimension 1 zu t2	Abhängige Variable: Dimension 2 zu t2
Dimension 1 zu t1	0.873***	.
	(0.065)	
Dimension 2 zu t1	.	0.917***
		(0.06)
Intercept	0	0
	(0.092)	(0.071)
N	58	58
R^2	0.763	0.804
adjusted R^2	0.759	0.801

Anmerkung: Signifikanzniveaus * $p \leq 0.05$ ** $p \leq 0.01$ *** $p \leq 0.001$

Wie Tabelle 3 zeigt, liefern beide Regressionsmodelle brauchbare Ergebnisse: Die Koeffizienten sind signifikant und die Varianzaufklärung fällt mit $R^2 = 0.76$ für Dimension 1 und $R^2 = 0.8$ für Dimension 2 gut aus. Die relativ hohe Varianzaufklärung und die Verlässlichkeit der Modelle insgesamt ist auch kaum verwunderlich, denn wie oben besprochen stellt die MFA sicher, dass die konstruierten Dimensionen für die beiden Zeitpunkte äquivalent und vergleichbar sind. Inhaltlich sprechen die hohen R^2-Werte dafür, dass das Geschehen im Feld trotz der Unübersichtlichkeit einer klaren Eigenlogik folgt, die sich mithilfe des hier gewählten linearen Modells abbilden lässt. Das Regressionsmodell ermöglicht die Beschreibung des allgemeinen Entwicklungstrends im Feld in der Form zweier Gleichungen, die das Verhältnis zwischen der Ausgangsposition und der Endposition der Akteure abbilden und damit den Feldeffekt beschreiben. Dabei werden die Ausgangskoordinaten mit den Regressionskoeffizienten multipliziert:

$$Dim1_{t2} = Dim1_{t1} * 0.873$$

$$Dim2_{t2} = Dim2_{t1} * 0.917$$

Was lässt sich nun anhand dieser Regressionsmodelle und Gleichungen über den allgemeinen Feldeffekt aussagen? Zunächst einmal zeigt die Differenz zwischen den beiden R^2-Werten, dass es im Hinblick auf Dimension 1 mehr individuelle Abweichungen vom allgemeinen Trend gibt. Die Bewegungen der Akteure in horizontaler Richtung, also im Spannungsfeld zwischen den beiden Kapitalsorten, ist etwas weniger einheitlich, weniger durch den übergreifenden Effekt des Feldes geprägt als ihre Bewegung in der Vertikalen. Dieses Ergebnis ist plausibel, denn diese Dimension hängt vor allem mit der disziplinären

Schwerpunktsetzung der Universitäten zusammen, ist also einerseits an Konjunkturen in der *scientific community*, andererseits an spezifische Entwicklungen innerhalb der einzelnen Universitäten gekoppelt. Es ist kaum verwunderlich, dass diese komplexen Einflüsse einer linearen Modellierung weniger zugänglich sind. Die Bewegung in der Vertikalen, die die Entwicklung des Kapitalvolumens der Akteure anzeigt, lässt sich demgegenüber etwas verlässlicher aus der Geschichte des Feldes erklären.

Einen weiteren Befund liefern die beiden Gleichungen bzw. die darin verwendeten Regressionskoeffizienten. Hier fällt auf, dass beide Koeffizienten kleiner 1 sind, dass also die Koordinaten auf beiden Dimensionen im Zeitverlauf kleiner werden, d.h. sich dem Nullpunkt annähern. Der allgemeine Entwicklungstrend im Feld scheint demnach darin zu bestehen, dass historisch vorhandene Unterschiede zwischen den Akteuren *abgebaut* werden: Zwischen den späten 1990er und den späten 2000er Jahren sind die deutschen Universitäten einander insgesamt ähnlicher geworden, Abstände sind geschrumpft, Spaltungen haben an Bedeutung verloren, Getrenntes hat begonnen, sich zu vermischen. Dieser Homogenisierungstrend fällt für Dimension 1 (Kapitalsorten) stärker aus als für Dimension 2 (Kapitalvolumen), und zwar schrumpfen die Abstände auf Dimension 1 im betrachteten Zeitraum um knapp 13% und auf Dimension 2 um ca. 8%. Das heißt, dass der Unterschied zwischen Akteuren, die sich am klassischen Modell der Volluniversität ausrichten und Akteuren, deren Stärke in der anwendungsorientierten Forschung liegt, im Zuge der Hochschulreformen abgenommen hat und diese beiden Universitätsgruppen einander tendenziell ähnlicher geworden sind. Daneben hat sich auch eine – etwas geringere – vertikale Annäherung zwischen den dominanten und den dominierten Universitäten ergeben.

Abbildung 8 soll diesen allgemeinen Feldeffekt noch einmal bildlich illustrieren. Sie zeigt, welche Laufbahnen die Universitäten im Feld genommen *hätten*, wenn ihre Bewegungen *ausschließlich* vom übergreifenden Feldeffekt bestimmt würden (d.h., wenn die Positionierung der Universitäten nur durch „äußere“ Einflüsse aus der Organisationsumwelt bestimmt würde).

Abbildung 8: Geschätzte Laufbahnen auf Grundlage des Feldeffekts

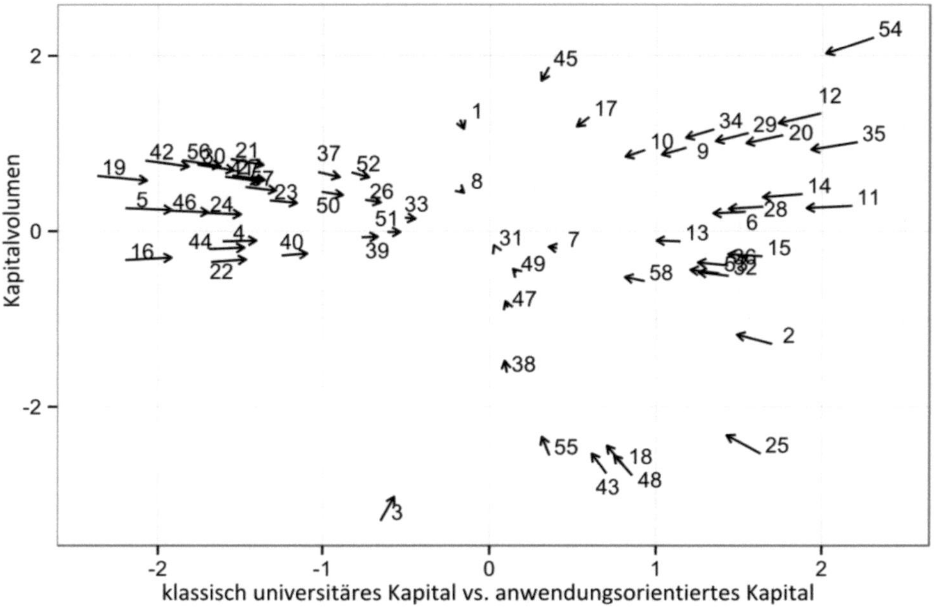

Anmerkung: *Die Pfeilenden zeigen die empirisch realisierte Position zum Zeitpunkt t1, die Pfeilspitzen die regressionsanalytisch geschätzte Position zum Zeitpunkt t2. Der Übersichtlichkeit halber sind die Akteure mit Zahlen markiert: (1) RWTH Aachen, (2) Univ. Augsburg, (3) Univ. Bamberg, (4) FU Berlin, (5) HU Berlin, (6) TU Berlin, (7) Univ. Bielefeld, (8) Univ. Bochum, (9) TU Braunschweig, (10) Univ. Bremen, (11) TU Chemnitz, (12) TU Clausthal, (13) TU Cottbus, (14) TU Darmstadt, (15) TU Dortmund, (16) Univ. Düsseldorf, (17) Univ. Erlangen-Nürnberg, (18) Univ. Frankfurt/Oder, (19) Univ. Frankfurt/Main, (20) TU Freiberg, (21) Univ. Freiburg, (22) Univ. Gießen, (23) Univ. Greifswald, (24) Univ. Göttingen, (25) Fern-Univ. Hagen, (26) Univ. Halle-Wittenberg, (27) Univ. Hamburg, (28) TU Hamburg-Harburg, (29) Univ. Hannover, (30) Univ. Heidelberg, (31) Univ. Hohenheim, (32) TU Ilmenau, (33) Univ. Jena, (34) TU Kaiserslautern, (35) KIT Karlsruhe, (36) Univ. Kassel, (37) Univ. Kiel, (38) Univ. Koblenz-Landau, (39) Univ. Köln, (40) Univ. Leipzig, (41) Univ. Lübeck, (42) Univ. Mainz, (43) Univ. Mannheim, (44) Univ. Marburg, (45) München TU, (46) Univ. Münster, (47) Univ. Oldenburg, (48) Univ. Passau, (49) Univ. Potsdam, (50) Univ. Regensburg, (51) Univ. Rostock, (52) Univ. Saarbrücken, (53) Univ. Siegen, (54) Univ. Stuttgart, (55) Univ. Trier, (56) Univ. Tübingen, (57) Univ. Ulm, (58) Univ. Wuppertal.*

Der Befund der tendenziellen Homogenisierung im Feld steht scheinbar im Widerspruch zu den in der Literatur weit verbreiteten Diagnosen zunehmender Profilbildung, inhaltlicher Differenzierung und Stratifikation unter deutschen Universitäten (Münch 2007, Meier & Schimank 2009, Hartmann 2010). Der

Befund ergibt sich jedoch direkt aus der hier verfolgten relationalen feldanalytischen Perspektive und ist innerhalb dieser Perspektive empirisch begründet und auch theoretisch plausibel. Bereits oben wurde auf die dominante Position von Akteuren wie der RWTH Aachen und der TU München verwiesen, denen der Spagat zwischen den beiden Akkumulationslogiken des Feldes gelingt. Den allgemeinen Trend in Richtung Homogenisierung kann man dadurch erklären, dass solche kapitalsorten-übergreifenden Akkumulationsstrategien im gesamten Feld Fuß fassen – und dass die verschiedenen Reforminitiativen diesen Wandel antreiben. Unter verschärften Wettbewerbsbedingungen scheinen sich auch traditionsreiche Volluniversitäten genötigt zu sehen, ihren gesellschaftlichen Mehrwert durch die Hinwendung zu anwendungsrelevanten Forschungsthemen zu demonstrieren – und umgekehrt scheinen anwendungsorientierte Universitäten sich vermehrt darum zu bemühen, mit Investitionen in die reinen naturwissenschaftlichen Disziplinen ihre Fähigkeiten im Bereich der Grundlagenforschung unter Beweis zu stellen.

Die etwas geringer ausgeprägte Entdifferenzierung in vertikaler Richtung, die auf den ersten Blick der These einer zunehmenden Stratifikation zuwiderläuft, lässt sich auch als Effekt der Reformen erklären: So erscheint es zwar sehr plausibel, dass in absoluten Zahlen eine Stratifikation im Hochschulsystem stattfindet, wie z.B. die Studie von Michael Hartmann (2010) zur Exzellenzinitiative zeigt. Die vertikale Dimension im hier konstruierten Feld erfasst aber nicht die absoluten, sondern die relativen finanziellen Unterschiede, nämlich das Verhältnis zwischen laufenden Ausgaben und Drittmitteln. Die hier betrachteten relativen Anteile von Drittmitteln an der gesamten Forschungsfinanzierung sind jedoch nicht ungleicher geworden, sondern haben sich im Gegenteil tendenziell angenähert, insbesondere weil inzwischen auch die in den 1960er Jahren gegründeten Universitäten im unteren Bereich des Feldes erhebliche Anteile ihrer Forschung aus Drittmitteln finanzieren. So stieg z.B. der Anteil von Drittmitteln an laufenden Ausgaben zwischen 2000 und 2009 bei der Universität Bamberg von 7% auf 23%, während er bei der TU München lediglich von 35% auf 38% stieg. Obwohl die TU München weiterhin in absoluten Zahlen viel mehr Drittmittel einwirbt, hat sich in relativer Betrachtung der Abstand zur Universität Bamberg verringert. Darüber hinaus kann man vermuten, dass die dominierten Universitäten dem gestiegenen Legitimationsdruck zu begegnen versuchen, indem sie sich von dem rein sozial- und geisteswissenschaftlichen Fokus tendenziell abwenden und sich soweit möglich gegenüber naturwissenschaftlichen und anwendungsorientierten Forschungsfeldern öffnen, was ebenfalls zur Verringerung der vertikalen Differenzierung im Feld beitragen kann.

Die hier zu beobachtende Tendenz zur Homogenisierung und Nivellierung der Differenzen im Feld schließt an die Theorie des akademischen Kapitalismus an (siehe Abschnitt 2.1.5): Weil die Forschung in immer mehr Bereichen des Feldes nur stattfinden bzw. weitergehen kann, wenn Erfolge im Drittmittelwettbewerb erzielt werden, erhalten solche Erfolge zunehmend den Status bereits realisierter wissenschaftlicher Leistungen. Gleichzeitig wird die Produktion hochkarätiger wissenschaftlicher Beiträge immer mehr als Instrument im Wettbewerb um Drittmittel aufgefasst. Um sich im Wettbewerb möglichst breit aufzustellen und Erfolgschancen zu maximieren, öffnen sich Universitäten in vielen Regionen des Feldes für neue Disziplinen und Tätigkeitsbereiche. Technische Universitäten engagieren sich in der Grundlagenforschung, Volluniversitäten investieren in anwendungsnahe Projekte und die spät gegründeten Universitäten suchen auf verschiedenste Weise Anschlüsse, die Zugang zu Drittmitteln versprechen.

Im Zuge dieser Entwicklung verschwimmen nach und nach die Grenzen zwischen traditionell als gegensätzlich und unvereinbar geltenden Positionen, Strategien, Interessen und Ressourcen im universitären Feld. Es kommt nicht nur zu einer Aufwertung von anwendungsorientierter Forschung, sondern der Gegensatz zwischen Anwendungs- und Grundlagenforschung selbst beginnt zu schwinden, und damit verfällt allmählich auch die Bedeutung traditioneller Vorstellungen über Universität und Wissenschaft, die an dieser und ähnlichen Dichotomien orientiert sind. Die Folge ist jedoch nicht eine Zunahme an wissenschaftlicher Freiheit, sondern die Notwendigkeit, allen (auch gegensätzlichen) Imperativen des Feldes gleichzeitig zu entsprechen: Institutionelles Kapital ist kaum mehr unabhängig von, sondern am besten im Verbund mit wissenschaftlichem Kapital akkumulierbar. Grundlagenforschung floriert vor allem an den Standorten, an denen auch Anwendungsorientierung eine große Rolle spielt, und umgekehrt. In diesem Kontext können und müssen Akteure, die ihre Position langfristig sichern wollen, nach Monopolstellungen streben. Standardisierung und Nivellierung des Feldes im hier beschriebenen Sinn führt dazu, dass Akteure mit abweichenden Positionen, ungewöhnlichen Strategien und neuen thematischen Schwerpunkten immer mehr Schwierigkeiten haben, sich im Feld zu etablieren und einen signifikanten Einfluss auf die universitäre und akademische Praxis auszuüben.

Ein Vergleich zwischen den geschätzten Laufbahnen in Abbildung 8 und den empirisch realisierten Laufbahnen in Abbildung 7 erinnert gleichzeitig daran, dass der Befund der Homogenisierung lediglich einen Aspekt der überaus komplexen Felddynamik darstellt. Der Feldeffekt destilliert einen latenten Trend aus dem manifesten Durcheinander von Akteurslaufbahnen. Dieser Trend wirkt, wie Abbildung 8 zeigt, in Richtung Vereinheitlichung und Abbau von Unterschieden in den Verhältnissen, ist jedoch, wie Abbildung 7 eindrucksvoll demonstriert, bei weitem nicht der einzige Einflussfaktor, der auf die Positionierungen der Akteure einwirkt. Universitäten sind nicht nur den „äußeren" Kräften des organisationalen Feldes ausgesetzt, sondern verfügen über eine relativ autonome Eigendynamik, d.h. über einen durch ihre individuelle Geschichte geprägten organisationalen Habitus. Der übergreifende Feldeffekt wird von diesen jeweils einzigartigen inner-universitären Strukturen aufgegriffen und nach ihrer spezifischen Eigenlogik gebrochen, umgelenkt, verstärkt oder abgeschwächt, sodass trotz eines allgemeinen Entwicklungstrends im Feld jede Universität einer ganz eigenen, aus der Makroperspektive kaum vorhersagbaren Laufbahn folgt, die in einigen Fällen auch dem allgemeinen Trend zuwiderläuft.[29]

Es liegt damit zwar ein allgemeiner Feldeffekt vor, den man aus neo-institutionalistischer Perspektive als einen Trend zur Isomorphie bezeichnen könnte; die hier verfolgte Bourdieusche Interpretation geht jedoch über diese Sichtweise hinaus und macht plausibel, wie ein feldübergreifender Trend im Zusammenwirken mit je individuellen Dispositionen ein Mobilitätsmuster entstehen lässt, in dem Isomorphie und Differenzierung auf komplexe Weise ineinander greifen. Ein wichtiges Ergebnis der diachronen Analyse ist deshalb die Einsicht, dass die Folgen und Auswirkungen der Hochschulreformen für die einzelnen Universitäten äußerst vielfältig, schwer zu überblicken und kaum eindeutig auf innere oder äußere Ursachen zurückzuführen sind. Allzu simple Interpretationen und Prognosen, wie sie im politischen und öffentlichen Diskurs zur Hochschulreform immer wieder kursieren, können dem komplexen Geschehen im Feld kaum gerecht werden. Aus demselben Grund werden allzu steuerungsoptimistische Interventionen wahrscheinlich selten (nur) die erhofften Auswirkungen haben.

5.4 Die Topologie des universitären Feldes im Wandel

Die nun folgende Stufe der Untersuchung beinhaltet einen Perspektivwechsel: Während bisher die Positionen und Laufbahnen von individuellen Akteuren im Feld im Vordergrund standen, soll hier versucht werden, die latente räumliche Struktur des Feldes herauszuarbeiten, die hinter diesen Positionen und Laufbahnen liegt. Grundsätzlich kann man sich das Verhältnis zwischen den latenten Raumstrukturen und den in ihnen lokalisierten Akteuren als relational vorstellen, d.h. Akteure formen (krümmen) durch ihre Positionierung und Bewegung den sozialen Raum, während zugleich der soziale Raum durch seine Steigungen und Gefälle bestimmte Positionen und Bewegungen ermöglicht und andere behindert. Jeder einzelne Akteur übt damit einen gewissen Einfluss auf die soziale Topologie aus. Am deutlichsten ist dieser Einfluss in der direkten Umgebung des Akteurs. Die Gesamtstruktur des sozialen Raumes ist jedoch ein Ergebnis der Positionen und Bewegungen aller Akteure und wird daher als sozialer Tatbestand von jedem einzelnen Akteur als objektiv und zwingend erlebt.

---

29 Zum Verhältnis von allgemeinem Feldeffekt und beobachteter individueller Praxis: „So stark auch der Feldeffekt sein mag, er wirkt sich nie völlig mechanisch aus, und die Beziehung zwischen Positionen und Positionierungen […] ist stets durch die Dispositionen der Akteure und durch den Raum des Möglichen vermittelt" (Bourdieu 2001: 406)

Betrachtet man Felder als strukturierte soziale Räume, so lassen sich die beiden dominanten Perspektiven aus der Organisationssoziologie – Homogenisierung und Isomorphie bzw. Differenzierung & ökologische Nischen – auf einen gemeinsamen Nenner bringen. Dazu kann man unterstellen, dass mit zunehmender Ballung von Akteuren in einer Region des sozialen Raumes ein lokaler Isomorphiedruck aufgebaut wird, der Akteure in diesen Regionen dazu bringt, sich einander anzunähern. Wenn solche Ballungen an verschiedenen Stellen des betrachteten Raumes auftreten, so lässt sich dies als Differenzierung in ökologische Nischen betrachten. Wie oben bereits erwähnt, ist die Möglichkeit der Integration solcher Dualismen eine der zentralen Motivationen für die Entwicklung einer Bourdieuschen Perspektive auf Organisationen.

Die räumliche Struktur des universitären Feldes wird mithilfe eines zweidimensionalen Kernel-Density-Verfahrens visualisiert (Venables & Ripley 2007). Dabei handelt es sich um ein nicht-parametrisches Verfahren, das ähnlich wie ein Histogramm funktioniert: Auf der Basis gemessener Werte wird eine Verteilungsfunktion konstruiert, anhand derer sich die Verteilung über das gesamte Wertespektrum schätzen lässt. Die gemessenen Werte sind hier die Positionen der Akteure im Feld; da es sich hier um einen zweidimensionalen Raum handelt, produziert das Verfahren eine zweidimensionale Fläche. Die in der dritten Dimension abgetragene Krümmung der Fläche ist von der Positionierung der Akteure abhängig: In dicht besiedelten Regionen des Feldes ist der Raum stärker gekrümmt als in Regionen, wo nur vereinzelte Akteure positioniert sind. Die Fläche repräsentiert damit eine Verallgemeinerung der Positionierungen aller Akteure im Feld und kann als ein topologisches Modell der latenten Raumstruktur des Feldes interpretiert werden.[30]

[30] Eine ausführlichere Beschreibung dieser Methodik findet sich in Abschnitt 4.2.3.

Abbildung 9: Topologie des Feldes zum Ende der 1990er Jahre

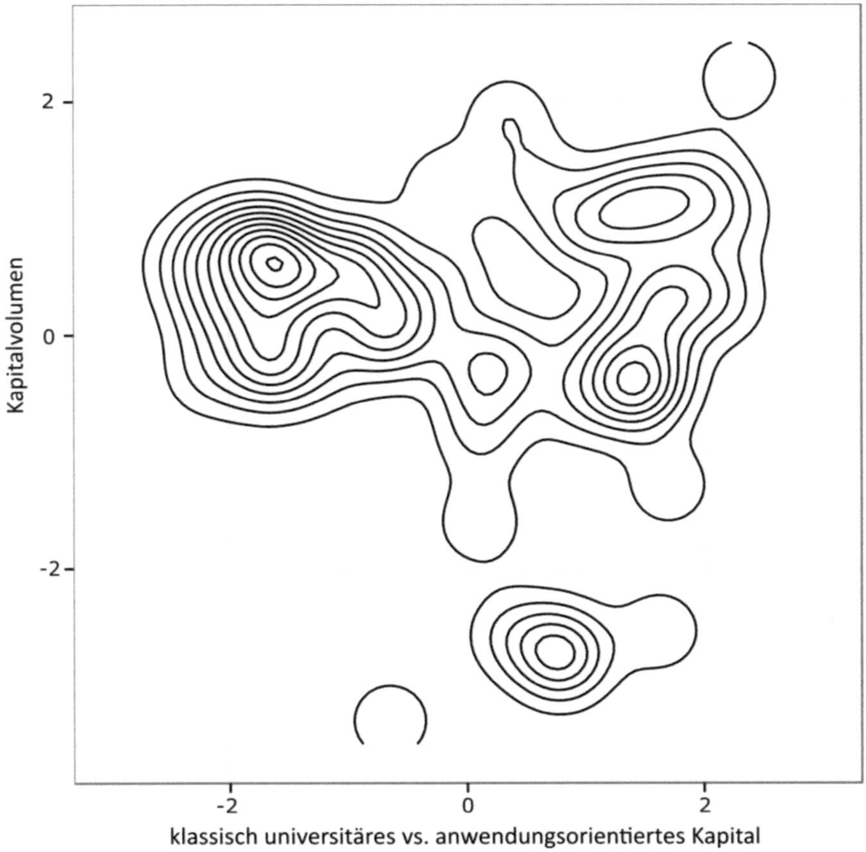

Abbildung 9 zeigt die Topologie des Feldes am Ende der 1990er Jahre. Zu diesem Zeitpunkt ist das Feld in drei Regionen aufgeteilt, die, wie in den vorangegangenen Analysen ersichtlich wurde, mit den drei bereits bekannten Universitätstypen zusammenhängen (vgl. Abb. 6): Traditionelle Volluniversitäten wie z.B. die Universität Heidelberg finden sich in der am stärksten strukturierten Region auf der linken Seite des Feldes, anwendungsnahe Universitäten wie z.B. die TU Berlin bilden eine intern noch einmal differenzierte, aber doch vom Rest des Feldes deutlich abgegrenzte Nische auf der rechten Seite und die neu gegründeten Universitäten der 1960er Jahre wie z.B. die Universität Mannheim liegen deutlich abseits vom Rest im unteren Bereich des Feldes.

Unabhängig von der Position einzelner Universitäten kann man damit eine Dreiteilung des Feldes konstatieren, die sich einerseits als Aggregat aus dem

Verhalten der Universitäten in dieser Zeit ergibt, andererseits aber als sozialer Tatbestand den Strategien der Universitäten klare Grenzen setzt. Aus der Perspektive der Organisationsökologie kann man von drei Nischen sprechen, in denen jeweils unterschiedliche lokale Umweltbedingungen und organisationale Identitäten vorherrschen und die jeweils verschiedene Organisationsformen begünstigen. Aus der Perspektive des Neo-Institutionalismus wird zugleich deutlich, dass insbesondere die Nischen im linken und im unteren Bereich des Feldes unipolar und homogen sind und daher das Potenzial haben, Isomorphie-Effekte zu erzeugen.

Für die Akteure, die auf einem so strukturierten Spielfeld ihre Strategien entwickeln, wird schnell deutlich, dass die Grenzen zwischen diesen Nischen sich nur schwer überwinden lassen. Akteure, die bereits in einer der Nischen etabliert sind, haben in dieser topologischen Struktur kaum Anreize dafür, sich aus der Nische heraus zu bewegen. Positionen im mittleren Bereich des Feldes sind schwer zu halten, da der soziale Raum auf der linken und der rechten Seite „abschüssig“ ist, weshalb die Akteure dazu neigen, sich in Richtung der drei etablierten Universitätstypen zu orientieren. Insgesamt scheint diese Struktur des Sozialraums zu Stabilität und Reproduktion zu neigen. Vor dem Hintergrund der Geschichte des deutschen Hochschulsystems kann man vermuten, dass es sich hierbei um eine Struktur handelt, die seit dem Ende der Bildungsexpansion der 1960er Jahre in ihren Grundzügen gleich geblieben und erst durch die Reformen in Richtung Wettbewerb zum Ende der 1990er Jahre nachhaltig destabilisiert worden ist.

Abbildung 10: Topologie des Feldes zum Ende der 2000er Jahre

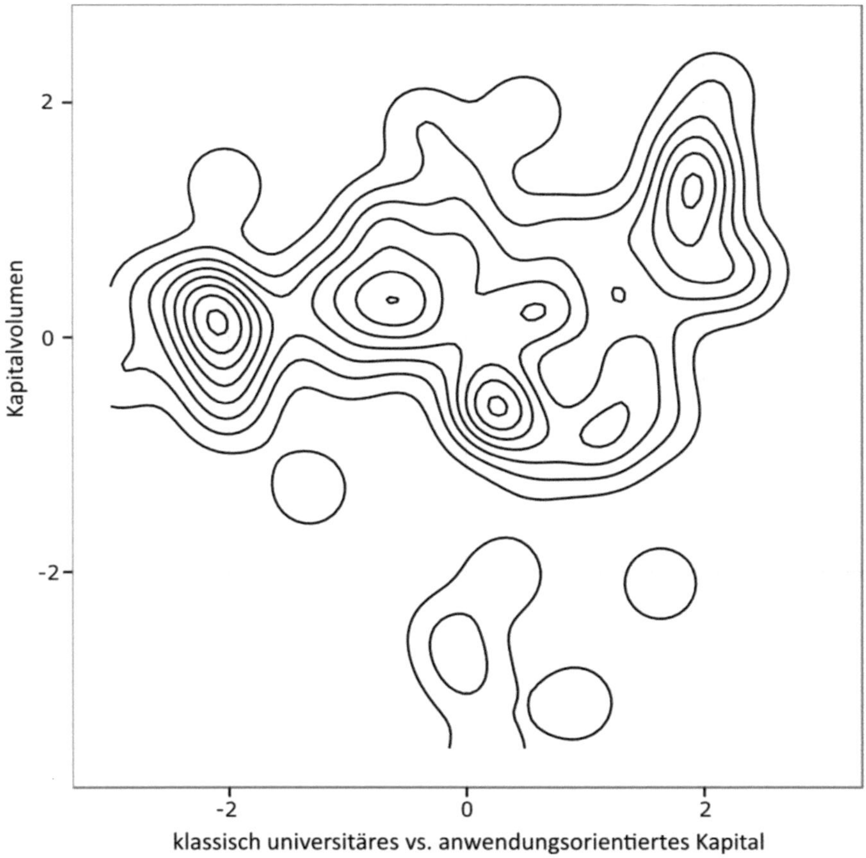

Die Folgen der Hochschulreformen für die topologische Struktur des Feldes sind in Abbildung 10 zu sehen. Hier ist die räumliche Struktur des Feldes zum Ende der 2000er Jahre abgebildet. Im Vergleich zur Lage in den 1990er Jahren fallen drei zentrale Unterschiede auf: Erstens ist die sozialräumliche Segregation verschwunden, die noch zehn Jahre zuvor die klassisch universitäre von der anwendungsnahen Ausrichtung getrennt hatte – und die zuvor sehr unwahrscheinlichen Positionen in der Mitte des Feldes sind nun von relativ vielen Akteuren besetzt. Zweitens gibt es trotz dieser Eroberung der Mitte weiterhin Nischen, die am klassisch universitären bzw. anwendungsorientierten Pol des Feldes orientiert sind. Diese Nischen haben sich im Zuge der Reformen sogar weiter voneinander entfernt. Drittens ist die zuvor klar etablierte und eindeutig abgegrenzte Position der sozial- und geisteswissenschaftlich profilierten Universitäten im unteren Bereich des Feldes auseinander gebrochen, sodass die bereits zum Ende der 1990er Jahre dominierten Akteure nun isolierte und potenziell zusätzlich geschwächte Positionen einnehmen.

Die „Eroberung" der Positionen im Zentrum des Feldes ist eine Parallele zu dem Trend zur Homogenisierung, der bereits im vorherigen Kapitel festgestellt wurde. In topologischen Begriffen kann man von einer erheblichen Ausweitung des Möglichkeitsraumes sprechen, in dem sich Universitäten dank der Hochschulreformen heute bewegen können. Die klare Trennung zwischen klassischen Volluniversitäten und anwendungsorientierten Universitäten wurde aufgebrochen – und anstatt zwei unterschiedlichen Typen oder Klassen von Universitäten existiert heute ein ganzes Kontinuum möglicher Positionen zwischen den zuvor scharf getrennten Kategorien. Wie bereits im vorangegangen Kapitel angesprochen, handelt es sich hier nicht nur um eine Ausweitung der möglichen Positionen im Feld, sondern auch um eine Ausweitung der möglichen universitären Identitäten sowie der möglichen Strategien und Praktiken: Die Tatsache, dass sich zum Ende der 2000er Jahre eine neue universitäre Nische in der Mitte des Feldes formiert, bedeutet auch, dass sich bisher unübliche universitäre Identitäten herausbilden, die ungewohnte Perspektiven auf das Feld haben und neue Strategien der wissenschaftlichen Produktion entwickeln. In dieser zentralen Nische finden sich sowohl Universitäten, die zuvor am klassisch universitären Pol beheimatet waren, etwa die beiden Berliner Universitäten, als auch ehemals eindeutig anwendungsorientierte Universitäten, etwa die TU Dortmund und die TU Braunschweig. Die Strategien in dieser neuen universitären Nische zeichnen sich, wie oben bereits erwähnt, dadurch aus, dass sie die widersprüchlichen Akkumulationslogiken des klassisch universitären und des anwendungsorientierten Kapitals auf bisher unübliche Weise miteinander in Einklang bringen. Einiges spricht dafür, dass diese neuen, durch die Hochschulreform ermöglichten Positionen, Perspektiven und Strategien für die zukünftigen Machtverhältnisse im universitären Feld ausschlaggebend sein werden.

Gleichzeitig zur Öffnung von Möglichkeitsräumen im dominanten Bereich des Feldes ist im dominierten, unteren Bereich die Auflösung einer zuvor etablierten organisationalen Nische zu beobachten. Die Position der jüngeren, sozial- und geisteswissenschaftlich profilierten Universitäten, die Ende der 1990er Jahre noch ein wichtiges Merkmal der Topologie bildete, ist zum Ende der 2000er Jahre fast vollständig verschwunden. Die Zerfaserung dieser Position kann als Folge der Hochschulreform, insbesondere des verschärften Wettbewerbs um Drittmittel und der insgesamt gestiegenen Anforderungen an Universitäten verstanden werden: Die kleineren, jüngeren, sozial- und geisteswissenschaftlich spezialisierten Universitäten können weder im verschärften Wettbewerb um wissenschaftliche Anerkennung punkten, da dieser maßgeblich auf Leistungen in der naturwissenschaftlichen Grundlagenforschung basiert, noch können sie den gestiegenen Anforderungen an ökonomisch verwertbare Forschung, wie sie an technisch spezialisierten Standorten stattfindet, gerecht werden. Und erst recht kann es ihnen kaum gelingen, die neue Strategie der Verschränkung von Grundlagen- und Anwendungsforschung, die in der neuen Nische im Zentrum des Feldes vorherrscht, zu übernehmen. Mit ihrem Fokus auf Exzellenz, ökonomischen Nutzen und Wettbewerb hat die Hochschulreform diesem Universitätstypus die Legitimationsgrundlage entzogen. Es ist daher nicht verwunderlich, dass die Universitäten, die zuvor gemeinsam diese Nische besetzt hatten, sich, soweit es ihnen möglich war, in unterschiedliche Richtungen auseinander bewegt haben. Die spät gegründeten Universitäten teilen daher heute kaum mehr eine gemeinsame Perspektive auf das Feld; die zuvor topologisch klar abgegrenzte organisationale Identität ist dabei, sich aufzulösen. Während es einigen Universitäten, z.B. der Universität Frankfurt/Oder scheinbar gelingt, dem sich schließenden Möglichkeitsraum in Richtung der neu entstandenen Positionen im dominanten Bereich des Feldes zu entfliehen, bleiben andere, etwa die Universitäten Passau und Koblenz-Landau in den nun vollständig peripheren Bereichen des Feldes zurück. Diese Universitäten sind in Gefahr, in den kommenden Jahren nach und nach den Anschluss an das Feld zu verlieren und dadurch unter noch schärferen Legitimationsdruck zu geraten.

Insgesamt hat die topologische Betrachtungsweise gezeigt, wie eine Öffnung neuer Möglichkeitsräume im dominanten Bereich des Feldes mit einer gleichzeitigen Entwertung und Schließung vorhandener Räume im dominierten Bereich einhergeht. Sowohl die Verschiebungen der Topologie als auch die dahinter liegenden Triebkräfte sind auf relationale Weise miteinander verbunden. Im Ergebnis hat die räumliche Struktur des universitären Feldes ihre traditionelle, relativ übersichtliche Form hinter sich gelassen und ist dadurch komplexer und weniger überschaubar geworden. Insbesondere im dominanten Bereich hat der verschärfte Wettbewerb zu einer Nivellierung ehemals klarer Distinktionen und zur Herausbildung neuer, hybrider Organisationsformen und -strategien geführt. Darüber hinaus hat sich die bereits in den 1990er Jahren latent vorhandene Kluft zwischen dem dominanten und dem dominierten Bereich des Feldes im Zuge der Reformen drastisch vertieft. Es bleibt zu klären, ob diese Neustrukturierung des Feldes tatsächlich die Lösung der vielfältigen Probleme ermöglicht, die durch die Hochschulreform adressiert werden.

5.5 Innere und äußere Reaktionen auf die Reformen

Nachdem in den vorangegangenen Untersuchungen vor allem die Struktur des Feldes und die Positionen und Laufbahnen der Universitäten im Vordergrund standen, soll im Folgenden der Zusammenhang zwischen der Feldstruktur auf der einen und dem Habitus und den Praktiken der daran beteiligten Akteure auf der anderen Seite untersucht werden. Zur Erinnerung: Mit dem Begriff „organisationaler Habitus“ sind latente, robuste, von Umwelteinflüssen relativ unabhängige Dispositionen gemeint, die im Laufe der Entwicklung der Organisation nach und nach institutionalisiert worden sind und in die Tiefenstruktur der Organisation, d.h. in den grundlegenden inneren Kräfteverhältnissen, Routinen und Prozeduren eingeschrieben sind. Diese Dispositionen prägen die Wahrnehmungen, Bewertungen und Aktivitäten von Organisationen, sowohl gegenüber ihrer Umwelt als auch gegenüber dem eigenen internen Aufbau. Die Fragestellung in diesem Abschnitt lautet, wie Universitäten angesichts dieser relativ trägen habituellen Dispositionen auf die neuen Chancen und Herausforderungen reagieren, die durch die Reformen ins akademische Feld eingebracht werden – und welche Rolle die Kräfteverhältnisse im Feld dabei spielen.

Ähnlich wie bei menschlichen Akteuren ist der Habitus von Organisationen einer direkten Analyse nicht zugänglich, sondern muss anhand der von ihm geprägten Strategien und Praktiken rekonstruiert werden. Für die folgende Untersuchung wurden zwei unterschiedliche Ausdrucksformen des Habitus ausgewählt: Erstens das Vorhandensein spezialisierter Organisationseinheiten, die auf die Reformen der letzten Jahre reagieren, z.B. Stabstellen für „Exzellenz“ oder „Qualitätsmanagement“, zweitens Bewerbungen in den drei Förderlinien der Exzellenzinitiative. Beide Aktivitätsformen können als Manifestationen des organisationalen Habitus aufgefasst werden, wobei die erste eher nach innen gerichtet ist und den Umbau der Organisation selbst zum Ziel hat, während die zweite einen Versuch darstellt, neue Chancen im Feld zu ergreifen und zum eigenen Vorteil zu nutzen.

Die Daten zu den spezialisierten Organisationseinheiten wurden 2012 im Rahmen einer Internet-Recherche gesammelt.[31] Dabei wurde auf den Webseiten der Universitäten nach Hinweisen auf Stabstellen und ähnliche spezialisierte Einheiten gesucht, die eines oder mehrere von folgenden Tätigkeitsfeldern abdecken:

- Exzellenz(initiative)
- Fundraising
- Qualitätsmanagement
- Strategie
- Internationalität

Aufgrund der Art der Datenerhebung ist die Vollständigkeit der hier zugrundegelegten Informationen davon abhängig, ob eventuelle vorhandene Organisationseinheiten auf den Webseiten auffindbar waren. Da die meisten Universitäten heute über professionell gestaltete Internet-Auftritte verfügen und

[31] Die Daten zu den Bewerbungen in der Exzellenzinitiative sind den Webseiten des Wissenschaftsrates entnommen: http://www.wissenschaftsrat.de/arbeitsbereiche-arbeitsprogramm/exzellenzinitiative.html

weil die gesuchten Stellen mit aktuellen hochschulpolitischen Themen zu tun haben und damit auch für die Außendarstellung der Universität von gehobener Bedeutung sind, kann man davon ausgehen, dass ein einigermaßen vollständiger Datensatz vorliegt. Im Rahmen der Recherche erwies es sich jedoch als praktisch unmöglich, verlässliche Informationen darüber zu erhalten, wann die gefundenen Stabstellen jeweils eingerichtet worden sind. Die folgende Untersuchung kann daher nicht auf die Entwicklung der spezialisierten Einheiten und Exzellenz-Bewerbungen im Zeitverlauf eingehen, sondern beschreibt stattdessen ihre „durchschnittliche" Position im Feld über den gesamten betrachteten Zeitraum von den späten 1990er bis in die späten 2000er Jahre.

Abbildung 11: Stabstellen und Bewerbungen in der Exzellenzinitiative

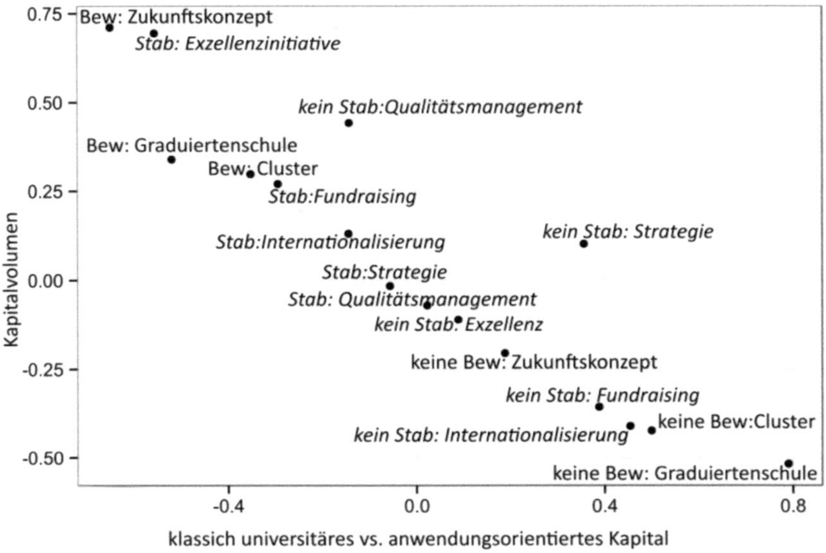

Bei der Betrachtung von Abbildung 11 fällt zunächst auf, dass die Kategorien in etwa entlang einer diagonalen Linie vom linken oberen zum rechten unteren Quadranten des Feldes positioniert sind. Dies deutet darauf hin, dass der organisationale Habitus und die daraus erwachsenden Praktiken in etwa gleichem Maße von beiden Dimensionen des Feldes beeinflusst sind. Dabei lässt sich folgendes allgemeines Muster feststellen: Je größer das Kapitalvolumen und je bedeutender das klassisch universitäre Kapital, desto höher ist die Wahrscheinlichkeit, dass die Akteure sich in der Exzellenzinitiative bewerben und über eine oder mehrere der betrachteten Stabstellen verfügen. Umgekehrt bedeutet dies, dass Akteure mit wenig Kapital und mit dem Schwerpunkt auf anwendungsorientiertem Kapital tendenziell nicht am Exzellenzwettbewerb teilnehmen und über wenige oder keine der betrachteten Organisationseinheiten verfügen.

Um zu einer detaillierteren Interpretation zu gelangen, betrachten wir zunächst nur die Stabstellen-Kategorien (kursiv gedruckte Labels in Abb. 11). Hier fällt zunächst auf, dass viele der Kategorien nah am Mittelpunkt (Zentroid) des Feldes liegen. Dies deutet darauf hin, dass diese Kategorien einen relativ geringen Distinktionswert im Feld haben. Spezialisierte Organisationseinheiten, die sich mit Strategie, Qualitätsmanagement und Internationalität beschäftigen, scheinen im Feld recht weit und verbreitet[32] und ziemlich gleichmäßig verteilt zu sein; Stabstellen dieser Art gehören also zum Standard-Repertoire organisationaler Spezialisierung in Universitäten. Bemerkenswert ist daher nicht ihr Vorhandensein, sondern ihr Fehlen – und dieses Fehlen kann durchaus mit der Struktur des Feldes zusammenhängen. Zum Beispiel scheinen Universitäten im oberen Bereich des Feldes tendenziell auf eine spezialisierte Organisationseinheit für Qualitätsmanagement zu verzichten, während Universitäten im rechten, anwendungsnahen Bereich des Feldes tendenziell keine Stabstelle für Strategie aufweisen. Das ist insofern nicht verwunderlich, als Qualitätsmanagement eine Praxis ist, die ihren Ursprung in den Ingenieurswissenschaften hat und in vielen Bereichen der Industrie eine zentrale Rolle spielt. Universitäten ohne enge Verbindung zur Industrie verfügen deshalb weniger häufig über Abteilungen für Qualitätsmanagement.

Stabstellen für die Exzellenzinitiative finden sich vor allem im linken oberen Quadranten, d.h. in der Region des Feldes, die sich auch am aktivsten am Exzellenzwettbewerb beteiligt,[33] während die Mehrheit der Akteure im Feld über keine spezialisierte Einheit für „Exzellenz“ verfügt. Stabstellen für Fundraising finden sich ebenfalls hauptsächlich im oberen linken Bereich des Feldes und fehlen vor allem im unteren rechten Quadranten, d.h. Fundraising ist an großen, traditionsreichen Universitäten institutionalisiert, die über ein sehr breites Fächerspektrum verfügen und zum allergrößten Teil durch Grundmittel finanziert sind, und fehlt häufig an Standorten mit geringem Kapitalvolumen und anwendungsorientierter Ausrichtung.

Insgesamt zeigt sich, dass die interne Strukturierung der Universitäten keineswegs unabhängig ist von der Struktur des sie umgebenden organisationalen Feldes und ihrer allgemeinen gesellschaftlichen Einbettung auch außerhalb der Wissenschaft. Vielmehr scheinen die hier betrachteten Spezialisierungsformen mehr oder weniger deutlich von der Feldstruktur und deren aktuellem Wandel geprägt. Der entscheidende Faktor ist dabei das Machtgefälle im Feld: Je höher das Kapitalvolumen, desto wahrscheinlicher ist die Inkorporierung aktueller

---

[32] Zur Verbreitung dieser Einheiten im Feld siehe auch Tab. 2 in Abschnitt 4.1. Spezialisierte Einheiten für „Strategie" finden sich z.B. an 85% der betrachteten Universitäten

[33] Wie ein Blick auf die Bewerbungs-Kategorien in Abbildung 9 zeigt.

Anforderungen in der Struktur der Universitäten. Da die betrachteten Stabstellen verschiedene Aspekte der Hochschulreformen abdecken und da ihre Verteilung offensichtlich durch die Machtverhältnisse im Feld geprägt ist, kann man konstatieren, dass die Fähigkeit und die Bereitschaft der Universitäten, auf sich wandelnde Umweltbedingungen durch interne Ausdifferenzierung zu reagieren, zumindest teilweise von ihrem Status im Feld beeinflusst wird.[34]

Eine Betrachtung der Kategorien zu Bewerbungen in den drei Förderlinien der Exzellenzinitiative in Abbildung 11 zeigt noch deutlicher die Abhängigkeit von universitärem Habitus und der daraus resultierenden Praktiken von den strukturellen Rahmenbedingungen des organisationalen Feldes. Die Bewerbungen folgen noch stärker als die Stabstellen dem bereits genannten Muster: Je höher das Kapitalvolumen und je stärker der Fokus auf universitäres Kapital, desto wahrscheinlicher ist eine Bewerbung in der Exzellenzinitiative. Dabei scheint sich das Kapitalvolumen besonders stark auf die Bewerbungen für das Zukunftskonzept (und damit für den Exzellenz-Titel) auszuwirken. Hier bewerben sich ausschließlich sehr starke Akteure, während in den anderen beiden Förderlinien auch mittlere und kleinere Universitäten ihren Hut in den Ring werfen. Offenbar ist also nicht nur der letztendliche Erfolg in der Exzellenzinitiative vom Status der Universität abhängig, sondern bereits die Entscheidung, sich in einer bestimmten Förderlinie (oder überhaupt) zu bewerben, fällt in Abhängigkeit von den Kräfteverhältnissen im Feld.[35]

Insgesamt kann festgehalten werden, dass sowohl die Einrichtung neuer Organisationsstrukturen, die potenziell tief greifende Auswirkungen auf die inneren Kräfteverhältnisse in Universitäten haben, als auch die strategischen Reaktionen der Universitäten auf neue Umweltbedingungen nicht unabhängig sind von der Position der betreffenden Universität im Feld. Der Zusammenhang zwischen dem organisationalen Habitus und der Feldstruktur scheint dabei besonders deutlich ausgeprägt zu sein, wenn die betreffenden Strukturen oder Aktivitäten als Reaktion auf aktuelle, erhebliche Veränderungen im Feld entstehen. Besonders klar treten solche Anpassungen bei den mächtigsten, am traditionellen Universitätsmodell ausgerichteten Hochschulen hervor (d.h. im oberen linken

---

[34] Eine genauere Untersuchung dieser Zusammenhänge wäre sicherlich lohnenswert und könnte z.B. herausarbeiten, wie sich Management-Trends in Universitäten in Abhängigkeit von deren Positionierung im akademischen Feld ausbreiten. Im vorliegenden Zusammenhang verzichte ich jedoch auf eine weitere Analyse in dieser Richtung, denn sie könnte nur anhand eines sehr detaillierten Blicks auf einige wenige Universitäten und auf spezifische Entwicklungen in der Hochschulverwaltung durchgeführt werden und müsste von der hier beabsichtigten Betrachtung des universitären Feldes insgesamt wegführen.

[35] Auch an dieser Stelle gilt, dass eine weitergehende Untersuchung sich sehr detailliert mit den Rahmenbedingungen der Exzellenzinitiative auseinandersetzen und dabei die inneruniversitären Strukturen der Entscheidungsfindung für oder gegen eine Bewerbung herausarbeiten müsste. Dies würde zu weit von der eingeschlagenen Stoßrichtung der vorliegenden Arbeit wegführen und wird daher hier nicht weiter verfolgt.

Quadranten des Feldes). Dies ist ein Indiz für eine latente Passung zwischen dem organisationalen Habitus dieser Akteure und den neuen Möglichkeiten und Anforderungen, die sich im Kontext der Reformen, insbesondere der Exzellenzinitiative, entwickeln. Die Ausrichtung der Organisationsstruktur auf Symbolisierung wissenschaftlicher Exzellenz, die Institutionalisierung von Fundraising und die aktive Teilnahme an den Wettbewerben der Exzellenzinitiative erscheinen aus der Perspektive der Universitäten im linken oberen Quadranten des Feldes als sinnvolle Strategien zur Absicherung oder Verbesserung ihrer Position im Feld. Dieselben Strategien stoßen in anderen Regionen des Feldes auf weit weniger Enthusiasmus und potenziell sogar auf inneruniversitäre Widerstände, die sowohl in der internen Organisationsstruktur als auch in der Positionierung im Feld begründet liegen können. Differenzen der Kapitalausstattung und unterschiedliche Ausrichtungen des organisationalen Habitus sorgen so dafür, dass neue Chancen und Herausforderungen, die sich im Kontext der Hochschulreform im Feld entwickelt haben, in verschiedenen Bereichen des Feldes ganz unterschiedlich wahrgenommen, bewertet und in organisationale Strategien eingebaut werden.

5.6 Homogenisierung, Komplexitätssteigerung und neue Ungleichheit

Die Reformen der letzten Jahrzehnte haben die alten Strukturen des universitären Feldes erfolgreich destabilisiert und delegitimiert und das Feld für einen Wettbewerb geöffnet, der alle Akteure in einer zunehmend integrierten Wettbewerbsarena mit gemeinsamen Spielregeln gegeneinander antreten lässt. Dabei lösen sich traditionelle organisationale Nischen und die zugehörigen universitären Identitäten nach und nach auf. Der verallgemeinerte Wettbewerb stellt Universitäten vor erhebliche neue Herausforderungen, denn die lange Zeit stabile Strategie der Vermeidung direkter Konkurrenz durch Spezialisierung, z.B. auf anwendungsorientierte Forschung oder Grundlagenforschung, ist unter den neuen Bedingungen immer weniger praktikabel. Diese Öffnung der Feldstruktur hat dazu geführt, dass sich historisch getrennte und sogar widersprüchliche Akkumulationslogiken, die entweder auf reine, interessenfreie Forschung oder auf anwendungsorientierte Forschung setzen, zunehmend vermengen und aufeinander aufbauen. Unter den aktuellen Bedingungen scheint es nicht mehr zu genügen, reine Grundlagenforschung zu betreiben – vielmehr muss auch die Grundlagenforschung zunehmend gesellschaftliche Relevanz nachweisen. Umgekehrt genügt es nicht mehr reine anwendungsorientierte Forschung zu betreiben – vielmehr muss Anwendung zunehmend durch Grundlagenfundierung abgestützt werden oder auf andere Art und Weise wissenschaftlich bahnbrechend sein. Im forschungspolitischen Diskurs der Europäischen Union hat sich für diese Amalgamierung ehemals getrennter wissenschaftlicher Praktiken der Begriff „frontier research" eingebürgert. Obwohl dieser Begriff in den Diskurs zur deutschen Hochschulreform noch nicht Einzug gehalten hat, zeigen die obigen Analysen, dass sich das Feld in diese Richtung bewegt. Aus feldtheoretischer Perspektive läuft dies auf eine Schwächung der Eigenlogik des universitären Feldes und damit auf eine potenzielle Verarmung seiner Produkte hinaus: Indem der kreative Konflikt zwischen *l'art pour l'art* und Verwertungsinteresse in einer allgemeinen Suche nach Exzellenz verschwimmt, entfernt sich die Praxis im universitären Feld von den Regeln des wissenschaftlichen Spiels. Diese Regeln verlangen von den Akteuren, nicht offen strategisch nach besseren Positionen und mehr Reputation zu streben (Bourdieu 1998b); symbolisches Kapital wird, wenn es nach diesen Regeln geht, nicht in offenem Wettbewerb errungen, sondern ist ein Feldeffekt, der jene begünstigt, die das Spannungsverhältnis zwischen Interessefreiheit und Verwertungsinteresse auf kreative Weise in neue wissenschaftliche Beiträge übersetzen können. Aus feldtheoretischer Sicht läuft die latente Vereinheitlichung des universitären Feldes in Deutschland gerade nicht auf die Ingangsetzung der erhofften „Leistungsspirale" (BLK 2005: 1) hinaus, sondern ist im Gegenteil Ausdruck einer Schwächung der grundlegenden Triebkräfte wissenschaftlichen Fortschritts.

Darüber hinaus haben die Reformen den Grundstein für neue Ungleichheiten im Feld gelegt und damit eine neue latente Spaltungslinie eingezogen, in der eine kleine Anzahl von Exzellenz-Universitäten einer großen Zahl von benachteiligten Einrichtungen gegenübersteht. Der Befund unterschiedlich ausgeprägter universitärer Habitus in verschiedenen Regionen des Feldes weist in diese Richtung: Dominante Akteure, die dem klassischen Bild von Volluniversitäten entsprechen, verfügen über eine relativ stark ausgeprägte Fähigkeit zu strategischer Anpassung. Ihr spezifischer organisationaler Habitus ist anschlussfähig an die Logik der Reformen, sodass sie auf die Chancen und Herausforderungen adäquat reagieren und unter Umständen davon profitieren können. Bei dominierten Universitäten hingegen sind die organisationalen Akteursqualitäten weniger stark ausgeprägt bzw. ihr organisationaler Habitus richtet ihr Interesse auf andere, hier nicht betrachtete Quellen von Einfluss und Legitimation, die möglicherweise außerhalb der Wissenschaft liegen.[36] Die Fähigkeit und Bereitschaft der Universitäten, auf die Reformen strategisch zu reagieren, hängt also mit ihrer Position und ihrer Laufbahn im Feld zusammen. Weil es bereits dominanten Universitäten besser gelingt, von den Vorteilen der Reformen zu profitieren bzw. die Nachteile abzufedern, ist zu erwarten, dass sich die Kluft zwischen dominanten und dominierten Akteuren im Zeitverlauf weiter vertieft. Dieser Prozess könnte in die Entstehung neuer, hierarchisierter Nischen mit

---

[36] Einige Universitäten weisen z.B. auf ihren Beitrag zur Aufwertung ihrer Standortregion hin (Baier & Schmitz 2012: 215)

eigenen latenten Funktionen (Forschung vs. Lehre) münden. Am Beispiel des Universitätssystems in Großbritannien lässt sich nachvollziehen, dass sich eine solche latente Spaltung im Zuge weiterer Wettbewerbsrunden zu einer regelrechten funktionalen bzw. kategorialen Differenzierung in Forschungs- und Lehruni-Lehruniversitäten entwickeln kann (Meier & Schimank 2009).

Die langfristigen Folgen dieser Entwicklungen sind kaum abzusehen. Mittelfristig haben die Reformen jedenfalls schwer zu überblickende Verhältnisse geschaffen, die nicht zuletzt für die darin verwickelten Akteure in Forschung, Lehre und Verwaltung eine erhebliche Steigerung von Komplexität und Unsicherheit sowie ein erhöhtes Konfliktpotenzial bedeuten. Auch von außen betrachtet ist das Feld nach den Reformen weniger übersichtlich als zuvor, und es ist unklarer denn je, welche weiteren politischen Interventionen nötig wären, um die anvisierten Ziele der Reformen zu verwirklichen.[37]

In theoretisch-methodologischer Hinsicht haben die vorangegangenen Analysen auch gezeigt, dass die hier verwendeten Methoden – insbesondere die Modellierung der Feldstruktur im Zeitverlauf und die topologische Analyse – einiges an Potenzial für die Feldanalyse bergen. Um dieses Potenzial voll auszuschöpfen, bedarf es jedoch einer ausführlicheren theoretischen Explikation, die im Rahmen der vorliegenden Arbeit nicht geleistet werden kann. Es wäre allerdings wünschenswert, wenn die hier mehr oder weniger *ad hoc* entwickelten Interpretationslinien, die topologische Formen in sozialen Räumen mit Differenzierungs- und Homogenisierungsprozessen in Zusammenhang bringen, in späteren Arbeiten aufgegriffen und expliziter mit den theoretischen Grundlagen der Feldanalyse verknüpft werden könnten.

[37] Zur Krise der Reformen vgl. Schimank 2013

6 Akademische Karrieren zwischen individuellem und institutionellem Wettbewerb

Nachdem bisher vor allem der Wettbewerb auf der organisationalen Ebene betrachtet wurde, nimmt der folgende zweite Teil der empirischen Untersuchung das Zusammenspiel zwischen dieser Meso-Ebene und der darunterliegenden Mikro-Ebene der wissenschaftlichen Praxis in den Fokus. Dabei geht es um die Frage, wie der bisher betrachtete Wettbewerb zwischen wissenschaftlichen Organisationen mit dem eigentlich zentralen akademischen Wettbewerb zwischen Wissenschaftlern zusammenhängt. Als empirisches Beispiel dient das Fach Chemie an deutschen Universitäten und außeruniversitären Forschungseinrichtungen in den Jahren 2001 bis 2005. Dieses Beispiel wurde gewählt, da die Chemie eine der wichtigsten Naturwissenschaften ist, sodass Ergebnisse aus der Chemie vermutlich auf viele andere Disziplinen übertragbar sind. Hinzu kommt ein pragmatischer Grund, nämlich die Tatsache, dass die hier verwendeten Daten zur Chemie im Forschungsrating des Wissenschaftsrats erhoben wurden und inzwischen für Sekundäranalysen zur Verfügung stehen (Wissenschaftsrat 2008). Die Fokussierung der Chemie bietet damit die Möglichkeit, den Zusammenhang von individuellem und institutionellem Wettbewerb in einem zentralen Bereich der Wissenschaft anhand bereits vorliegender, umfassender Daten zu untersuchen.

Die Untersuchung beginnt mit der empirischen Konstruktion des Feldes der Chemie-Fachbereiche anhand von Daten zur Verteilung materieller und symbolischer Ressourcen. Die Struktur dieses organisationalen Feldes wird anschließend kontrastiert mit dem Netzwerk von Erstberufungen, die zwischen den betrachteten Fachbereichen stattgefunden haben – einer zentralen Struktur auf der individuellen Ebene des akademischen Feldes. Ziel ist es zu untersuchen, welche Zusammenhänge zwischen diesen beiden Strukturebenen bestehen: Beeinflussen die materiellen oder symbolischen Ungleichheiten zwischen den Forschungseinrichtungen die Karrierewege und -chancen junger Wissenschaftler? Schlägt sich differenzielle Verfügbarkeit von Finanzmitteln, Personal, Reputation und Publikationschancen in der Struktur des personellen Austausches nieder? Zwei Beobachtungen motivieren diese Fragen: Erstens die Entstehung einer neuen Form von Wettbewerb zwischen Institutionen in der Wissenschaft und zweitens die potenzielle, in den USA beobachtbare Überformung des Wettbewerbs zwischen Forschern durch den Wettbewerb zwischen Institutionen.

Wie oben bereits ausführlich dargelegt wurde, zeigt die aktuelle Literatur zum Wandel akademischer Felder, dass Universitäten und deren organisationale Untereinheiten zunehmend als eigenständige, verantwortliche Akteure konzipiert werden und darüber hinaus auch zunehmend in die Lage versetzt werden, sich wie Akteure zu verhalten (siehe Abschnitte 2.2 und 5.5). Die Konkurrenzkämpfe zwischen Hochschulen haben sich im Laufe der vergangenen zwei Jahrzehnte in erheblichem Maße von den traditionellen, von Robert K. Merton beschriebenen Kämpfen der Forscher um Aufmerksamkeit abgekoppelt und eine erhebliche Eigendynamik entwickelt (Merton 1968; Hazelkorn 2008; Marginson & van der Wende 2007; Espeland & Sauder 2007). Im deutschen Hochschulsystem wird diese Entwicklung vor allem durch die Exzellenzinitiative vorangetrieben (Münch 2007; Hartmann 2010). Mit Rankings, Ratings und Evaluationsverfahren verschiedener Art ist eine ganze Palette neuer Distinktionsmerkmale entstanden, die dazu dienen, Machtdifferenzen im institutionellen Konkurrenzkampf zu symbolisieren (van Raan 2005; Power 2008). Die vorliegende Analyse nimmt diese Erkenntnisse als Ausgangspunkt und unterstellt, dass Fachbereiche an Universitäten und außeruniversitären Instituten sich im Zuge der Reformen nach und nach in organisationale Akteure verwandeln, die relativ unabhängig von den in ihnen tätigen Wissenschaftlern eigene Strategien verfolgen und um Macht in akademischen Feldern konkurrieren (Baier & Schmitz 2011). Wenn diese Organisationen an Akteurhaftigkeit gewinnen und die Konkurrenzkämpfe zwischen ihnen Eigendynamik entfalten, stellt sich die Frage, ob und inwiefern der traditionelle akademische Wettbewerb zwischen Forschern und Forscherinnen durch den Wettbewerb von Organisationen überformt wird und ob z.B. die Karrierewege junger Wissenschaftler und Wissenschaftlerinnen durch die unterschiedliche Positionierung ihrer jeweiligen „Heimathochschulen“ im organisationalen Wettbewerb vorgeprägt werden.

Für die Zwecke der vorliegenden Untersuchung müssen die oben bereits angestellten allgemeinen Überlegungen zu organisationalen Akteuren in akademischen Feldern weiter konkretisiert werden. Es liegt hier nämlich eine Fragestellung vor, die zwei Arten von Akteuren gleichzeitig betrifft: Auf der einen Seite die Chemie-Fachbereiche als organisationale Akteure, auf der anderen Seite die Wissenschaftler, die im Rahmen von Erstberufungen zwischen diesen Fachbereichen wechseln. Die Untersuchung des Feldes mit dem Fokus auf Fachbereiche beleuchtet den Wettbewerb zwischen organisationalen Akteuren und die daraus resultierende Feldstruktur. Aus feldtheoretischer Perspektive ist zu vermuten, dass der Austausch von Wissenschaftlern und Wissenschaftlerinnen zwischen den organisationalen Akteuren weder völlig unabhängig ist von der Struktur des organisationalen Feldes, noch durch sie vollständig determiniert wird. Die Karrierechancen junger Forscher werden nicht allein durch die Positionierung und das Renommee ihrer „Heimatuniversität“ bestimmt, sondern ergeben sich aus ihren individuellen Orientierungen, Fähigkeiten und Strategien, in die die Gegebenheiten am Ausbildungsstandort als Rahmenbedingungen einfließen (Lindholm 2004). Es ist deshalb sinnvoll, zwei Ebenen des akademischen Feldes analytisch zu unterscheiden: die Ebene der institutionellen Akteure – Hochschulen, Fachgruppen und Fakultäten – und die Ebene der Forscher und Forscherinnen. In der Berufung von Nachwuchswissenschaftlern zu Professoren berühren sich diese beiden Ebenen. Die forschungsleitende Frage lautet dann: Auf welcher Ebene sind die ausschlaggebenden Determinanten von Erfolg und Misserfolg zu finden? Die Relevanz dieser Frage wird deutlich, wenn man sich vor Augen führt, dass die zentrale Aufgabe von Wissenschaft – die Produktion neuer, gesicherter Erkenntnis – ganz eindeutig auf der individuellen Ebene stattfindet. Je stärker jedoch der Einfluss der organisationalen Ebene auf die Karrierechancen junger Wissenschaftler ist, desto weniger plausibel ist die Annahme von Autonomie und Meritokratie als Kernprinzipien der Wissenschaft.

Anhand der Literatur lässt sich zeigen, dass eine solche Überformung des wissenschaftlichen Wettbewerbs durch die organisationale Ebene nicht nur denkbar, sondern in bestimmten Kontexten bereits realisiert ist. Ältere Studien zeigen, dass Organisation und Individuum in der Wissenschaft auf komplexe Weise zusammenhängen. Dabei versuchen sie vor allem, den Zusammenhang zwischen dem organisationalen Umfeld und der Produktivität einzelner Forscher zu verstehen. Es zeigt sich zwar, dass diese Phänomene in enger Beziehung stehen, die Richtung des vermuteten Kausalzusammenhangs bleibt allerdings in der Literatur unklar (Hagstrom 1971; Long & McGinnis 1981; Allison & Long 1990). Aktuellere Studien setzen anders an und untersuchen den Zusammenhang akademischer Stratifikation und wissenschaftlicher Karrieren. So beobachtet Val Burris eine extreme soziale Schließung entlang einer in Rankings objektivierten Reputations-Hierarchie zwischen US-amerikanischen Soziologie-Departments, die er als „academic caste system" bezeichnet (Burris 2004). Burris betrachtet 94 Soziologie-Departments und stellt fest, dass die fünf am besten bewerteten Departments 56% ihrer Professoren aus der Top-5-Gruppe beziehen und 91% aus der Top-20-Gruppe (Burris 2004: 247). Zu ähnlichen Ergebnissen gelangt er in Analysen zu amerikanischen Departments der Geschichte und der Politikwissenschaft. Diese enge Verzahnung der organisationalen und individuellen Ebene des akademischen Feldes beschränkt sich nicht auf die Sozialwissenschaften, sondern ist auch in der Chemie an US-amerikanischen Universitäten zu beobachten (Nolan et al. 2004). So diagnostizieren Kuck et al. eine „strong preference by chemistry departments for students trained at a top-10 [graduate] school" (Kuck et al. 2007). Zwar liegen hierzu keine Statistiken vor, jedoch wird in den zitierten Studien deutlich, dass ein Großteil der an renommierten Departments tätigen Chemie-Professoren an einer Handvoll Spitzendepartments promoviert wurde. Diese Beobachtungen deuten darauf hin, dass der lang anhaltende und heftige Wettbewerb zwischen wissenschaftlichen Organisationen in den USA zu einer stark hierarchisierten Feldstruktur mit erheblicher sozialer Schließung an der

Spitze der Hierarchie geführt hat. Nachwuchswissenschaftler und -wissenschaftlerinnen aus weniger renommierten Departments haben in diesem System kaum die Chance, eine Stelle an einem Spitzenstandort zu erhalten.

Auf Grundlage dieser Erkenntnisse aus den USA soll im Folgenden untersucht werden, ob ähnliche Strukturen auch in der Chemie an deutschen Forschungseinrichtungen zu finden sind. Dass das strategische Potenzial von Berufungen und akademischem Personalaustausch auch in Deutschland nach und nach erkannt wird, zeigt z.B. eine Studie des Centrums für Hochschulentwicklung der Bertelsmann-Stiftung (CHE). Demnach praktizieren auch deutsche Universitäten zunehmend eine Form der Personalauswahl, die „wissenschaftliches Personal als wichtige strategische Ressource für die Profilierung und Positionierung der Hochschule“ betrachtet, was zur Verbreitung „wissenschaftsadäquater head-hunting-Strategien“ führt (Schmitt et al. 2004: 14). In den USA sind solche Praktiken seit langem ein fester Bestandteil des akademischen Feldes, sodass die Karrierechancen des wissenschaftlichen Nachwuchses stark an die Rangordnung der Departments geknüpft sind, insbesondere an die Verteilung von Reputation, die sich in Rankings niederschlägt (Karabel 2005). Die treibende Kraft hinter dem *academic caste system* ist der heftige Wettbewerb zwischen den Universitäten und Departments: Weil sich Hochschulen und Departments im direkten Wettbewerb behaupten müssen, steigt die Wahrscheinlichkeit, dass sie das strategische Potenzial von Personaltransfers ausnutzen, um persönliche Beziehungen zu möglichst renommierten Departments aufzubauen und so ihre eigene Position durch Akkumulation sozialen Kapitals zu stärken (Burris 2004: 240). Die Erstberufung eines Forschers zum Professor ist ein materiell wie symbolisch bedeutsamer Akt, der einerseits als Ausdruck der fachlichen Anerkennung der Herkunftsuniversität des Kandidaten durch die berufende Fakultät gelesen werden kann (Mau & Huschka 2010: 32f.) und andererseits eine direkte personelle Beziehung zwischen den beteiligten Fachbereichen etabliert. Weil auch im deutschen Feld Berufungen von erheblicher strategischer Bedeutung sind und weil die deutschen Fachbereiche zunehmend als wettbewerblich ausgerichtete Akteure agieren, besteht die Möglichkeit, dass die Karrieren junger Wissenschaftler und Wissenschaftlerinnen zu einer strategischen Ressource im organisationalen Wettbewerb werden. Der Wettbewerb zwischen akademischen Organisationen könnte so weiter ins Zentrum der Wissenschaft rücken und den Wettbewerb zwischen Forschern an den Rand drängen.

Die Untersuchung gliedert sich wie folgt: Zuerst wird das Feld der Chemie-Fachbereiche an deutschen Universitäten und außeruniversitären Instituten empirisch konstruiert, wobei die bereits bekannte Multiple Faktorenanalyse (MFA) zum Einsatz kommt (Näheres zur MFA siehe Abschnitt 4.2). Nachdem die zentralen Strukturmerkmale dieses Feldes herausgearbeitet wurden, wird untersucht, ob und wie die Mobilitätsstruktur von Nachwuchswissenschaftlern, die erstmals zum Professor berufen werden, mit den Machtverhältnissen im organisationalen

Feld zusammenhängt. Den Abschluss bilden Überlegungen zur Frage, wie institutionelle Rahmenbedingungen die Autonomie akademischer Felder prägen und was die aktuelle Reformierung dieser Rahmenbedingungen für die Zukunft des akademischen Feldes in Deutschland erwarten lässt.

6.1 Objektkonstruktion: Chemie-Fachbereiche im Wettbewerb

Um das Feld der Chemie-Fachbereiche an deutschen Hochschulen modellieren zu können, müssen zunächst Merkmale gefunden werden, die sich zur Bestimmung der feldspezifischen Kapitalsorten eignen. Eine Leitlinie hierfür ist der Hinweis Bourdieus, nach „Zeichen der Anerkennung und Weihe" (Bourdieu 1998b: 23) zu suchen und auf dieser Basis das Untersuchungsobjekt zu konstruieren (Bourdieu & Wacquant 1996: 263–268). Für die Konstruktion des Feldes der Chemie-Fachbereiche führe ich eine Sekundäranalyse der Daten durch, die der Wissenschaftsrat im Rahmen seines Forschungsratings der Chemie erhoben hat (Wissenschaftsrat 2008). Der Datensatz bezieht sich auf die Jahre 2001 bis 2005 und enthält 77 Fälle (Chemie-Fachbereiche), davon 56 an öffentlichen Universitäten, 20 an außeruniversitären Forschungseinrichtungen und einen Fachbereich an einer privaten Universität.[38] Aus diesem Datensatz wurden die Informationen ausgewählt, die sich im Sinne Bourdieus als „Zeichen der Anerkennung und Weihe" interpretieren lassen und daher für die Operationalisierung verschiedener Formen von feldspezifischer Macht geeignet sind. Als aktive Variablen verwende ich im Folgenden die Anzahl der Professoren, die Anzahl der Doktoranden, die Anzahl der Erstberufungen an Standorte in Deutschland, die Anzahl der Alexander-von-Humboldt-Fellows, die Anzahl der Publikationen sowie die Anzahl der Auszeichnungen vom Fonds der Chemischen Industrie (FCI). Mit diesen Variablen werden verschiedene Aspekte institutioneller Macht (Stellenzahl Professoren und Doktoranden) sowie wissenschaftlicher Vernetzung (Berufungen, Fellows), wissenschaftlicher Produktivität und Reputation (Publikationen, Zitate) sowie Anerkennung durch außerwissenschaftliche Akteure (FCI-Preise) erfasst. Die zusätzlichen illustrierenden Variablen, die zur genaueren Beschreibung des Feldes dienen, gliedern sich in drei Blöcke: Der erste Block beschreibt fachliche Spezialisierungen, etwa auf Lebensmittel-, Grenzflächen- oder Analytische Chemie. Er dient dazu, die Positionierung bestimmter Forschungsthemen im Feld zu bestimmen. Der zweite Block umfasst die Bewertungen der Chemie-Fachbereiche im Forschungsrating auf den drei zentralen Bewertungsdimensionen Impact, Effizienz und Nachwuchsförderung. Diese Variablen sollen die Verteilung symbolischen Kapitals im Feld illustrieren. Der

[38] Die Jacobs-Universität Bremen.

dritte Block passiver Variablen umfasst die von den Fachbereichen eingeworbenen Drittmittel aus drei Quellen, nämlich der DFG, der Wirtschaft und der EU. Diese Variablen sollen zeigen, wie die Fachbereiche mit dem zunehmenden bedeutenden Wettbewerb um Forschungsfinanzierung umgehen und welche Rolle die verschiedenen, mehr oder weniger wissenschaftsnah ausgerichteten Förderer im Feld spielen.[39]

[39] Ein möglicher Einwand gegen diese Datenstruktur könnte sich auf die gleichzeitige Verwendung absoluter und an den Personalzahlen relativierter Werte beziehen. Die Forderung könnte lauten, um der Vergleichbarkeit Willen entweder nur absolute oder nur relative Zahlen zu verwenden. Gegen diesen Einwand möchte ich anführen, dass die Daten in eben der hier verwendeten Form im Feld selbst bei der Bewertung wissenschaftlicher Leistungsfähigkeit Anwendung finden. Das aus methodischer Perspektive zugegebenermaßen problematische Nebeneinander relativer und absoluter Zahlen ist eine kontroverse und daher soziologisch relevante Praxis, die bei der Darstellung des Feldes in der Öffentlichkeit und in der Wissenschaftspolitik eine wichtige Rolle spielt. Diese und ähnliche Kennzahlen sind daher unabhängig von ihrem umstrittenen methodischen Status als wirkmächtige soziale Tatbestände zu betrachten und sollen deshalb bei der folgenden statistischen Modellierung des Feldes berücksichtigt werden.

Tabelle 4: Variablen zur Konstruktion und Beschreibung des Feldes

	Min	25.%	50%	75%	Max	Standard abw.	Mittelwert
Aktive Variablen							
Professoren	1	5	13	19	35	8.76	13
Doktoranden	0	24	56.5	99.25	256	57.63	56.5
Erstberufungen	0	1	3	6	21	4.94	3
Alexander-von-Humboldt-Fellows	0	2	7	16.25	114	18.71	7
Publikationen	36	253.5	540	828.5	1541	347.93	537
Zitate pro Publikation	1.8	5.17	6.75	8.4	16.7	2.52	6.75
Preise Chem. Industrie	0	1	5.5	12	44	9.82	5.5
Ausgewählte illustrierende Variablen							
Forschungsrating: Bewertung Impact	1	3	3	4	5	1.01	3
Forschungsrating: Bewertung Effizienz	1	2	3	4	5	0.96	3
Forschungsrating: Bewertung Nachwuchs	1	2	3	4	5	1.10	3
Drittmittel DFG in Mio. €	0	1.34	4.78	9.72	23.64	6.00	4.78
Drittmittel Unternehmen in Mio. €	0	0.70	1.59	3.34	17.66	3.96	1.60
Drittmittel EU in Mio. €	0.02	0.48	0.93	1.80	8.07	1.56	0.93

Wie im vorangegangenen Abschnitt wurde auch hier die statistische Konstruktion des Feldes mittels Multipler Faktorenanalyse (MFA) durchgeführt.[40]

[40] Dies stellt eine Weiterentwicklung gegenüber der in Baier & Münch (2013) publizierten Analyse dar. Diese wurde mittels einer Multiplen Korrespondenzanalyse (MCA) durchgeführt, was die Klassierung der intervallskalierten Variablen notwendig machte. Die MFA kommt ohne solche Klassierung aus und die hier präsentierten Ergebnisse sind insofern zuverlässiger und exakter, da sie nicht durch die willkürliche Spaltung intervallskalierter Verteilungen in diskrete Klassen verzerrt werden. Im Folgenden werde ich nicht weiter auf die Unterschiede zwischen den bereits publizierten und den hier vorgelegten Ergebnissen eingehen, denn ein direkter Vergleich zeigt, dass zwar z.B. in der Positionierung einzelner Fachbereiche im Feld deutliche Unterschiede bestehen, dass allerding die Differenzen insgesamt eher Details betreffen und nicht so gravierend sind, als dass sich an der inhaltlichen Interpretation etwas ändern müsste. Insgesamt werden die bereits publizierten Ergebnisse in der vorliegenden Analyse bestätigt und in einer statistisch besser abgesicherten und exakteren Form noch einmal präsentiert.

Die MFA umfasst 76 der insgesamt 77 Fälle[41] im Datensatz und verwendet die sieben in Tabelle 4 genannten aktiven und eine Reihe illustrierender Variablen. Im Unterschied zum vorausgehenden Kapitel wurde hier jedoch das Feld nur zu einem Zeitpunkt modelliert, einerseits, weil die vorliegenden Daten kaum umfassend genug sind, um eine diachrone Modellierung zu gewährleisten und andererseits, weil die Fragestellung nicht auf die zeitliche Entwicklung, sondern auf das Ausmaß der Homologie von Feldstruktur und Mobilitätsnetzwerk zielt.

Die Daten zu den Erstberufungen, die im Folgenden zur Konstruktion des Mobilitätsnetzwerks der Nachwuchswissenschaftler verwendet werden, wurden ebenfalls im Rahmen des Forschungsratings erhoben (Wissenschaftsrat 2008).

6.2 Das Feld der Chemie-Fachbereiche

Abbildung 12 gewährt einen ersten Blick auf das Feld und zeigt die Verteilung der aktiven Variablen. Die Struktur der hier vorliegenden intervallskalierten- bzw. Zählvariablen kann am besten anhand ihrer Korrelation mit den beiden Dimensionen des Feldes beschrieben werden. Abbildung 12 zeigt einen Korrelationskreis und bildet die Variablen darin als Pfeile ab. Die Richtung der Pfeile gibt die Polarität des Zusammenhangs mit den beiden Dimensionen an; die Länge der Pfeile zeigt die Stärke der Zusammenhänge.

[41] Das Max-Planck-Institut für Biophysikalische Chemie stellt bezüglich einiger aktiver Variablen einen Extremfall dar, verfügt z.B. über eine extrem hohe Zitationsquote von 38 Zitaten pro Publikation (der zweithöchste Wert beträgt 16.7). Der Fall wurde aus der Analyse ausgeschlossen, um eine Verzerrung der Ergebnisse zu vermeiden.

Abbildung 12: Das Feld der Chemie-Fachbereiche: Aktive Variablen

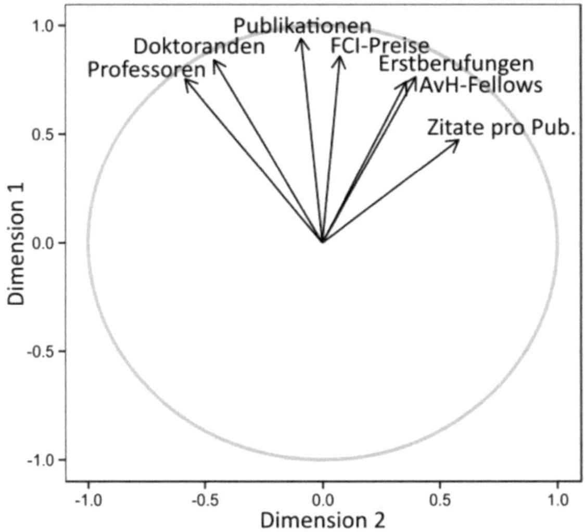

Die vertikale[42] Dimension 1 in Abbildung 12 kann eindeutig als Dimension des Kapitalvolumens identifiziert werden, denn alle betrachteten Arten feldspezifischer Macht sind mit dieser Dimension positiv korreliert. Am oberen Pol des Feldes sind also die Akteure zu finden, die tendenziell mit allen betrachteten Ressourcen gut ausgestattet sind, während am unteren Pol die in jeder Hinsicht schlechter ausgestatteten Einrichtungen positioniert sind. Da diese Dimension mit 60,6% den bei weitem größten Anteil der durch die MFA erklärten Varianz erfasst, kann man den Unterschied zwischen den allgemein dominanten und den allgemein dominierten Standorten als Hauptdifferenz im Feld bezeichnen. Der stärkste Prädiktor für eine dominante Position im Feld ist demnach eine hohe Publikationszahl. Andere Aspekte feldspezifischer Macht, insbesondere die

---

42 Um eine inhaltlich eingängigere Interpretation zu ermöglichen, werden die Dimensionen der MFA im Folgenden in umgekehrter Reihenfolge angezeigt, sodass Dimension 1 vertikal und Dimension 2 horizontal verläuft. Diese Umkehrung führt dazu, dass dominante Akteure im oberen Bereich des Feldes positioniert sind und erleichtert damit das intuitive Verständnis der Abbildungen.
Dass eine solche Umkehrung hier nötig ist, sagt etwas Interessantes über die Struktur des Feldes aus: Obwohl mit universitären Fachbereichen und außeruniversitären Instituten sehr unterschiedliche Akteure betrachtet werden, besteht die statistisch schwerwiegendere Distinktionslinie dennoch zwischen den mächtigen, gut ausgestatteten und den weniger einflussreichen, ressourcenarmen Akteuren. Zur Erinnerung: Im vorangegangenen Kapitel wurden zwar Akteure betrachtet, die nominell zur gleichen Kategorie gehören (Universitäten), jedoch bestand der Hauptunterschied in diesem Fall zwischen verschiedenen Typen von Universitäten (und nicht wie vorliegend zwischen stärkeren und schwächeren Akteuren).

Anzahl der Zitate pro Publikation, hängen weniger stark mit dieser zentralen Dimension der Feldstruktur zusammen. Dimension 2 beschreibt mit nur knapp 17% erklärter Varianz eine sekundäre Differenzierungslinie in der Feldstruktur, die sich auch entlang des Bourdieuschen Schemas als Unterschied zwischen zwei Kapitalsorten interpretieren lässt. Auf der rechten Seite des Feldes, d.h. in positiver Korrelation mit Dimension 2, befinden sich demnach Akteure, die über besonders hohe wissenschaftliche Reputation verfügen, was sich in einer hohen Anzahl an Zitaten pro Publikation ablesen lässt. Darüber hinaus sind diese Akteure besonders gut in der Wissenschaftsgemeinschaft vernetzt und entsenden besonders viele erstberufene Professoren und Professorinnen ins Feld. Diese Ressourcenzusammensetzung lässt sich mit Bourdieus Begriff des „rein wissenschaftlichen Kapitals" gut beschreiben, denn die Stärke der Akteure in diesem Bereich des Feldes liegt ganz klar in ihrem großen Engagement in der Forschung und ihrer Führungsrolle in der *scientific community*. In der linken Hälfte des Feldes sind hingegen Akteure zu finden, die über besonders viele Personalstellen verfügen und besonders stark an der Ausbildung wissenschaftlichen Nachwuchses beteiligt sind. Diese Akteure zeichnen sich also durch ihre Größe und ihre besonders einflussreiche Rolle bei der Selektion und Sozialisation des akademischen Nachwuchses aus und verfügen damit im Bourdieuschen Sinne vor allem über „institutionelles wissenschaftliches Kapital".

Abbildung 13: Das Feld der Chemie-Fachbereiche: Akteure

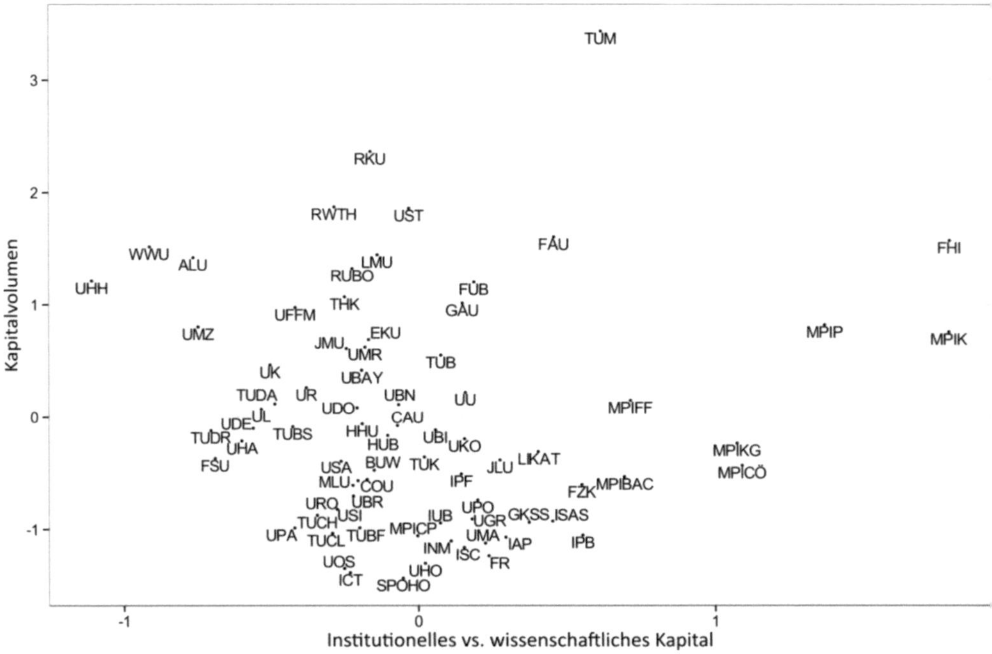

Abbildung 13 zeigt, wie die 76 Chemie-Fachbereiche und Institute innerhalb dieser Kapitalstruktur positioniert sind. Die eben eingeführte Unterscheidung zwischen institutionellem und rein wissenschaftlichem Kapital gewinnt an Plausibilität, wenn man sich die Verteilung der beiden Akteurstypen im Feld vor Augen führt: Universitäten finden sich besonders oft im linken Bereich, d.h. am institutionellen Pol des Feldes, während außeruniversitäre Institute tendenziell rechts, d.h. am Pol der reinen wissenschaftlichen Tätigkeit, zu finden sind. Außeruniversitäre Institute, insbesondere die Max-Planck-Institute (MPIs) haben im Vergleich zu den Fachgruppen an Universitäten spezifische Vorteile, wenn es um die Produktion einflussreicher wissenschaftlicher Beiträge geht: Ihr hoher Grad an inhaltlicher Spezialisierung, die geringen bzw. völlig fehlenden Lehrverpflichtungen, die vielen Mitarbeiter pro Professor bzw. Direktor und ein hoher Grad an wissenschaftlicher Autonomie sorgen dafür, dass viele außeruniversitäre Institute sich trotz der relativ geringen Zahl leitender Wissenschaftler gut im Feld positionieren können. Außeruniversitäre Institute sind der Grundlagenforschung viel stärker verpflichtet als universitäre Fachbereiche – in den MPIs wird sogar ausschließlich Grundlagenforschung betrieben. Deshalb sind die außeruniversitären Institute insgesamt relativ weit von den vielfältigen, nicht direkt forschungsrelevanten Bezügen entfernt, die in universitären Fachbereichen in die wissenschaftliche Praxis einfließen: Ausbildung des wissenschaftlichen Nachwuchses, akademische Selbstverwaltung, Ressortforschung, industrielle Kooperationen, politische Beratung usw. Sie verfügen daher insbesondere über den Typus akademischer Macht, der sich direkt aus ihrer relativen Autonomie von außerwissenschaftlichen Belangen und ihrer Spezialisierung auf innovative Grundlagenforschung speist. Universitäre Fachbereiche hingegen ziehen ihren akademischen Einfluss zumindest teilweise aus ihren Verbindungen zur Politik und zur Industrie sowie aus ihrem Einfluss auf die Ausbildung und Sozialisation des akademischen Nachwuchses.

In Abb. 12 ist die Positionierung einzelner Subdisziplinen und Spezialgebiete der Chemie im Feld abgebildet. Die Subdisziplinen, in denen die Einrichtungen hauptsächlich tätig sind, wurden als illustrierende Variablen in der MFA verwendet und dienen zur näheren Beschreibung des relationalen Raumes, der anhand der bisher diskutierten Merkmale konstruiert wurde.

Abbildung 14: Positionierung der Subdisziplinen im Feld

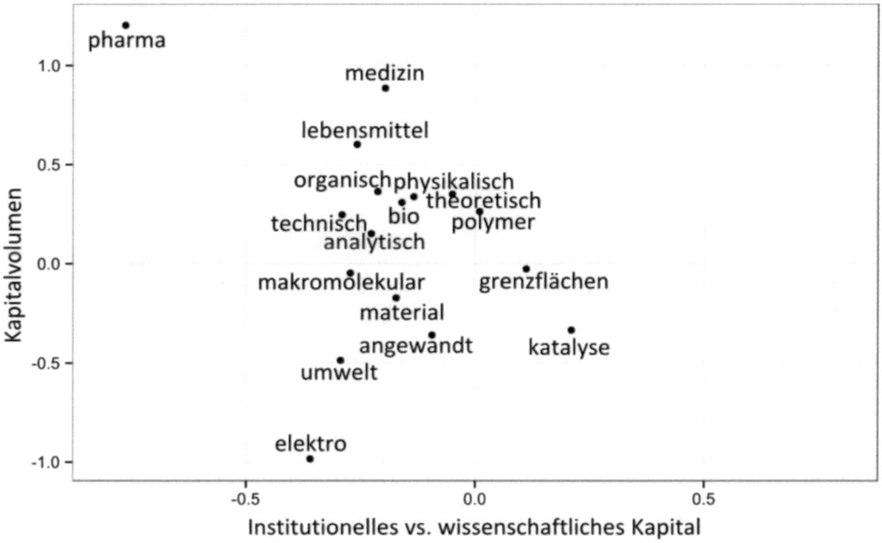

Bemerkenswert ist in Abbildung 14, dass die Subdisziplinen vor allem in vertikaler Richtung, d.h. entlang der Kapitalvolumen-Achse streuen, jedoch kaum in horizontaler Richtung. Dieser Befund weist darauf hin, dass in der Chemie eine relativ eindeutige Hierarchie von Spezialthemen existiert, die, wie in Abbildung 14 zu sehen ist, von pharmakologischen, medizinischen und lebensmittelchemischen Themen angeführt wird. Der Zusammenhang zwischen einer erhöhten Aktivität in Medizin und Pharmazie und einer dominanten Feldposition wurde bereits im vorangegangenen Kapitel als Trend in der deutschen Hochschullandschaft ermittelt. Wie Abbildung 14 zeigt, gilt auch in der Chemie offenbar, dass Fachbereiche mit medizinischer Ausrichtung meist an traditionsreichen Hochschulen zu finden sind, die tief in die institutionelle Landschaft des Universitätssystems und durch Kliniken in die Gesellschaft insgesamt eingebettet sind und somit über besonders viel institutionelles Kapital verfügen. Diese Standorte profitieren von einer traditionellen hochschulpolitischen Strömung, die Universitäten als Ausbildungsinstanzen für Beamte und Experten betrachtet und staatlich relevante Fächer wie Jura und Medizin besonders zuverlässig fördert. Auch wenn der heutige forschungspolitische Diskurs nicht mehr wie im 19. Jahrhundert die Produktion treuer Staatsdiener, sondern die Hervorbringung nützlichen Wissens in den Vordergrund stellt (Ringer 1984), gelingt es den auf Medizin ausgerichteten Universitäten und ihren chemischen Fachgruppen offenbar, ihre dominante Stellung im Feld zu halten.

Am dominierten Ende dieser Hierarchie finden sich Forschungsthemen wie Elektro- und Umweltchemie. Ein wichtiger Grund für die dominierte Position dieser Forschungsfelder ist sicherlich, dass es sich um Grenzbereiche zwischen der Chemie und angrenzenden Disziplinen handelt. Forschung in solchen Grenzbereichen erhält systematisch weniger Aufmerksamkeit als Forschung in den Kernbereichen, etwa in der Polymer-Chemie oder der theoretischen Chemie, und ist auch im Vergleich zu angewandten Bereichen mit hoher gesellschaftlicher Relevanz, etwa der pharmazeutischen Chemie, im Nachteil. Beiträge zur Umweltchemie etwa haben kaum Chancen, in den zentralen Journals der Chemie zu erscheinen und werden deshalb von einem kleineren Publikum wahrgenommen als Beiträge in den Kernbereichen der Disziplin. Fachbereiche, deren Schwerpunkt auf diesen disziplinären Grenzbereichen liegt, sind die systematischen Verlierer von Leistungsvergleichen, die z.B. auf der Zählung von Zitationen oder auf dem Impact-Faktor basieren.

Anders als im vorangegangenen Kapitel, wo die thematische Profilierung der Universitäten sowohl entlang des Kapitalvolumens als auch entlang der Kapitalsorte variierte, zeigt sich im Feld der Chemie ein deutlicherer Zusammenhang zwischen der relativen Machtposition der Einrichtungen und den von ihnen bearbeiteten Forschungsthemen. Die Kapitalsorte schein dabei nur eine untergeordnete Rolle zu spielen. Das bedeutet, dass z.B. die Lebensmittelchemie eher an großen, prestigereichen Einrichtungen betrieben wird und Umweltchemie eher an kleineren Einrichtungen mit geringerer Reputation, und zwar unabhängig davon, ob es sich dabei um universitäre oder außeruniversitäre Einrichtungen handelt. Die einzigen Subdisziplinen, die in vertikale Richtung ausscheren und daher von der jeweils vorherrschenden Kapitalsorte beeinflusst zu sein scheinen, sind die pharmazeutische Chemie,[43] die eng mit dem institutionellen Kapital verknüpft ist und die Grenzflächen- und Katalyse-Chemie, die etwas näher als andere Themen am wissenschaftlichen Pol des Feldes liegen.

Neben der Kapitalausstattung der Akteure und ihren wissenschaftlichen Stellungnahmen in Form inhaltlicher Spezialisierung ist auch interessant, wie Prestige und Reputation im Feld verteilt sind. Dazu zeigt Abbildung 15 die Zusammenhänge zwischen den Dimensionen des Feldes und den drei zentralen Bewertungskriterien aus dem Forschungsrating: „Impact“ im Sinne der Bedeutung der produzierten wissenschaftlichen Beiträge für den Erkenntnisfortschritt, „Effizienz“ im Sinne eines optimalen Verhältnisses von Aufwand und Ertrag sowie „Nachwuchs“ im Sinne der Leistungen der betreffenden Einrichtung in der akademischen Sozialisation.

Abbildung 15: Bewertungen des Forschungsratings

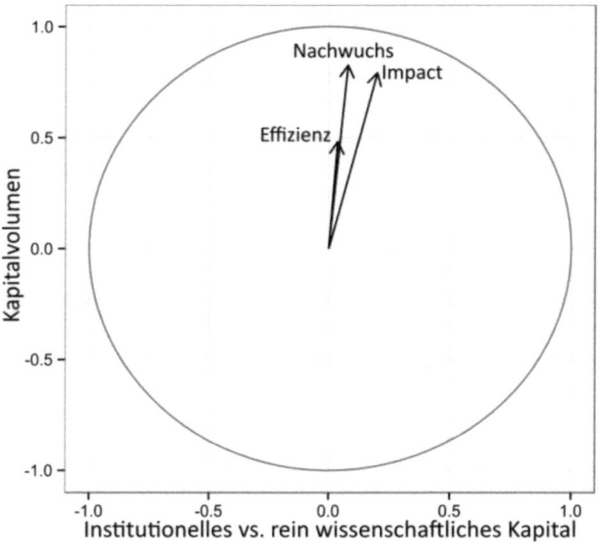

Auffällig ist hier, dass die drei Bewertungen praktisch ausschließlich in vertikaler Richtung variieren, d.h. fast nur mit der Dimension des Kapitalvolumens und nicht mit der Kapitalsorte korreliert sind. Ausschlaggebend für den Erfolg im Forschungsrating war damit nicht eine bestimmte Kapitalzusammensetzung, insbesondere nicht ein besonders hohes Volumen an rein wissenschaftlichem Kapital, sondern schlicht das gesamte Kapitalvolumen – und zwar über alle

[43] Pharmazie ist zwar ein angewandter Forschungsbereich, befindet sich jedoch im Gegensatz zu den meisten anderen angewandten Forschungsfeldern aufgrund ihrer engen Verbindung mit der Medizin in einer dominanten Position.

Bewertungskriterien hinweg. Die Bewertung der Effizienz hängt im Vergleich mit den anderen beiden Kriterien weniger stark mit dem Kapitalvolumen zusammen, folgt aber auch diesem allgemeinen Muster. Dieser Befund bestätigt Ergebnisse einer früheren Untersuchung zum Forschungsrating in der Soziologie (Münch & Baier 2009): Obwohl das Forschungsrating unterschiedliche Aspekte wissenschaftlicher Tätigkeit multidimensional bewerten will, richten sich die Bewertungen – unabhängig von ihrer inhaltlichen Differenzierung – letztlich doch primär nach dem Volumen des verfügbaren Kapitals, d.h. nach der absoluten Stellung der zu bewertenden Einrichtung im Machtgefüge des Feldes. Eine mögliche Erklärung liegt in dem Konflikt zwischen dem feldspezifischen Habitus der Gutachter, die selbst als Professoren bzw. Direktoren zu den Akteuren im Feld gehören, und den Anforderungen des Forschungsratings, aus dieser direkten Involvierung ins Feld herauszutreten und objektive Urteile zu fällen. Trotz der beabsichtigten differenzierten Bewertung nach einer dem Feld äußerlichen Logik haben sich offenbar die habituellen Wahrnehmungsschemata durchgesetzt und die Urteile der Gutachter so geprägt, dass auch im Forschungsrating als gut bewertet wurde, was in der feldspezifischen Praxis als vorteilhaft und prestigeträchtig anerkannt wird. Aus diesem Grund reproduziert das Forschungsrating die Machtverhältnisse im Feld, bevorzugt „Sichtbarkeit" im Sinne eines hohen gesamten Kapitalvolumens und schreibt den strukturell dominanten Einrichtungen in allen Kategorien exzellente Leistungen zu. Verlierer dieses Vorgangs sind die besonders forschungsstarken Einrichtungen, die wenige Professoren und Mitarbeiter haben, aber dennoch besonders produktiv sind. Die Logik des Feldes sorgt dafür, dass Forschungsstärke alleine nicht ausreicht, um an eine dominante Position im Feld zu gelangen. Die besonders innovativen Erkenntnisse, die an forschungsstarken Einrichtungen erzielt werden können, führen nur dann zu einer starken Position im Feld, wenn sie die Aufmerksamkeit der Fachgemeinschaft erhalten. Um dies zu gewährleisten ist jedoch institutionelles Kapital nötig, das über die Anbindung an eine der Basis-Institutionen des Wissenschaftssystems zugänglich ist, oder soziales Kapital, das, wie der zweite Teil der Untersuchung zeigt, über personelle Austauschnetzwerke akkumuliert werden kann.

Das Paradebeispiel für diese Kombination institutionellen und wissenschaftlichen Kapitals ist die TU München, die der einflussreichste Akteur im Feld ist (siehe Abb. 11), weil es ihr gelingt, Forschungsstärke und institutionelle Durchschlagskraft zu verbinden. Die im vorangegangenen Kapitel diagnostizierte Tendenz einer Homogenisierung des gesamten universitären Feldes ist also im hier betrachteten Subfeld der Chemie-Fachbereiche bereits weit fortgeschritten: Während auf der Ebene ganze Universitäten immer noch verschiedene, voneinander relativ unabhängige Nischen mit eigenen Universitätstypen bestehen, die sich im Zuge der Hochschulreformen erst allmählich im Kontext eines umfassenden Wettbewerbs aufzulösen beginnen, hat das Feld der Chemie-

Fachbereiche bereits zu Beginn der 2000er Jahre einen Zustand verallgemeinerten Wettbewerbs erreicht, in dem eine starke Homologie zwischen der Machtdimension und der inhaltlichen Dimension akademischer Praxis besteht. Die Gründe für diesen Zustand, der aus der Perspektive der Hochschulreformen als relativ weit fortgeschritten bezeichnet werden kann, liegen vermutlich in den besonderen Eigenschaften naturwissenschaftlicher Disziplinen, insbesondere in dem stärkeren Wettbewerb und der größeren Arbeitsteilung, aber auch in der Tatsache, dass das Fach Chemie und damit auch die wissenschaftlichen Organisationen in der Chemie eine viel engere Beziehung zur internationalen *scientific community* unterhalten als das Feld der deutschen Universitäten insgesamt, weshalb der globale Trend der Hierarchisierung in der Chemie schon früher Einzug gehalten hat als im übergreifenden universitären Feld.

Abbildung 16: Drittmittelquellen im Feld der Chemie-Fachbereiche

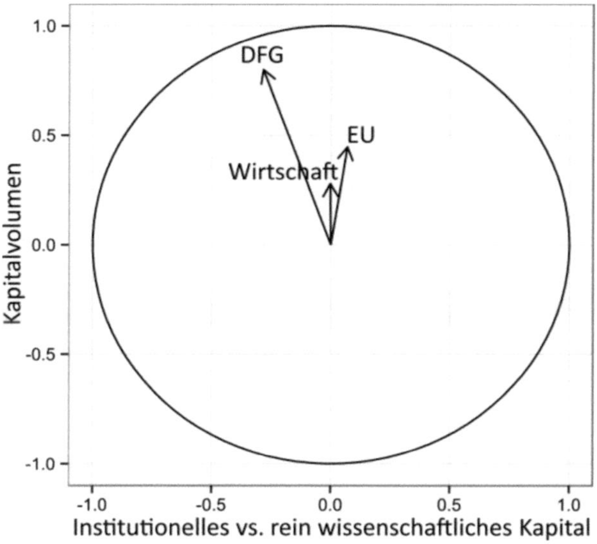

Als letzten Aspekt der Feldstruktur zeigt Abbildung 16 wie Drittmittel der DFG, der EU und aus der Wirtschaft im Feld verteilt werden. Dabei ist zu erkennen, dass die Förderung durch die DFG ähnlich wie die Bewertungskriterien des Forschungsratings primär mit der Kapitalvolumen-Dimension zusammenhängt. Allerdings gibt es auch eine leichte Tendenz für Einrichtungen am institutionellen Pol, mehr DFG-Mittel zu erhalten. Es sind also insbesondere die Fachbereiche an prestigereichen Universitätsstandorten, die von der DFG-Förderung profitieren. Die Förderstruktur der Wirtschaft und der EU weisen im Vergleich dazu deutlich geringere Korrelationen mit der Feldstruktur auf. Dies ist einerseits ein Hinweis auf die Grenzen der Erklärungskraft des vorliegenden Modells: Die betrachteten aktiven Variablen reichen nicht aus, um die Vergabepraktiken der EU und der Wirtschaft adäquat erklären zu können. Unterstellt man andererseits, dass das vorliegende Modell das Feld der Chemie zutreffend beschreibt, so kann man diesen Befund auch als Hinweis auf die relative Autonomie des Feldes interpretieren, auf seine Brechungskraft gegenüber externen, etwa politischen und wirtschaftlichen Logiken: Die auf *peer review* basierende Förderung durch die DFG folgt den Strukturen des Feldes, während die Verteilungslogiken außerwissenschaftlicher Förderer weniger anschlussfähig an die feldinterne Ordnung sind. Deshalb können sie auch auf der Basis der hier verwendeten Daten nur unzureichend erklärt werden.

6.3 Erstberufungen im Feld der Chemie-Fachbereiche

Die vorangegangenen Analysen haben gezeigt, dass das Feld der Chemie auf der Ebene organisationaler Akteure eine deutlich hierarchische Struktur hat; die Verteilung symbolischer und materieller Ressourcen folgt einem Muster, das sich als Verteilung wissenschaftlichen und institutionellen Kapitals beschreiben lässt. Wie Burris' Studie zeigt, können solche Rangordnungen die Karrierechancen von Wissenschaftlern maßgeblich bestimmen. Zudem können korporative Akteure den Austausch von Personal strategisch nutzen, um ihre Position im Feld zu festigen oder zu verbessern. Im Folgenden wird geprüft, ob ein solcher Zusammenhang zwischen der Positionierung der Fachbereiche und den Karrieren junger Wissenschaftler in der deutschen Chemie zu beobachten ist. Tabelle 5 gibt einen Überblick über die Mobilität von Nachwuchsforschern.

Tabelle 5: Mobilitätstabelle

			Berufende Einrichtungen			
			Top 5	Top 6-20	Übrige 57	Alle
Entsendende Einrichtungen	Top 5	Anzahl	2	11	34	47
		Anteil	0.90%	4.93%	15.25%	21.08%
		Ratio	0.59	1.11	1.01	
	Top 6-20	Anzahl	7	21	65	93
		Anteil	3.14%	9.42%	29.15%	41.70%
		Ratio	1.05	1.07	0.97	
	Übrige 57	Anzahl	7	15	61	83
		Anteil	3.14%	6.73%	27.35%	37.22%
		Ratio	1.18	0.86	1.02	
	Alle	Anzahl	16	47	160	223
		Anteil	7.17%	21.08%	71.75%	100.00%

Anmerkung: *Zur Gestaltung der Tabelle vgl. Burris (2004: 249). Einrichtungen wurden nach der Anzahl entsandter Wissenschaftler in eine Rangfolge gebracht und in drei Gruppen eingeteilt. Die „Ratio" stellt das Verhältnis des empirisch vorgefundenen Wertes zum Erwartungswert dar. Der Erwartungswert ist das Produkt der Randhäufigkeiten geteilt durch N. Werte unter bzw. über 1 verweisen auf Unter- bzw. Überzufälligkeit.*

Die Mobilitätstabelle zeigt ganz andere Strukturen als jene, die Burris in der US-amerikanischen Soziologie ermittelt hat und als *academic caste system* kennzeichnet. Bei Burris beträgt die Anzahl der zwischen den Top-5-Departments ausgetauschten PhDs das 1.7-Fache des Erwartungswerts (Burris 2004: 249); die vorliegende Untersuchung ergibt einen Wert, der nur zwei Drittel des Erwartungswertes beträgt. Das heißt: Die Spitzengruppe ist nicht wie in den USA besonders eng, sondern besonders lose vernetzt – der Grad der Vernetzung durch Erstberufungen liegt deutlich *unter* dem Wert der zu erwarten wäre, wenn Berufungen nach dem Zufallsprinzip verteilt würden. Im Gegenzug wird deutlich, dass die Spitzengruppe besonders viele Professoren im gesamten Feld verteilt – gut 21% aller Berufenen kommen aus den Top-5-Einrichtungen. Das Berufungsnetzwerk ist also durchaus stratifiziert, jedoch konstituiert sich hier keine *geschlossene* Elite, es gibt keine direkte soziale Schließung durch Cliquen- oder Kastenbildung, wie sie in den USA zu beobachten ist. Die Berufenen kommen zwar häufig aus den Spitzeneinrichtungen, verteilen sich jedoch relativ gleichmäßig im gesamten Feld. Auf der anderen Seite sind die Spitzeneinrichtungen selbst relativ offen für Wissenschaftler aus der Semiperipherie und der Peripherie, was ebenfalls im Gegensatz zu den für die USA typischen Strukturen steht.

Hier zeigt sich also ein bedeutender Unterschied zwischen dem deutschen und dem US-amerikanischen Fall: In den USA gehört soziale Schließung in Berufungsnetzwerken zu den Mechanismen, mit denen die Spitzen-Departments ihre Spitzenposition sichern; die gezielte Platzierung von Absolventen ist eine übliche Strategie im akademischen Feld. In Deutschland hingegen ist dieser Schließungsmechanismus bei den Erstberufungen nicht zu beobachten. Stattdessen sind die Spitzen-Fachgruppen relativ offen für Wissenschaftler aus weniger prestigereichen Standorten und verteilen ihre eigenen Absolventen über das gesamte Feld, einschließlich peripherer Standorte.

Um die Zusammenhänge zwischen institutioneller und individueller Ebene genauer zu beleuchten, zeigt Abbildung 17 das Berufungsnetzwerk im Kontext der Feldstruktur. Die Position der Einrichtungen ist aus der oben diskutierten MFA übernommen. Die Größe der Knoten richtet sich nach dem oben bereits diskutierten Maß der Eigenvektor-Zentralität. Diese Maß wird auch von Burris verwendet (vgl. Burris 2004: 252f.). Im Gegensatz zu anderen Netzwerkmaßen, die Zentralität und damit Netzwerk-Macht aus lokalen Kohäsionsstrukturen herleiten, modelliert die Eigenvektor-Zentralität ein relationales Machtkonzept, das mit der Feldtheorie mehr als kompatibel ist. Eigenvektor-Zentralität kann daher im feldtheoretischen Kontext als Indikator für soziales Kapital interpretiert werden.[44]

[44] Eine ausführlichere Erklärung der Eigenvektor-Zentralität und des dahinterliegenden Zentralitätsbegriffes sowie der Affinität dieses Maßes zur Feldtheorie findet sich in Abschnitt 3.6.

Abbildung 17: Das Erstberufungsnetzwerk im Kontext der Feldstruktur

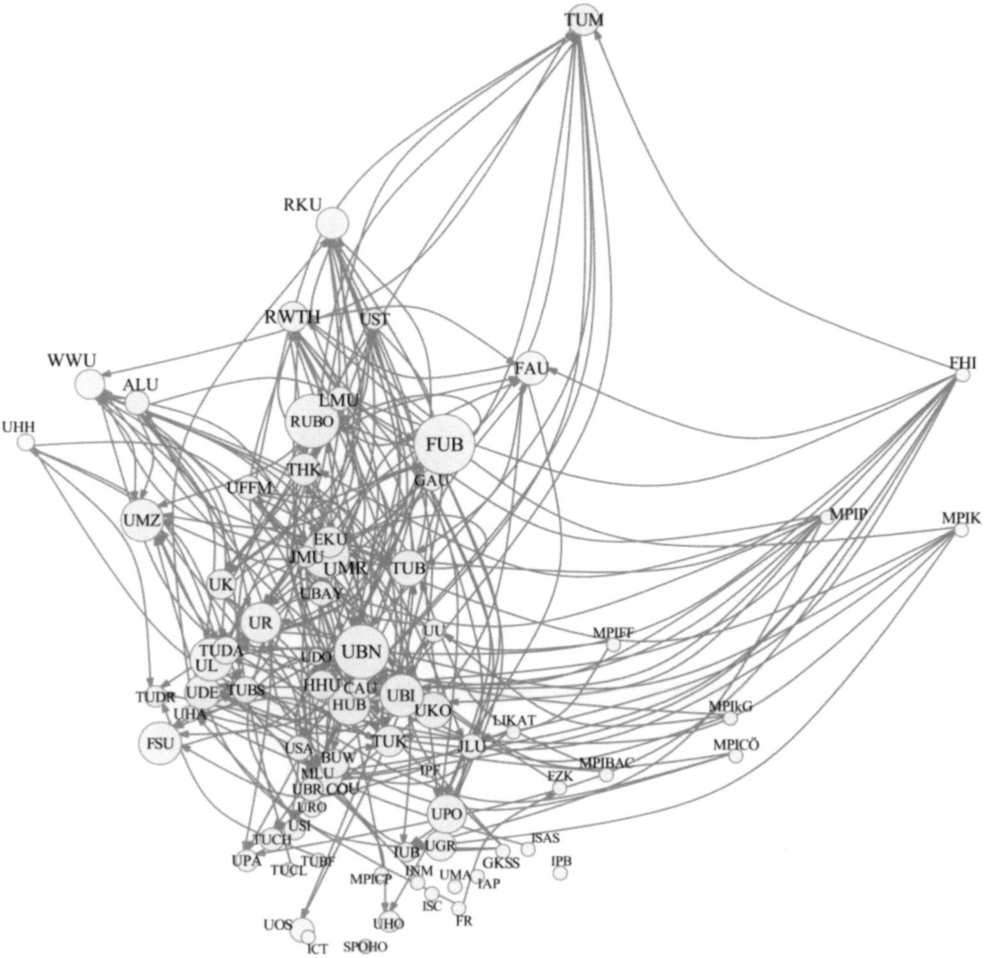

Legende: *ALU U. Freiburg, BUW U. Wuppertal, CAU U. zu Kiel, COU U. Oldenburg, EKU Tübingen, FAU U. Erlangen-Nürnberg, FHI Fritz-Haber-Inst. der MPG, FR Forschungszentrum Rossendorf, FSU U. Jena, FUB F.U. Berlin, FZK Forschungszentrum Karlsruhe, GAU U. Göttingen, GKSS Inst. für Polymerforschung, HHU U. Düsseldorf, HUB HU. Berlin, IAP Fraunhofer-Inst. für angewandte Polymerforschung, ICT Fraunhofer-Inst. Chemische Technologie, INM Leibniz-Inst. für Neue Materialien, IPB Leibniz-Inst. für Pflanzenbiochemie, IPF Leibniz-Inst. für Polymerforschung Dresden, ISAS Inst. for Analytical Sciences, ISC Fraunhofer-Inst. für Silicatforschung, IUB International University Bremen, JLU Justus-Liebig-U. Gießen, JMU U. Würzburg, LIKAT Leibniz-Inst. für Katalyse e.V., LMU U. München, MLU U. Halle-Wittenberg, MPIBAC MPI für bioanorganische Chemie, MPIBPC MPI für biophysikalische Chemie, MPICÖ MPI für*

chemische Ökologie, MPICP MPI für chemische Physik fester Stoffe, MPIFF MPI für Festkörperforschung, MPIK MPI für Kohlenforschung, MPIKG MPI für Kolloid- und Grenzflächenforschung, MPIP MPI für Polymerforschung, RKU U. Heidelberg, RUBO U. Bochum, RWTH TH Aachen, SPOHO Sporthochschule Köln, THK U. Karlsruhe, TUB TU Berlin, TUBF TU Bergakademie Freiberg, TUBS TU Braunschweig, TUCH TU Chemnitz, TUCL TU Clausthal, TUDA TU Darmstadt, TUDR TU Dresden, TUK TU Kaiserslautern, TUM TU München, UBAY U. Bayreuth, UBI U. Bielefeld, UBN U. Bonn, UBR U. Bremen, UDE U. Duisburg-Essen, UDO U. Dortmund, UFFM U. Frankfurt, UGR U. Greifswald, UHA U. Hannover, UHH U. Hamburg, UHO U. Hohenheim, UK U. Köln, UKO U. Konstanz, UL U. Leipzig, UMA U. Magdeburg, UMR U. Marburg, UMZ U. Mainz, UOS U. Osnabrück, UPA U. Paderborn, UPO U. Potsdam, UR U. Regensburg, URO U. Rostock, USA U. des Saarlandes, USI U. Siegen, UST U. Stuttgart, UU U. Ulm, WWU U. Münster.

Die relative Abwesenheit sozialer Schließung wird in Abbildung 17 noch einmal deutlich: Erstberufungen finden kreuz und quer zur Feldstruktur statt; geschlossene Cliquen oder einseitig hierarchische Verhältnisse sind nicht auszumachen. Allerdings ist festzustellen, dass trotz der relativen Offenheit der Netzwerkstruktur die Mobilität der Berufenen im Feld einer deutlichen, wenn auch nur statistisch zu ermittelnden Struktur folgt, die ihrerseits mit der oben vorgestellten Struktur der Fachbereiche zusammenhängt. Wie Tabelle 6 zeigt, handelt es sich bei knapp zwei Dritteln aller Erstberufungen um Abwärts-Mobilität: Die meisten Erstberufenen kommen aus den dominanten oberen Bereichen des Feldes und bewegen sich im Zuge ihrer Berufung in Richtung der Peripherie.

Tabelle 6: Richtung der Mobilität

	Anzahl	Anteil
Abwärts	138	63%
Aufwärts (bzw. konstant)	80	37%
Von rechts nach links	124	57%
Von links nach rechts (bzw. konstant)	94	43%

Die vergleichsweise offene Struktur des Netzwerkes bedeutet damit nicht, dass die Karrieren deutscher Chemiker von der Ungleichheit zwischen den Forschungseinrichtungen unberührt bleiben. Ebenso wenig bedeutet sie, dass der Wettbewerb zwischen den Einrichtungen nicht tangiert wird von der Struktur des Berufungsnetzwerkes. Vielmehr besteht zwischen den beiden Ebenen des Feldes ein doppelter struktureller Zusammenhang: Einerseits steigt die Anzahl hervorgebrachter Professoren mit dem Kapitalvolumen. Dominate Einrichtungen bringen mehr Professoren hervor, die sich dann allerdings über das gesamte Feld verteilen, was faktisch dazu führt, dass Erstberufungen in vielen Fällen den

Wechsel an eine weniger prestigereiche Einrichtung bedeuten. Andererseits kann man annehmen, dass eine dominante Position im Berufungsnetzwerk die Machtposition der betreffenden Einrichtung zusätzlich stärkt. Im vorliegenden Fall wird Netzwerk-Macht mithilfe der Eigenvektor-Zentralität modelliert, da dieses Maß starke Affinitäten zum feldtheoretischen Begriff sozialen Kapitals aufweist. In Abbildung 17 ist die Größe der Knoten proportional zur Eigenvektor-Zentralität, und es lässt sich auch mit bloßem Auge die Tendenz erkennen, dass Akteure mit höherem Kapitalvolumen (d.h. im oberen Bereich der Grafik) auch über einen höheren Zentralitätswert verfügen. Die Korrelation zwischen Kapitalvolumen und Eigenvektor-Zentralität ist mit 0.76 sehr hoch. Es gibt also eine relativ starke Homologie zwischen dem Feld der Chemie-Fachbereiche, das über latente Relationen statistisch modelliert wurde, und dem Berufungsnetzwerk, das durch Mobilität von Erstberufenen zwischen diesen Fachbereichen entsteht. Strukturelle Dominanz auf Grundlage latenter, verallgemeinerter Relationen und Netzwerk-Macht auf Grundlage manifester, dyadischer Beziehungen stützen einander: Die Einrichtungen aus dem oberen Bereich des Feldes verfügen über mehr wissenschaftliches und institutionelles Kapital, ziehen daher die besten Nachwuchswissenschaftler an und können ihnen die besten Bedingungen bieten. Das soziale Kapital, das dominante Einrichtungen durch Entsendung besonders vieler Erstberufener generieren, führt wiederum dazu, dass dominante Einrichtungen besonders gut vernetzt sind und trägt auf diese Weise zusätzlich zur Festigung ihrer dominanten Position bei.

Der Überschuss von Mobilität von rechts nach links, d.h. vom rein wissenschaftlichen zum institutionellen Pol, erklärt sich durch die Sonderrolle der außeruniversitären Einrichtungen. Diese sind meist ausschließlich auf Forschung ausgelegt und bringen in Kooperation mit den Universitäten viele Professoren hervor, treten aber selbst nur selten als Berufende auf, weil sie über eine sehr begrenzte Stellenzahl für Professoren bzw. Direktoren verfügen und weil hierfür nur absolute Spitzenforscher – zunehmend international – berufen werden. Insbesondere das Fritz-Haber-Institut (FHI) und die MPIs für Polymerforschung (MPIP) und Kohlenforschung (MPIK) sind in diesem Sinne einflussreiche Akteure: Sie prägen maßgeblich die Zusammensetzung der chemischen Fachgemeinschaft und üben so einen starken, im gesamten Feld wirksamen Einfluss auf die Forschungspraxis und die Entwicklung des Faches aus.

Zusammenfassend ist festzustellen, dass institutioneller und individueller Wettbewerb in den akademischen Feldern in Deutschland und den USA sehr unterschiedlich verzahnt sind. In den USA existiert ein *academic caste system* mit extremer sozialer Schließung. In der deutschen Chemie ist keine vergleichbare Schließung in der Spitzengruppe zu erkennen, sondern ein relativ offenes Tauschnetzwerk, in dem auch Wissenschaftler aus peripheren Standorten die Chance haben, an prestigereiche Fachbereiche berufen zu werden. Dennoch beherrschen die dominanten Einrichtungen auch das Berufungsnetzwerk, indem sie besonders viele Professoren ins Feld entsenden und dadurch besonders gut vernetzt sind und die Zusammensetzung der *scientific community* maßgeblich prägen.

6.4 Institutionelle Rahmung akademischer Karrieren

Wie lassen sich diese gravierenden Unterschiede zwischen dem deutschen und dem US-amerikanischen akademischen Feld erklären? Der folgende Abschnitt entwickelt die These, dass die institutionellen Rahmenbedingungen, unter denen akademischer Wettbewerb stattfindet, zu diesen unterschiedlichen Dynamiken führen. Die entscheidenden Faktoren sind:

- Intensität des Wettbewerbs im Feld
- Grad der Stratifikation im Feld
- Organisationale Struktur der Einrichtungen
- Regulierung wissenschaftlicher Karrieren

Im Folgenden werden diese vier Aspekte institutioneller Rahmung für das deutsche und das US-amerikanische akademische Feld kurz skizziert und verglichen.

In den USA findet seit jeher ein äußerst intensiver Wettbewerb zwischen den organisationalen Akteuren des akademischen Feldes statt – sowohl zwischen Universitäten als auch fachspezifisch zwischen Departments. Das hat mit der vergleichsweise losen Beziehung zwischen Staat und Hochschulen zu tun. Deutsche Universitäten sind mit Ausnahme der wenigen Privatuniversitäten Anstalten des öffentlichen Rechts, die seit der Humboldtschen Reform eng an den Staat gebunden sind, Forschung und Lehre unter staatlicher Obhut betreiben und primär durch den Staat finanziert werden. In den USA hingegen sind viele der forschungsstärksten Universitäten als private Stiftungen organisiert, die selbst für ihre Finanzierung sorgen müssen. Zudem bestehen die Stiftungsuniversitäten in den USA meist aus mehreren weitgehend autonomen Einheiten (Schools). Aufgrund der Unabhängigkeit vom Staat und der Notwendigkeit, sich selbst zu finanzieren, haben sich amerikanische Universitäten zu handlungsfähigen und wettbewerbsorientierten Organisationen entwickelt; gleiches gilt für ihre organisationalen Untereinheiten, die Departments und Schools. In diesen Wettbewerb sind auch die staatlichen Universitäten immer mehr hineingezogen worden, weil die staatlichen Mittel einen immer geringeren Teil ihres Gesamtbudgets ausmachen. Im Zuge des seit langer Zeit bestehenden, heftigen institutionellen Wettbewerbs hat sich eine deutliche Hierarchie herausgebildet, sodass zwischen den Universitäten erhebliche Unterschiede bezüglich der finanziellen und personellen Ausstattung sowie bezüglich der Reputation herrschen. Dass die starke Stratifikation ein Kernmerkmal des amerikanischen Feldes ist, lässt sich an der

Vielzahl von Rankings ablesen, die mit großer Selbstverständlichkeit zur Beschreibung und Bewertung von Universitäten und Departments herangezogen werden.

Die organisationale Struktur der amerikanischen Universitäten ist durch das Department-System geprägt (Parsons & Platt 1973, Musselin 2010). Departments sind als fachspezifische Grundeinheiten in etwa mit deutschen Fachbereichen wie Chemie, Physik, Biologie etc. zu vergleichen, unterscheiden sich von diesen jedoch in zwei wichtigen Punkten: Departments verfügen über relativ viele Professoren und sind intern kaum hierarchisch strukturiert, sodass die Wissenschaftler sehr offen miteinander interagieren können. Die große Anzahl von Professoren kommt zustande, da akademische Karrieren in den USA typischerweise gleich nach der Promotion in eine Anstellung als *assistant professor* münden. Diese Stellen sind in der Regel auf sechs Jahre befristet, bieten aber die Gelegenheit, sich in diesem Zeitraum für eine unbefristete Stelle zu qualifizieren (*tenure track*). Die nächste Karrierestufe erreicht man über die Beförderung zum *associate professor*, die meist mit der Verleihung einer Stelle auf Lebenszeit (*tenure*) zusammenfällt. Die höchste Stufe der Karriere trägt die Bezeichnung *full professor*. Departments setzen sich damit aus Wissenschaftlern zusammen, die auf verschiedenen Karrierestufen stehen. Dies impliziert jedoch keine strenge Rangordnung, vielmehr sind alle *professors* akademisch unabhängig, forschen eigenständig und können über Karrierestufen hinweg zusammenarbeiten. Über die Verleihung von *tenure* und Beförderungen zum *associate* bzw. *full professor* entscheidet das Department.

Die enge Bindung zwischen Universität und Staat, die für das deutsche Hochschulsystem charakteristisch ist, bringt es mit sich, dass die Finanzierung der Universitäten staatlich abgesichert und von den Universitäten selbst durch wettbewerbliches Verhalten kaum beeinflussbar ist. Deutsche Universitäten sind aufgrund dieser Rahmenbedingungen viel weniger auf organisationale Autonomie und Wettbewerb ausgelegt, sondern funktionieren traditionell als relativ handlungsschwache Anstalten mit extern zugewiesenen, gesicherten Ressourcen (vgl. dazu Abschnitt 2.2). Mit Blick auf die Ergebnisse im vorangegangenen Kapitel wird deutlich, dass diese Rahmenbedingung aktuell einen Wandlungsprozess durchlaufen, der das deutsche System dem US-amerikanischen näher bringt. Ähnliches ist für die Frage der Ungleichheit zwischen den Universitäten zu konstatieren: Seit der Humboldtschen Reform war das deutsche Hochschulsystem auf formale Gleichheit und Gleichwertigkeit der Universitäten ausgelegt. Mit der Exzellenzinitiative hat die Hochschulpolitik einen Paradigmenwechsel hin zu einem stratifizierten Hochschulsystem eingeleitet und die traditionelle egalitäre Ausrichtung abgeschafft (Münch 2006, Hartmann 2010).

Die organisationale Struktur deutscher Universitäten unterscheidet sich jedoch nach wie vor maßgeblich vom Department-System in den USA: Die Fakultäten sind intern in Lehrstühle gegliedert, die jeweils von einem Professor geleitet werden. Das Hauptmerkmal des Lehrstuhl-Systems ist der gravierende Machtunterschied zwischen den wenigen Professoren, die frei forschen und über Ressourcen verfügen können und der Masse wissenschaftlicher Mitarbeiter, die akademisch nicht selbständig sind, keine eigenen Ressourcen haben und zum Großteil an befristete Stellen gebunden sind (Enders 2001, Kreckel 2008). Diese Masse abhängiger wissenschaftlicher Mitarbeiter kommt aufgrund der Eigenart akademischer Karrieren in Deutschland zustande: Im Unterschied zu den USA eröffnet die Promotion nicht den Weg in die akademische Eigenständigkeit, vielmehr ist die Erlangung einer Professur in der Regel an eine Habilitation geknüpft. Das Hauptmerkmal wissenschaftlicher Karrieren in Deutschland ist die meist lange Phase der Unsicherheit zwischen der Promotion und der Erstberufung zum Professor. Hinzu kommt das für Deutschland spezifische Verbot von Hausberufungen, das habilitierte Wissenschaftler in der Regel zwingt, eine Berufung außerhalb ihrer Herkunfts-Universität anzustreben.

Aus dem Vergleich dieser beiden Modelle lässt sich erklären, wie trotz der beobachteten Offenheit akademischer Karrieren Machtdifferenzen zwischen den Fachbereichen entstehen und erhalten bleiben. Die Stratifikation vollzieht sich in Deutschland auf andere Weise als in den USA. Das Hausberufungsverbot zwingt junge Wissenschaftler und Wissenschaftlerinnen, ihren Herkunftsstandort zu verlassen und sich anderswo um eine Professur zu bemühen. Dabei werden sie versuchen, an einen Fachbereich zu gelangen, der möglichst gut im Feld positioniert ist. Um diese Stellen konkurrieren sie mit älteren Wissenschaftlern, die ebenfalls versuchen, über eine zweite oder dritte Berufung an eine bessere Position zu gelangen. Diese erweiterte akademische Mobilität in Deutschland kommt zustande, weil es im Gegensatz zu den USA keine Möglichkeit des Aufstiegs oder der Beförderung innerhalb eines Fachbereichs gibt. Die einzige Möglichkeit für Professoren, ihre Position im Feld zu verbessern, besteht darin, im Rahmen weiterer Berufungen an besser situierte Standorte zu gelangen und die Berufungsverhandlungen zu nutzen, um sich eine bessere Ausstattung zu sichern (Musselin 2005). In den USA findet der Großteil der Karriereschritte innerhalb eines Departments statt, sodass die Mobilität zwischen Universitäten relativ gering ist (Enders 2001). In Deutschland bedeutet die Erstberufung, wie oben dargelegt, in den meisten Fällen einen Wechsel an einen schlechter positionierten Fachbereich. Von dort aus können junge Wissenschaftler versuchen, sich durch besonders hohe Publikations- und Drittmittelquoten für eine Berufung an einen besser gestellten Fachbereich zu qualifizieren. Einige von ihnen werden, sobald sie voll etabliert sind und hohe Zitationsquoten vorweisen können, aber den Zenit ihrer Produktivität schon überschritten haben, an einen Spitzenfachbereich mit besserer Ressourcenausstattung berufen. Das hat zur Folge, dass an den führenden Standorten die reputiertesten, aber auch älteren, nicht mehr ganz so produktiven Forscher mit einer sehr großen Zahl von Mitarbeitern tätig sind[45].

6.5 Zwischen *academic caste system* und *peregrinatio academica*

Anstelle eines *academic caste systems* steht in Deutschland ein Rekrutierungsmuster, das sich in Anlehnung an eine mittelalterliche Gelehrtentradition (Irrgang 2002) als *peregrinatio academica.*[46] bezeichnen lässt: Während akademische Karrieren in den USA durch die Rangordnung der Departments geprägt sind, die ihre Promovierten strategisch austauschen und dabei geschlossene, hierarchisierte Cliquen-Strukturen bilden, schicken die deutschen Universitäten ihre Absolventen auf eine lange, unsichere Wanderschaft, die über mehrere Stationen durch das gesamte Feld führen kann. Verlauf und Ausgang dieser *peregrinatio* sind weder für die Wissenschaftler noch für die Fachbereiche sicher planbar, sondern werden durch die Strukturen und Dynamiken des Feldes diktiert. Die Rangordnung der Einrichtungen wird auf der einen Seite durch direkte Schließung, auf der anderen Seite durch strukturelle Dominanz gesichert.

Die *peregrinatio academica* ist eine spezifische Art der Verzahnung des individuellen und institutionellen Wettbewerbs in akademischen Feldern. Sie ergibt sich aus den genannten Rahmenbedingungen: Schwacher institutioneller Wettbewerb, egalitäre Hochschulpolitik, die deutliche Machtdifferenz zwischen Professoren und Mitarbeitern im Lehrstuhl-System und die lange Phase der Unsicherheit zwischen Promotion und Erstberufung haben dazu geführt, dass in Deutschland ein vergleichsweise autonomes akademisches Feld entstanden ist, das wissenschaftlichen Karrieren eine feldspezifische Logik aufprägt. Dieses Feld zwingt aufstrebende Wissenschaftler und Wissenschaftlerinnen, zunächst periphere Positionen einzunehmen und sich von dort aus schrittweise über rein feldinterne Kapitalakkumulation für dominante Positionen zu qualifizieren. Es kann offene Karrierewege zulassen, weil es hochgradig autonom, also von externen strategischen Einflüssen unabhängig ist: Alle, auch die Absolventen der Spitzenfachgruppen, können sich den Weg aus der Peripherie (zurück) an die Spitze nur durch Bewährung an feldspezifischen Leistungskriterien und „Sinn für das Spiel“ erarbeiten. Das Feld sichert seine Autonomie, indem es interne Machtpositionen an hohe Eintrittspreise knüpft, nämlich an die Bereitschaft, sich

45 Zu Effekten des Alters auf den Publikationsoutput vgl. Levin und Stephan (1991); zum Zusammenhang von steigender Reputation und Publikationsverhalten vgl. Zuckerman (1967)

46 Wörtlich: Akademische Pilgerwanderung; „studentisches und professorales Wandern von Universität zu Universität“, eine im Mittelalter übliche, als karriereförderndes „Bildungselement“ institutionalisierte Praxis (Irrgang 2002: 39ff.)

lange Zeit einem hohen Grad an Unsicherheit auszusetzen, ohne je zu wissen ob es gelingt, eine Professur zu erhalten und im Anschluss daran weiter aufzusteigen. Der Begriff *peregrinatio* verweist auf die typischen Mehr-Schritt-Karrieren, die aus dieser Feldlogik entspringen sowie auf den von dieser Feldlogik vorausgesetzten und generierten Wissenschaftler-Habitus, der sein Schicksal der individuell nicht zu durchschauenden Feldlogik überlässt und sich ansonsten auf inhaltliche Fragen konzentriert.[47] Die Autonomie des Feldes basiert daneben auch auf der trotz aller Reformen weiterhin vergleichsweise passiven Rolle der Universitäten und Fachbereiche, die nicht als wettbewerbliche Organisationen, sondern eher als Infrastrukturen für Forschung und Lehre organisiert sind und daher die Karrieren ihrer Mitarbeiter nicht gezielt beeinflussen.

Ein *academic caste system* hingegen entsteht, wenn das akademische Feld in hohem Grade von seiner gesellschaftlichen Umgebung abhängig ist. In der Tat liegen die Hauptdeterminanten für eine akademische Karriere in den USA nicht im akademischen Feld selbst, sondern es gibt Eintrittsschranken, die nur von bestimmten sozioökonomischen Positionen aus zu überwinden sind. Da man nur als Absolvent einer hochkarätigen Graduate School eine Chance auf eine Professur an einem Spitzendepartment hat und da man in eine solche Graduate School fast nur über das Studium an einem Spitzencollege gelangen kann, das wiederum primär den Besitzern großer Mengen ökonomischen, kulturellen und sozialen Kapitals offen steht, spiegelt das *academic caste system* in den USA die allgemeine Struktur sozialer Ungleichheit im sozialen Raum (dazu z.B. Karabel 1984, 2005; Karen 1991).[48]

Der „Einstiegspunkt" ins Feld, d.h. das Promotions-Department, bestimmt maßgeblich das Spektrum der Positionen, die Wissenschaftler in den USA in ihrer Karriere erreichen können. Gerade dieser Einstiegspunkt ist aber eng an die Positionierung im sozialen Raum geknüpft. Diese Form der Abhängigkeit beschränkt sich nicht auf die einzelnen Wissenschaftler, sondern betrifft die Universitäten und Departments gleichermaßen: Gerade die Spitzenuniversitäten sind als private Stiftungen direkt an das Wohlwollen der ökonomischen Elite gebunden und nutzen daher auch den Austausch von Personal, um sich im Wettbewerb zu behaupten. Der Begriff *caste system* verweist auf die Tatsache, dass akademische Karrierechancen in den USA maßgeblich von wissenschaftsexternen Faktoren geprägt sind. Diese Feldstruktur fördert und erfordert einen Habitus, der auf Abwägung und strategische Nutzung gegebener Karrierechan-

---

47 Schon Max Weber hebt diese Charakteristika des deutschen akademischen Feldes gegenüber dem amerikanischen hervor: Die akademische Laufbahn sei „ein wilder Hasard" und nur jenen anzuraten, die bereit seien, „Scheuklappen anzuziehen", sich „hineinzusteigern" in einen „von jedem Draußenstehenden belächelten Rausch" (Weber 1988 [1922]: S.530f.).

48 Das ist in Deutschland bisher nicht der Fall. Wissenschaftliche Karrieren unterscheiden sich wie politische von wirtschaftlichen Karrieren durch große Offenheit, wie Michael Hartmann (2002) nachgewiesen hat.

cen setzt und sich primär mit dem eigenen Department und Departments auf derselben Hierarchiestufe identifiziert.

Mit Blick auf die aktuellen Veränderungen im deutschen Hochschulsystem ergibt sich die Frage, wie lange die relativ hohe Autonomie auf der individuellen Ebene des deutschen akademischen Feldes weiterbestehen wird. Denn zwei der vier genannten Rahmenbedingungen, die diese Struktur stützen, befinden sich aktuell im Wandel: Die kompetitive Forschungsfinanzierung, die Rankings, Ratings und Evaluationen und der Umbau von Universitäten und Fachbereichen zu handlungsfähigen Akteuren forcieren den Wettbewerb. Daraus ergibt sich eine zunehmende Stratifikation, die seit Einführung der Exzellenzinitiative nicht mehr nur faktisch besteht, sondern zu einem politischen Leitbild geworden ist. Ob das deutsche akademische Feld seine Autonomie unter den veränderten Bedingungen erhalten kann, ist fraglich, denn im Zuge der Reformen wächst die Bedeutung außerwissenschaftlicher Ressourcen im Feld. Es ist jedoch absehbar, dass der Wandel nicht auf eine schlichte Konvergenz mit den USA hinauslaufen wird, denn die beiden anderen Strukturmerkmale – das Lehrstuhl-System und die lange Unsicherheitsphase – bleiben unverändert bestehen. Allerdings hat die Technische Universität München aufgrund einer Sonderregelung gerade damit begonnen, in größerer Zahl tenure-track-Professuren einzurichten und ihre Personalstruktur an die Strukturen in den USA anzunähern. Höchstwahrscheinlich wird eine hybride Struktur entstehen, die Eigenschaften des amerikanischen und des deutschen Modells in sich vereint. Es bleibt abzuwarten, ob es – wie von der Hochschulpolitik beabsichtigt – gelingen wird, gerade die erwünschten Eigenschaften beider Modelle zu kombinieren.

6.6 Wissenschaftliche Autonomie unter neuen Bedingungen

Die Untersuchung im vorangegangenen Kapitel stellte die Frage, wie die Konkurrenz zwischen organisationalen Akteuren und individuellen Akteuren in der Chemie in Deutschland aufeinander wirkt. Sie hat Folgendes ergeben: Die zunehmende Konkurrenz zwischen den organisationalen Akteuren (Fachbereichen) erzeugt eine Rangordnung im universitären Feld, die über verschiedene Ressourcen und Erfolgskriterien hinweg relativ gleichförmig ist: Fachbereiche mit viel Kapital, d.h. viel wissenschaftlichem Einfluss, stehen Fachbereichen mit wenig Kapital und wenig Einfluss gegenüber. Darüber hinaus unterscheiden sich die Fachbereiche auch „vertikal" in ihrer strategischen Ausrichtung: Es gibt besonders forschungsstarke Akteure mit viel wissenschaftlichem Kapital und besonders tief eingebettete Einrichtungen mit besonders viel institutionellem Kapital. Forschungsstärke konzentriert sich tendenziell an außeruniversitären Einrichtungen, insbesondere an MPIs, während institutionelles Kapital eher an

Universitäten zu finden ist. Fachbereiche mit viel institutionellem Kapital erhalten tendenziell mehr disziplinäre Aufmerksamkeit für ihre Forschung und werden auch in der wissenschaftspolitischen Wahrnehmung tendenziell besser beurteilt, auch wenn sie weniger effizient arbeiten als die Fachbereiche mit dem meisten wissenschaftlichem Kapital.

Dieses stratifizierte und nach der jeweiligen Akkumulationslogik diversifizierte Machtgefüge auf der organisationalen Ebene beeinflusst jedoch kaum die Karrierechancen der Nachwuchswissenschaftler in der Chemie – im Gegensatz zu den USA, wo die Hierarchie der Departments eine Hauptdeterminante individueller Karrierechancen darstellt. Im Kontext des deutschen Feldes finden Erstberufungen jedoch kreuz und quer zur Rangordnung der Fachbereiche statt und junge Wissenschaftler und Wissenschaftlerinnen aus peripheren Positionen haben eine echte Chance, an einen besser positionierten Standort berufen zu werden. Im Durchschnitt führen Erstberufungen jedoch eher aus den dominanten Bereichen des Feldes hinaus in Richtung Peripherie. Das hat zwei Gründe: Erstens produzieren die Fachbereiche im Machtzentrum mehr Professoren, sodass Bewegungen aus dem Zentrum heraus häufiger sind. Zweitens wirkt hier das besondere Mobilitätsmuster des deutschen akademischen Feldes, das als *peregrinatio academica* bezeichnet wurde. Kerneigenschaften dieses Musters sind die lange Phase der Unsicherheit zwischen Promotion und Berufung und die Tatsache, dass Professoren und Professorinnen nur im Rahmen von Standortwechseln ihre Ressourcenausstattung verbessern können. Die dominanten Fachbereiche berufen deswegen eher ältere, arrivierte Wissenschaftler, sodass Erstberufene häufig mit weniger begehrten Positionen Vorlieb nehmen müssen. Diese institutionellen Rahmenbedingungen verhindern akademische Kastenbildung, wie sie in den USA zu beobachten ist, und sorgen zugleich dafür, dass individuelle Karrieren der Eigendynamik des akademischen Feldes maximal ausgeliefert und daher kaum planbar oder strategisch beeinflussbar sind.

Die Autonomie des akademischen Feldes in Deutschland speist sich maßgeblich aus diesem Phänomen: Weil Karrieren nicht steuerbar, sondern einer feldspezifischen Eigenlogik unterworfen sind, und weil der Aufstieg im Feld über mehrere Stufen erfolgt, deren Überwindung jedes Mal von wissenschaftsinternen Fragen abhängt, ist es – im Gegensatz zu den USA – kaum möglich, dem wissenschaftlichen Erfolg durch außerwissenschaftliche Mittel – etwa durch eine gehobene soziale Herkunft – auf die Sprünge zu helfen. Innerhalb der spezifischen institutionellen Rahmenbedingungen des deutschen Feldes ist eine soziale Schließung der akademischen Spitze kaum möglich – und erschien bis in die 1990er Jahre aufgrund des schwachen institutionellen Wettbewerbs auch nicht wünschenswert.

Die Analyse hat gezeigt, dass das System der *peregrinatio academica* auch unter den aktuellen Bedingungen verschärften Wettbewerbs noch funktioniert und dem akademischen Feld eine gewisse Autonomie sichert, die eine hierarchische Schließung des Feldes nach dem Muster der USA unterbindet. Allerdings untergraben die laufenden Reformen die *peregrinatio academica*, sofern sie die institutionellen Rahmenbedingungen beseitigen, unter denen diese Praxis historisch entstanden ist und auf denen sie beruht. Wohin diese Entwicklung führt, ist noch kaum abzusehen – jedoch kann man annehmen, dass die Forcierung des institutionellen Wettbewerbs alleine nicht die gewünschten Auswirkungen haben wird. Dass sich mit der zunehmenden Stratifikation des deutschen universitären Feldes auch die Wettbewerbsbedingungen für Nachwuchswissenschaftler mittelfristig verschärfen werden, liegt auf der Hand: Die bereits in der obigen Analyse beobachtete zahlenmäßige Dominanz der Absolventen von Spitzeneinrichtungen unter den Erstberufungen wird weiter zunehmen und die Absolventen aus den weniger einflussreichen Einrichtungen weiter unter Druck setzen. Solange allerdings das Lehrstuhlsystem unangetastet bleibt, werden die Reformen lediglich den Konkurrenzdruck unter Nachwuchswissenschaftlern erhöhen, ohne ihnen jedoch neue Chancen zu eröffnen. Ob unter solchen Bedingungen in Zukunft mehr international wettbewerbsfähige Forschung entstehen kann, lässt sich bezweifeln.

7 Auf dem Weg zu einer Europäisierung des universitären Feldes?

Der European Research Council (ERC) ist eine transnationale Forschungsförderungsorganisation, die 2007 als neues Instrument der EU-Wissenschaftspolitik gegründet wurde. Das Ziel des ERC besteht darin, eine „European brand for research excellence" (Luukkonen 2009: 4) zu etablieren und dabei die Transformation von „science in Europe" zu „European science" voranzutreiben (Nedeva & Stampfer 2012: 982). Der ERC verfolgt diese ambitionierten Ziele durch spezifisch gestaltete Förderinstrumente, die sich von vielen auf nationalstaatlicher Ebene üblichen Praktiken unterscheiden: Zunächst sind ERC-Grants im Vergleich zu anderen Förderquellen äußerst großzügig – es gibt individuelle Grants von bis zu 3.5 Millionen €. Gefördert werden dabei fast ausschließlich einzelne Wissenschaftler, unabhängig von ihrer Nationalität, solange sie sich bereit erklären, ihre Forschung an einer wissenschaftlichen Einrichtung in der EU oder einem assoziierten Staat durchzuführen. Als alleiniges Auswahlkriterium nennt der ERC die „Exzellenz" der beantragenden Forscherpersönlichkeit bzw. ihres Forschungsvorhabens. Die Auswahl förderwürdiger Projekte findet in einem peer review durch internationale Experten in den jeweiligen Fachgebieten statt. Bemerkenswert ist, dass die Fördergelder portabel sind, d.h. bei einem etwaigen Wechsel der Universität – auch über Landesgrenzen hinweg – mitgenommen werden können (Antonoyiannakis et al. 2009: 805f.; Luukkonen 2014: 35f.).

Durch diese spezifische Ausrichtung der Förderung möchte die EU mithilfe des ERC Wandel in den nationalen Wissenschaftssystemen anstoßen. Es geht darum „leverage toward structural improvement in the research system of Europe" zu erzeugen (Nedeva & Stampfer 2012: 983). Im Zentrum der Reformstrategie des ERC steht die Idee, individuelle Forscher mit einem Maximum an Unabhängigkeit von etablierten nationalen und organisationalen Strukturen auszustatten. Die Förderung durch den ERC soll dabei insbesondere Wissenschaftler mit „unconventional research agendas" unterstützen, die in den etablierten nationalen Fördersystemen wenig Erfolgsaussichten haben – „because of vested interests of those making the decisions" (Luukkonen 2009: 7). Folgt man diesen Interpretationen, so ist die Etablierung des ERC als Herausforderung an verkrustete und ineffiziente nationale Fördersysteme zu verstehen. Die Ziele des ERC sind die Integration der Wissenschaft in Europa, die damit zusammenhängende Öffnung, Modernisierung und Vereinheitlichung der Forschungsförderung im europäischen Raum und die Unterstützung derjenigen Wissenschaftler, die aufgrund nationaler Verkrustungen und Ineffizienzen nicht gebührend gefördert werden.

Neben diesen enthusiastischen Kommentaren und weitreichenden Erwartungen gibt es auch einige Kritik an den Praktiken des ERC. Besonders deutlich formuliert sie Christian Fleck (2007), der sich in seinem Beitrag mit der ersten Ausschreibungsrunde des ERC im Jahr 2007 beschäftigt. In dieser ersten Runde waren nur Nachwuchswissenschaftler antragsberechtigt, d.h. Wissenschaftler zwischen zwei und neun Jahren nach ihrer Promotion. Mehr als 9000 junge Wissenschaftler wollten diese neue Chance auf Förderung nutzen und reichten einen Antrag ein – allerdings wurden letztlich nur 299 Starting Grants vergeben,[49] was zu einer Ablehnungsquote von 97% führte. Fleck sieht die Verantwortung für dieses Resultat zumindest teilweise beim ERC und wirft ihm vor, „blauäugig gehandelt zu haben und in schon frivol zu nennender Weise mit Europas Jungforschern verfahren zu sein“. Dies habe zu einer „exorbitanten Verschwendung von Humankapital“ geführt, die laut Flecks Schätzung etwa „9000 Personenmonate oder 820 Arbeitsjahre“ beträgt (Fleck 2007: 74f.).

Aus relationaler Perspektive ist dies ein vielleicht besonders drastisches, aber im Kern typisches Beispiel für die Mechanismen, die bei der Konstruktion wissenschaftlicher Exzellenz und bei Wettbewerben um Forschungsförderung zu beobachten sind: Die Auszeichnung einiger weniger exzellenter Wissenschaftler geht in solchen Wettkämpfen auf Kosten der nicht-exzellenten Masse – und die wenigen Triumphe im Wettbewerb um Forschungsförderung werden nur sichtbar vor dem Hintergrund massenhaft fruchtlos investierter Arbeitskraft und entsprechende Frustration aufseiten der Verlierer. Die von Fleck beklagte „Verschwendung von Humankapital“ muss in einem gewissen Umfang stattfinden, wenn der ERC in die Lage kommen soll, seine ambitionierten Ziele zu erfüllen. Denn die Reputation einer Förderorganisation und das symbolische Gewicht ihrer Förderung im akademischen Wettbewerb sind relational gebunden an das Verhältnis zwischen erfolgreichen und gescheiterten Anträgen. Sofern der ERC seinen Anspruch auf Exzellenz aufrechterhalten und seine elitäre Reputation weiter ausbauen will, dürfen die Ablehnungsquoten nicht zu weit sinken.

Wie die Statistik auf der Webseite des ERC zeigt, sinkt in den Jahren nach 2007 die absolute Zahl der Anträge auf Starting Grants deutlich und pendelt sich in etwa zwischen 2500 und 4000 ein. Die Ablehnungsquoten sinken ebenfalls auf Werte um 90% bis 85%.[50] Legt man Flecks Schätzmethode zugrunde, so besteht die erfolglos investierte akademische Arbeitskraft für das Jahr 2013 etwa

49 Laut der offiziellen ERC-Statistik (http://erc.europa.eu/projects-and-results/statistics). Fleck (2007) geht von 250 Bewilligungen aus.

50 http://erc.europa.eu/projects-and-results/statistics

3000 Personenmonate oder 270 Arbeitsjahre. D.h. in den Jahren nach 2007 findet im Kontext der ERC-Förderung eine in absoluten Zahlen zwar geringere, aber immer noch erhebliche Überinvestition an akademischem Kapital statt.

Insgesamt lässt sich festhalten, dass mit der Etablierung des ERC auf der einen Seite große Hoffnungen auf eine Modernisierung, Mobilisierung, Integration und Öffnung der akademischen Landschaft Europas verbunden werden, während auf der anderen Seite gesellschaftliche Kosten stehen, die mit diesem neuen Wettbewerb verbunden sind. Diese Kosten lassen sich als nicht-intendierte Nebenfolgen des Wettbewerbs begreifen; sie werden in Politik und Öffentlichkeit kaum wahrgenommen, stellen aber erhebliche Belastungen für die beteiligten Wissenschaftler und die nationalen Wissenschaftssysteme dar. Sie können sich nur auszahlen, sofern die Forschungsförderung durch den ERC tatsächlich die erhofften Effekte hat – also zur Integration, Modernisierung und Entkrustung der akademischen Machtstrukturen in Europa führt. Ansonsten ist zu erwarten, dass die Nebenfolgen des Wettbewerbs zu einer Verschärfung der latenten Konflikte beitragen, die in den Strukturen der nationalen akademischen Felder bereits angelegt sind.

Im Folgenden Kapitel soll deshalb die Auswirkung der transnationalen Forschungsförderung des ERC auf die etablierten Strukturen des akademischen Feldes in Deutschland untersucht werden. Die Fragestellung lautet: Welche Effekte hat die ERC-Forschungsförderung auf die organisationale und die individuelle Ebene akademischer Konkurrenzkämpfe? Werden etablierte nationale Strukturen – etwa die Ungleichheitsstrukturen zwischen Universitäten – tatsächlich wie von einigen Autoren erwartet durch die ERC-Förderung ausgehebelt? Entstehen tatsächlich neue Möglichkeitsräume für Forscher, die unkonventionell Forschen und sich in ihrer Arbeit jenseits der etablierten akademischen Spielregeln bewegen?

Zur Beantwortung dieser Fragen verwende ich im Folgenden Daten über die Verteilung von ERC Starting Grants in den Jahren 2007 bis 2012. Zwei Gründe sprechen für die Fokussierung auf diesen speziellen Förderungstypus „Starting Grants“:[51] Erstens richten sich die Starting Grants an Nachwuchswissenschaftler,[52] sodass die Untersuchung inhaltlich eng an die Analysen zur Chemie im vorangegangenen Kapitel anknüpfen kann. Zweitens ist es plausibel anzunehmen, dass die Verteilung von Starting Grants deutlich weniger von

---

51 Neben den hier betrachteten Starting Grants verfügt der ERC noch über vier weitere Förderlinien. „Consolidator Grants” und „Advanced Grants” richten sich an fortgeschrittene bzw. etablierte Wissenschaftler und können bis zu 2.5 bzw. 3.5 Mio. € umfassen. „Proof of Concept Grants” richten sich an Wissenschaftler, die bereits einen ERC Grant erhalten haben und sollen die Entwicklung von Anwendungen und Produkten unterstützen. „Synergy Grants” sind zur Förderung von Kleingruppen exzellenter Wissenschaftler gedacht.

52 D.h. an Wissenschaftler, die vor zwei bis neun Jahren ihre Promotion abgeschlossen haben (ERC 2014).

Machtstrukturen des akademischen Feldes beeinflusst ist als die „Consolidator Grants“ oder „Advanced Grants“, die sich an fortgeschrittene bzw. voll etablierte Wissenschaftler richten. Nachwuchswissenschaftler haben eine relativ kurze Zeit im Feld verbracht und verfügen deshalb über weniger institutionelles und symbolisches Kapital als bereits etablierte Wissenschaftler. Sie können sich nur im Feld behaupten, indem sie sich auf „rein wissenschaftliche“ Praktiken, insbesondere auf Forschung und Publikation, konzentrieren. Es ist daher plausibel zu vermuten, dass der Wettbewerb um Starting Grants hauptsächlich durch „rein wissenschaftliche“ und damit tendenziell meritokratische Kriterien bestimmt wird, während im Wettbewerb um Consolidator und Advanced Grants das institutionelle Kapital und der damit zusammenhängende Matthäus-Effekt stärker zum Tragen kommen. Das heißt, ich gehe davon aus dass es – wenn überhaupt – dann im Kontext der Starting Grants gelingen kann, den Wettbewerb entlang der oben zitierten Leitideen zu gestalten, sodass bestehende Machteffekte der nationalen Felder weitgehend neutralisiert oder sogar aktiv konterkariert werden und neue Spielräume für strukturell benachteiligte Akteure entstehen.

Die Untersuchung gliedert sich in zwei Abschnitte. Im ersten Abschnitt wird die Verteilung der ERC Starting Grants im organisationalen Feld deutscher Universitäten untersucht. Der Abschnitt knüpft also an Kapitel 4 an und zeigt das bereits dort ausführlich analysierte Feld aus einer neuen Perspektive. Dabei geht es vor allem um die Frage, wie die ERC-Förderung und die bereits vorhandenen Strukturen des organisationalen Feldes zusammenwirken: Gelingt es dem ERC tatsächlich, wie von den oben zitierten Kommentatoren erwartet, die vorhandenen Ungleichheitsstrukturen des Feldes zu unterlaufen oder gar aufzubrechen – oder kann das Feld sich die neuen Ressourcen aneignen, ohne dabei seine etablierte Logik aufzugeben?

Im zweiten Abschnitt geht es um die individuellen Wissenschaftler, die zwischen 2007 und 2012 erfolgreich ERC Starting Grants eingeworben haben. Dabei sollen typische Merkmale der Lebensläufe von Wissenschaftlern herausgearbeitet werden, die sich erfolgreich um ERC-Förderung bemühen. Dies geschieht anhand einer Auswertung der Lebensläufe von 164 ERC-Starting-Grant-Empfängern. Wo werden Grant-Empfänger typischerweise ausgebildet und sozialisiert? Welche Rolle spielt Mobilität im Lebenslauf der Grant-Empfänger? Nutzen sie die strategischen Möglichkeiten des Standortwechsels aus, um in bessere Positionen zu gelangen? Entfalten die ERC-Grants tatsächlich die erhoffte Hebelwirkung, etwa auf dem Weg zu einer Professorenstelle? Handelt es sich tatsächlich um Forscher mit unkonventionellen Forschungsschwerpunkten, die im Rahmen der etablierten Förderpraktiken übersehen oder aufgrund von „vested interests“ (Luukkonen 2009) missachtet werden?

7.1 Objektkonstruktion: Deutsche Universitäten im europäischen Kontext

Die Daten für die vorliegende Studie wurden im Laufe des Jahres 2013 von der Online-Datenbank CORDIS heruntergeladen[53], in der alle von der EU geförderten Forschungsprojekte aufgelistet und kurz beschrieben sind. Die Datenbank enthält Informationen sowohl zu Projekten aus den Forschungsrahmenprogrammen der EU, die seit den 1980er Jahren aufgelegt werden und in denen es hauptsächlich um die Förderung der Zusammenarbeit zwischen Wissenschaft und Industrie geht, als auch zu Projekten des seit 2007 bestehenden ERC, die im Vergleich zu den Rahmenprogrammen eher auf Grundlagenforschung ausgerichtet sind. Zu jedem Projekt sind neben einer kurzen Projektbeschreibung einige allgemeine Informationen angegeben, nämlich der Name des „Principal Investigators", d.h. des Grant-Empfängers, die „Host Institution", an der das Projekt angesiedelt ist (die allerdings im Anschluss gewechselt werden kann, siehe oben), die bewilligte Summe, die Laufzeit des Projekts, das Bewilligungsdatum und die Zugehörigkeit des Projekts zu einer der vier Fächergruppen „Physical Sciences & Engineering", „Life Sciences", „Social Sciences & Humanities" und „Interdisciplinary"[54]. Diese Informationen wurden für Starting Grants an wissenschaftlichen Einrichtungen in Deutschland zwischen 2007 und 2012 extrahiert und liegen der folgenden Untersuchung zugrunde.

Die Webseite des ERC gibt an, dass zwischen 2007 und 2012 325 Starting Grants in Deutschland bewilligt wurden. Die CORDIS-Datenbank enthielt zum Zeitpunkt der Abfrage[55] allerdings nur für 277 Projekte vollständige Einträge, d.h. nur 85% der insgesamt bewilligten Projekte konnten erfasst werden. Von den 277 erfassten Starting-Grant-Projekten wurden 113 an Wissenschaftler vergeben, die an außeruniversitären Instituten, insbesondere an Max-Planck-Instituten beschäftigt sind; sie werden im Folgenden nicht berücksichtigt. Als Grundlage für die folgende Analyse bleiben damit 164 Starting Grants, die von Wissenschaftlern an Universitäten beantragt wurden, d.h. knapp 60% der insgesamt aus CORDIS zugänglichen und 50% der insgesamt an deutsche Wissenschaftler vergebenen Projekte fließen in die Analyse mit ein.

Neben den Daten aus der CORDIS-Datenbank werden im Folgenden auch Daten zu Drittmitteln aus dem „Förderatlas" der DFG verwendet (DFG 2012).

Auf Grundlage dieser Daten wird, ähnlich wie in den zwei vorangegangenen Kapiteln, die organisationale Ebene des deutschen akademischen Feldes konstruiert. Im Gegensatz zur Analyse in Kapitel 4 geht es hier nicht nur darum, die

---

53 http://cordis.europa.eu

54 Die Kategorie „Interdisciplinary" wird im Folgenden ignoriert, weil nur ein einziges der betrachteten Starting-Grant-Projekte in diese Kategorie fällt.

55 Mai bis Juni 2013

Grundstrukturen des Feldes und seinen Wandel im Zeitverlauf abzubilden, sondern im Zentrum steht die Frage, wie die europäische Forschungsförderung im Kontext dieser Strukturen wirkt. Um die Analyse auf diese Frage zuzuspitzen, fließen sowohl Variablen ein, die die Grundstrukturen des universitären Feldes in Deutschland beschreiben, als auch Variablen, die den transnationalen Einfluss widerspiegeln. Als aktive Variablen verwende ich im Folgenden die Summe der DFG-Drittmittel 2009, den Anteil der DFG-Drittmittel an den laufenden Ausgaben 2009, die gesamte Bewilligungssumme aus Starting Grants 2007 bis 2012 sowie die Anteile der bewilligten Fördersumme in den drei Disziplinengruppen „Physical Sciences & Engineering", „Life Sciences" und „Social Sciences & Humanities" an der insgesamt eingeworbenen Starting-Grant-Förderung. Tabelle 7 gibt einen Überblick über diese Variablen. Die Analyse umfasst diejenigen Universitäten, an denen im Beobachtungszeitraum mindestens ein Starting Grant beantragt wurde – insgesamt sind es 47 Fälle.

Tabelle 7: Aktive Variablen zur Analyse der ERC-Förderung im universitären Feld

	Min	25%	50%	75%	Max	Standard-abweichung	Mittelwert
DFG-Drittmittel 2009 in Mio. €	7.61	41.8	78.44	116.11	228.23	52.58	84.61
Anteil DFG-Drittmittel an laufenden Ausgaben 2009 in Mio. €	7.37	12.34	15.97	21.94	39.16	8.29	18.4
Starting Grants 2007-12 in Mio. €	0.5	1.5	3.66	6.15	18.22	3.87	4.64
Anteil Physics & Engineering an Gesamtsumme Starting Grants	0%	27%	65%	100%	100%	38%	60%
Anteil Life Sciences an Gesamtsumme Starting Grants	0%	0%	0%	47%	100%	31%	22%
Anteil Social Sciences & Humanities an Gesamtsumme Starting Grants	0%	0%	0%	22%	100%	29%	15%

Der Grundgedanke hinter dieser Variablenauswahl besteht darin, auf die Erkenntnisse aus Kapitel 5 aufzubauen, indem neben absoluten Unterschieden auch relative Verhältnisse zur Konstruktion des Feldes herangezogen werden. Ebenfalls an Kapitel 5 angelehnt ist die gleichzeitige Verwendung von Variablen, die die Menge und Art der Forschungsfinanzierung beschreiben und Variablen, die die thematische Profilierung der Universitäten darstellen.

Die statistische Konstruktion des Feldes erfolgt erneut mittels einer MFA, in die die sechs Variablen aus Tabelle 7 als aktive Variablen eingehen. Im Folgenden werden nur die ersten beiden Dimensionen der MFA berücksichtigt, da die übrigen extrahierten Dimensionen einen Eigenwert kleiner als 1 aufweisen.

Dimension 1 erfasst 35.7%, Dimension 2 26.9% der im Datensatz enthaltenen Varianz, sodass die folgende Interpretation insgesamt knapp 63% der Gesamtvarianz berücksichtigt.

7.2 Das Feld der Universitäten im ERC-Wettbewerb

Im folgenden Abschnitt soll die Struktur des deutschen akademischen Feldes im Hinblick auf die Förderung durch den European Research Council (ERC) dargestellt werden. Man könnte an dieser Stelle auch vom Subfeld der ERC-Förderung im akademischen Feld sprechen.[56] Abbildung 18 zeigt die Struktur der aktiven Variablen, die zur Konstruktion des Feldes verwendet wurden. Dabei ist zur besseren Interpretierbarkeit der Grafik Dimension 1 vertikal und Dimension 2 horizontal abgebildet.[57]

Abbildung 18: ERC-Förderung im universitären Feld – Aktive Variablen

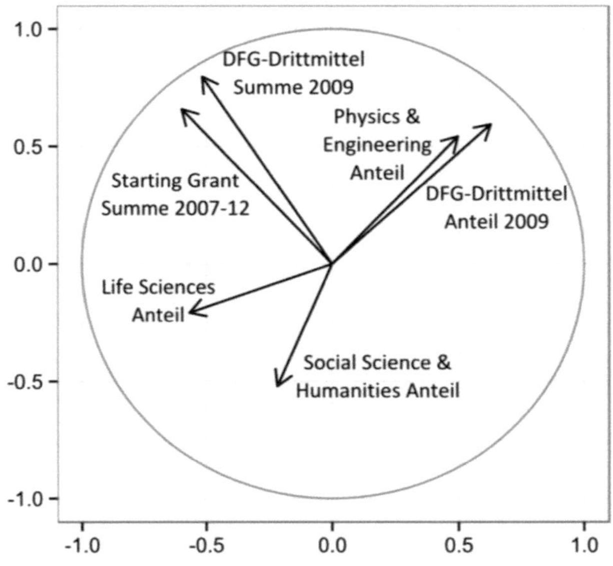

---

[56] Allerdings werden die folgenden Analysen zeigen, dass die ERC-Förderung keine klare Eigenlogik aufweist, die sich von den Strukturen des akademischen bzw. universitären Feldes, wie sie in Kapitel 4 herausgearbeitet wurden, so deutlich unterscheidet, dass es sich lohnen könnte, hier von einem eigenen Feld bzw. Subfeld zu sprechen.

[57] Dasselbe gilt auch für die folgenden Abbildungen der Feldstruktur in diesem Kapitel.

Die vertikale Dimension 1 kann auch in diesem Fall als Dimension des Kapitalvolumens interpretiert werden: An ihrem oberen Ende finden sich Universitäten mit hohen absoluten DFG-Drittmittelsummen und hohen Summen aus Starting Grants. Der Anteil der DFG-Drittmittel an den laufenden Ausgaben ist in diesem Bereich des Feldes ebenso relativ hoch. Darüber hinaus stammt der Großteil der ERC-Drittmittel aus Projekten im Bereich „Physics & Engineering". Am anderen Ende der Dimension, d.h. im unteren Bereich des Feldes sind alle diese Werte entsprechend relativ niedrig: Universitäten erhalten hier sowohl absolut als auch relativ gesehen wenige Drittmittel von DFG und ERC. Die relativ wenigen vorhandenen Grants gehören hauptsächlich zum Bereich der Geistes- und Sozialwissenschaften, daneben gibt es eine leichte Tendenz zugunsten von Grants in den Lebenswissenschaften.

Die horizontale Dimension 2 kann auch hier als Kontinuum zwischen klassisch universitärem Kapital auf der linken und anwendungsorientiertem Kapital auf der rechten Seite betrachtet werden. Die klassisch universitäre Seite des Spektrums ist geprägt durch hohe absolute Summen an ERC- und DFG-Drittmitteln sowie durch die deutliche Vorherrschaft lebenswissenschaftlicher, d.h. medizinisch und biologisch ausgerichteter ERC-Projekte. Die anwendungsorientierte Seite der Dimension zeichnet sich durch hohe relative DFG-Drittmittelsummen sowie einen Fokus auf ERC-Grants aus Physik und Ingenieurwesen aus.

Insgesamt deutet die Struktur in Abbildung 18 darauf hin, dass die Verteilungslogik der ERC-Grants große Ähnlichkeiten zur Verteilungslogik der DFG aufweist – im Gegensatz zu den Erwartungen in der oben zitierten Literatur (Luukkonen 2009, Nedeva/Stampfer 2012). Man sieht bereits an dieser Stelle einen deutlichen Hinweis darauf, dass die ERC-Förderung in Deutschland wohl kaum Wissenschaftlern zugutekommt, die von den etablierten nationalen Feldstrukturen benachteiligt werden – im Gegenteil, es herrscht eine stark positive Korrelation zwischen der DFG- und der ERC-Förderung, sowohl in Bezug auf die absoluten Summen, als auch was die relativen Drittmittelquoten angeht, die sehr deutlich mit Grants aus der Förderlinie Physics & Engineering zusammenhängen. Das heißt, Universitäten, die viele DFG-Drittmittel einwerben, erhalten auch viele ERC-Grants, und Universitäten, die große Teile ihrer Forschung aus Drittmitteln finanzieren, erhalten die meisten ihrer ERC-Grants im Bereich Physics & Engineering. Die Nachwuchswissenschaftler, die durch Starting Grants gefördert werden, befinden sich also tendenziell an den gleichen (tendenziell dominanten) Positionen im universitären Feld wie diejenigen Wissenschaftler, die im Wettbewerb um DFG-Drittmittel besonders erfolgreich sind.

Eine weitere Parallele zwischen den etablierten nationalen Strukturen und der ERC-Förderung betrifft die Position der spät gegründeten Universitäten, die sich auf Sozial- und Geisteswissenschaften spezialisiert haben: Auch in der ERC-

Förderung befinden sie sich in einer eindeutig dominierten Position, denn es liegt ein negativer Zusammenhang vor zwischen der absolut eingeworbenen ERC-Fördersumme und dem Anteil der sozial- und geisteswissenschaftlichen Projekte an dieser Summe: Je mehr der Fokus einer Universität auf den Sozial- und Geisteswissenschaften liegt, desto geringer ist die ERC-Förderung, die sie insgesamt erhält.

Diese Erkenntnisse werden durch Abbildung 19 weiter untermauert. Hier sind die Positionen der 47 betrachteten Universitäten im Feld abgebildet. Zusätzlich zeigt die Grafik die ERC-Förderprofile der Universitäten, d.h. die Anteile der drei Förderlinien Physics & Engineering, Life Sciences und Social Sciences & Humanities an den insgesamt erhaltenen Starting Grants pro Universität.

Abbildung 19: ERC-Förderung im universitären Feld – Positionierung der Universitäten

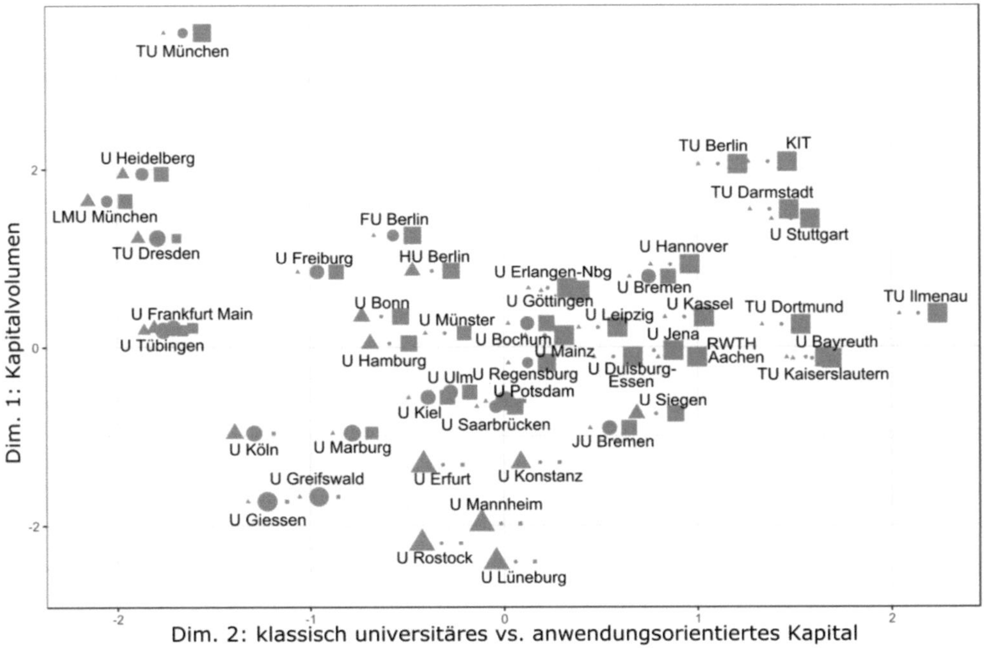

Anmerkung: *Quadrate stehen für Grants aus dem Bereich Physics & Engineering, Kreise für Grants aus den Life Sciences und Dreiecke für Grants aus den Social Sciences & Humanities. Die Größe der Symbole zeigt den relativen Anteil der Grants in der jeweiligen Kategorie an den insgesamt erhaltenen Grants.*

Hier wird die Parallelität der ERC-Förderung mit den etablierten Strukturen des universitären Feldes in Deutschland besonders deutlich: Obwohl andere

Daten verwendet wurden als in der obigen Analyse zum universitären Feld (Kapitel 5), befinden sich die meisten Universitäten hier in sehr ähnlichen Positionen (vgl. Abb. 6). Im Umkehrschluss bedeutet dies, dass auch die Strukturen und Dynamiken, die hinter dieser Positionierung liegen, sehr ähnlich sein müssen. Das oben postulierte „Subfeld der ERC-Förderung“ weist eine sehr starke Homologie zum universitären Feld insgesamt auf, sodass man kaum von einer spezifischen Feldlogik oder von „relativer Autonomie“ sprechen kann.

Betrachtet man die ERC-Förderprofile, so lassen sich vier Gruppen von Universitäten ausmachen: Die größte Gruppe befindet sich in der rechten Hälfte des Feldes und zeichnet sich durch eine weitgehend exklusive Fokussierung auf Grants aus dem Bereich Physics & Engineering aus. In dieser Gruppe sind erwartungsgemäß sehr viele Technische Universitäten, allerdings gehören auch Volluniversitäten wie z.B. die Universität Stuttgart zu dieser Gruppe.[58]

Im unteren Bereich des Feldes befinden sich zwei deutlich kleinere Gruppen, die ihre ERC-Grants vor allem in den Bereichen Sozial- und Wirtschaftswissenschaften oder Lebenswissenschaften erhalten. Diese Universitäten sind zugleich diejenigen mit der geringsten gesamten Kapitalausstattung, und viele von ihnen, z.B. die Universitäten Rostock, Lüneburg, Gießen und Greifswald haben im Beobachtungszeitraum nur einen einzigen Starting Grant erhalten. Es handelt sich hier also um tendenziell dominierte Akteure, die trotz ihres relativ peripheren Status im Feld einzelne transnational erfolgreiche Nachwuchswissenschaftler beschäftigen.

Die vierte, wiederum etwas größere Gruppe befindet sich im linken oberen Bereich des Feldes. Sie zeichnet sich dadurch aus, dass sie auf keine der drei Förderlinien eindeutig spezialisiert ist, sondern in mehreren disziplinären Bereichen erfolgreich ist. Viele Mitglieder dieser Gruppe sind die in der vorangegangenen Analyse bereits betrachteten Volluniversitäten, die über besonders viel klassisch universitäres Kapital verfügen und die ihr relativ breites Spektrum an Forschungsthemen offenbar auch im Wettbewerb um ERC-Grants erfolgreich zur Geltung bringen können.

Die vier genannten Gruppen stehen in engem Zusammenhang mit der Unterscheidung zwischen Volluniversitäten, Technischen Universitäten und Spätbzw. Neugründungen, die, wie oben gezeigt wurde, tief in die Strukturen des universitären Feldes eingeschrieben ist und sich erst in den letzten Jahren nach und nach zu wandeln begonnen hat. Auch die Betrachtung der Positionen der einzelnen Universitäten deutet also auf eine bemerkenswerte Parallelität zwischen den etablierten nationalen Strukturen des universitären Feldes und der Verteilung der ERC-Grants in diesem Feld hin. Die Universitäten, die im engeren nationalen Kontext dominieren, haben auch im ERC-Wettbewerb tendenziell

[58] Auch die Positionierung der Universität Stuttgart nahe des anwendungsorientierten Pols findet sich bereits in der obigen Analyse zum universitären Feld, siehe Abb. 3.

mehr Erfolg. Und nicht nur diese quantitative Dominanz, sondern auch die spezifische Verzahnung von akademischer Macht mit bestimmten Disziplinen und Forschungsschwerpunkten, die für das deutsche universitäre Feld typisch ist, findet in der ERC-Förderung einen klaren Ausdruck. Die bisherige Analyse zeigt also keine Spur einer Konterkarierung oder gar Aushebelung der etablierten nationalen Strukturen durch die ERC-Förderung, wie sie von einigen Autoren erwartet wird. Vielmehr kann man von einer stark ausgeprägten Homologie zwischen diesen beiden Aspekten des akademischen Wettbewerbs sprechen.

Dennoch gibt es einzelne interessante Ausnahmen von dieser allgemeinen Homologie, die nicht unerwähnt bleiben sollen. Am auffälligsten ist vielleicht die Positionierung der TU München im oberen linken Bereich des Feldes, d.h. am dominanten Pol und am Pol der Volluniversitäten. Dass die TU München ein besonders gewichtiger Akteur im universitären Feld ist, wurde bereits in Kapitel 5 herausgearbeitet. Dort wurde ihre äußerst dominante Position darauf zurückgeführt, dass ihr ein Spagat zwischen den beiden widersprüchlichen Akkumulationslogiken des Feldes gelingt, nämlich der klassisch universitären Logik auf der einen Seite, die auf Grundlagenforschung über ein breites Fächerspektrum hinweg setzt und der Anwendungslogik auf der anderen Seite, die ihre Forschung an ökonomischen und politischen Anforderungen orientiert. Im Kontext der ERC-Förderung erscheint die TU München jedoch eher durch die klassisch universitäre Logik geprägt. Das liegt daran, dass sie erstens nicht ausschließlich im Bereich Physics & Engineering, sondern auch in den Lebenswissenschaften erfolgreich ist und dass sie zweitens mit zwölf Starting Grants eine Menge an Förderung erhält, wie sie sonst nur von großen Volluniversitäten wie der LMU München und der Universität Heidelberg eingeworben werden. In beiden Punkten, d.h. in der nicht ausschließlichen Fokussierung auf Ingenieurwesen und Physik und in dem schieren Ausmaß eingeworbener ERC-Mittel unterscheidet sich die TU München deutlich auch von den erfolgreichsten Universitäten am anwendungsorientierten Pol des Feldes. So erhielt beispielsweise das KIT lediglich vier Starting Grants, allesamt im Bereich Physics & Engineering. Aus der Perspektive des transnationalen Wettbewerbs, die in die ERC-Förderung eingeschrieben ist, gibt es also kaum relevante Unterschiede zwischen der TU München und den traditionsreichen Volluniversitäten, während zugleich diese Unterschiede aus der nationalen Perspektive unüberbrückbar erscheinen. Dies ist ein Beispiel dafür, wie nationale akademische Strukturen, die in der Geschichte der nationalen Felder begründet liegen, im Lichte transnationaler Wettbewerbe überformt und entwertet werden können (Marginson 2006): Der Bonus der ehrwürdigen akademischen Tradition, der das Prestige und die andauernde Dominanz der ältesten Volluniversitäten im nationalen Kontext begründet, verliert im transnationalen Wettbewerb an Bedeutung. Im vorliegenden Fall profitiert davon die TU München, die sich als „Unternehmerische

Universität" voll und ganz dem „Emerging Global Model" (Mohrman et al. 2008) universitärer Praxis verschrieben hat.

Die zweite interessante Abweichung betrifft die Position der RWTH Aachen: Während sie in Kapitel 4 als ebenfalls sehr dominante Universität erscheint und in ihrer Positionierung der TU München sehr nahe steht (vgl. Abb. 3), befindet sie sich in der vorliegenden Analyse nicht mehr im dominanten Bereich, sondern in den mittleren Rängen des Feldes und steht darüber hinaus dem anwendungsorientierten Pol nahe. Während also die TU München im Kontext der ERC-Förderung an Dominanz zugenommen hat und auf einer Stufe mit den Volluniversitäten steht, scheint die RWTH Aachen ihre ebenso starke Position im Feld kaum in den transnationalen Wettbewerb übersetzen zu können; zudem erscheint sie im transnationalen Wettbewerb als durchschnittliche, eindeutig dem anwendungsorientierten Pol zugeordnete technische Universität. Diese beiden Beispiele zeigen, dass es in Einzelfällen vorkommt, dass Universtäten von der allgemein vorherrschenden Homologie zwischen dem hier betrachteten Wettbewerb um ERC-Nachwuchsförderung und den etablierten nationalen Strukturen sehr deutlich abweichen. Die Gründe dafür, dass diese beiden zunächst sehr ähnlich erscheinenden Akteure im ERC-Wettbewerb so unterschiedlich abschneiden sind mithilfe der hier verwendeten statistischen Herangehensweise kaum zu erfassen – denn sie liegen in den internen Strukturen der Universitäten, genauer, im jeweiligen universitären Habitus begründet. Um diesem Phänomen auf den Grund zu gehen, müsste man die internen Strukturen der TU München und der RWTH Aachen einem systematischen Vergleich unterziehen, etwa mithilfe qualitativer Interviews mit Wissenschaftlern und Akteuren des Hochschulmanagements in den beiden Universitäten. An dieser Stelle zeigt sich erneut, dass der quantitative Zugang zur Modellierung von Feldern nahtlos in andere Formen der Analyse organisationaler Phänomene übergehen kann. Die statistische Feldanalyse bietet einen Überblick über die allgemeinen Strukturen und fördert beispielsweise solche Besonderheiten wie das Verhältnis der TU München und der RWTH Aachen zutage. Sie kann zudem Leitfragen und Hypothesen für weiterführende Fallstudien liefern. Im vorliegenden Fall ist es plausibel zu vermuten, dass sich die universitären Habitus der TU München und der RWTH Aachen vor allem in Bezug auf ihre transnationale Ausrichtung und ihre Haltung zur Grundlagenforschung unterscheiden.

Jenseits dieser beiden Einzelfälle widersprechen die bisherigen Ergebnisse eindeutig den Hypothesen von Luukkonen (2009) und Nedeva und Stampfer (2012) zu den Auswirkungen der ERC Starting Grants auf die Strukturen nationaler Felder. Die Forschungsförderung durch ERC Starting Grants folgt – bis auf einzelne Abweichungen – ganz eindeutig den etablierten Strukturen des universitären Feldes. Die vorhandenen Ungleichheitsstrukturen im universitären Feld werden durch die ERC-Förderung im Allgemeinen nicht herausgefordert, nicht unterlaufen, sondern reproduziert. Dieser Befund deutet auf die ausgeprägte

Eigendynamik des universitären Feldes hin, die nicht ohne Weiteres durch externe Einflüsse oder neue Anreize verändert werden kann. Gleichzeitig zeigt die Divergenz zwischen der TU München und der RWTH Aachen, dass die Strukturen des Feldes an bestimmten sensitiven Stellen durchaus offen sind für eine Überformung durch transnationale Einflüsse.

Damit stellt sich die Frage, weshalb die erwarteten Folgen der ERC-Förderung im hier betrachteten Fall weitgehend ausbleiben: Gibt es möglicherweise in Deutschland keine strukturell übersehenen bzw. strategisch marginalisierten Nachwuchstalente mit ungewöhnlichen Forschungsagenden, die durch den ERC ans Licht der akademischen Öffentlichkeit gehoben werden könnten? Deckt möglicherweise die Förderung durch die DFG bereits alle konventionellen und unkonventionellen Formen akademischer Exzellenz hinreichend ab, sodass Nachwuchsforscher keinen Bedarf für die vom ERC angebotenen Alternativen und strategischen Ressourcen haben? Oder sind es die objektivierten und subjektivierten Strukturen des Feldes und des akademischen Habitus, die der Praxis von Universitäten, Nachwuchswissenschaftlern und Gutachtern eine spezifische Logik aufprägen, die dazu führt, dass ERC-Förderung trotz ihrer spezifischen Programmatik tendenziell dort ankommt, wo die übrigen Ressourcen des Feldes bereits im Überfluss zu finden sind? Die im folgenden Kapitel unternommene Analyse auf der Individualebene kann möglicherweise weitere Hinweise zur Beantwortung dieser Fragen liefern.

7.3 Karrierewege von ERC-geförderten Nachwuchswissenschaftlern

Die folgende Untersuchung zu den Lebensläufen der Starting-Grant-Empfänger basiert auf einer Internet-Recherche, in der versucht wurde, Eckpunkte ihres akademischen Werdegangs zu ermitteln. Eine zweifellos bedeutsame Station in der Karriere junger Wissenschaftler ist die Promotion: Sie ist nicht nur die entscheidende Phase der Sozialisation im akademischen Feld, in der die Grundlagen des akademischen Habitus geformt werden, sondern kann auch, je nachdem, an welcher Institution im In- oder Ausland sie stattfindet, mehr oder weniger große Mengen symbolisches Kapital vermitteln. Die besondere Signalwirkung dieser Karrierestufe ist beispielsweise darin zu erkennen, dass die allermeisten online auffindbaren Angaben zum Lebenslauf von Wissenschaftlern Informationen zur Promotion enthalten – während ansonsten Form und Inhalt der Lebensläufe sehr stark variieren kann. In den meisten Fällen werden mindestens der Zeitraum und die Institution, an der sie promoviert wurden, genannt. In den Naturwissenschaften ist es darüber hinaus üblich, die Arbeitsgruppenleiter bzw. Betreuer der Doktorarbeit anzugeben. Es ist daher nicht verwunderlich, dass die Online-

Recherche vor allem zur Promotion umfassende Daten lieferte, während z.B. Daten zur anschließenden Postdoc-Phase nicht so zuverlässig auffindbar waren.

Die folgende Untersuchung betrachtet daher zunächst die Mobilität der ERC-geförderten Nachwuchswissenschaftler zwischen der Institution, an der sie promoviert wurden und der Institution, an der sie erfolgreich ihren ERC-Grant beantragt haben. Von den insgesamt 164 in diesem Kapitel betrachteten Empfängern von Starting Grants konnte in 146 Fällen (89%) die wissenschaftliche Einrichtung ermittelt werden, an der sie promoviert wurden. Von den insgesamt 47 Universitäten im Datensatz können in der folgenden Analyse 42 berücksichtigt werden. Anhand der gesammelten Daten lässt sich zeigen, in welchen Bereichen des akademischen Feldes ERC-Grantees typischerweise promovieren, ob sie anschließend die Universität wechseln und wenn ja, in welche Regionen des Feldes sie sich begeben, um einen ERC-Grant zu beantragen.

Neben diesen Angaben zur Promotion wurde auch ermittelt, ob die Nachwuchswissenschaftler eine Professorenstelle innehaben, ob die Professur vor oder nach Bewilligung des ERC-Grants erlangt wurde und ob die Grant-Empfänger die Portabilität der Grants ausgenutzt haben und an eine andere Einrichtung abgewandert sind. Verlässliche Angaben zu diesen Fragen sind online vergleichsweise schwieriger zu finden.[59] Trotz einer größeren Anzahl fehlender Werte können mithilfe der gesammelten Daten einige Rückschlüsse auf die Bedeutung des ERC-Grants als strategische Ressource im deutschen akademischen Feld gezogen werden.

Dabei stellt sich insbesondere die Frage, ob die in der Literatur vermuteten Effekte der ERC-Förderung (Antonnoyiannakis et al 2009; Luukkonen 2009; Nedeva & Stampfer 2012) möglicherweise in den individuellen Karriereverläufen der Förderungsempfänger Spuren hinterlassen haben. Nutzen die Empfänger von Starting Grants diese wie erhofft als strategische Ressource, um die Unwägbarkeiten der *peregrinatio academica* zu umgehen und an sichere Professorenstellen und gehobene Feldpositionen zu gelangen?

Die Untersuchung der Karriereverläufe fokussiert damit zwei Phasen der akademischen Mobilität von Starting-Grant-Empfängern, und zwar die Mobilität vor und nach Erhalt des ERC-Grants. Dabei werden zwei Arten von Mobilität berücksichtigt: Mobilität zwischen Universitäten, d.h. zwischen Positionen im

---

59 Zudem enthalten auch die auffindbaren Daten Unwägbarkeiten, die nahelegen, die Ergebnisse mit Vorsicht zu interpretieren: So sind z.B. die genauen Zeitpunkte der Einwerbung eines Grants oder des Wechsels an eine andere Einrichtung meist nicht zu ermitteln; stattdessen werden üblicherweise Jahreszahlen angegeben. Um sicherzustellen, dass ein bestimmter Positionswechsel vor oder nach Erhalt eines Grants stattgefunden hat, wurden in den nachfolgenden Analysen nur die Wechsel im vorherigen bzw. darauffolgenden Jahr berücksichtigt. Weitere Schwierigkeiten ergeben sich dadurch, dass manche Wissenschaftler an mehreren Universitäten gleichzeitig Positionen bekleiden. In diesen Fällen wurde durch umfassendere Recherchen versucht, die wichtigste Position zu ermitteln.

universitären Feld, und Mobilität zwischen Stellen, etwa Wechsel von einer Junior-Professur auf eine volle Professur.

Um die Population der ERC-geförderten Wissenschaftler zu charakterisieren und typische Eigenschaften herauszuarbeiten, lohnt sich ein Blick auf folgende Überblicksstatistiken: Die meisten Empfänger von ERC-Grants an deutschen Universitäten (62%) forschen im Bereich Physics & Engineering, knapp ein Viertel (23%) im Bereich Life Sciences und 15% in Social Sciences & Humanities. Knapp ein Drittel (31%) von ihnen hat an einer wissenschaftlichen Institution im Ausland promoviert, alleine 10% in den USA und 7% in der Schweiz; 57% haben in Deutschland promoviert; in 10% fehlen Angaben zum Ort der Promotion. 21% der Grant-Empfänger sind Frauen, 79% Männer. Die durchschnittliche Zeit zwischen der Promotion und der Bewilligung des ERC-Grants beträgt 7,8 Jahre, bei einer Standardabweichung von 2,6 Jahren. Diejenigen, die im Beobachtungszeitraum eine Professorenstelle innehatten, erhielten ihre Erstberufung durchschnittlich 5,6 Jahre nach ihrer Promotion, bei einer Standardabweichung von 3 Jahren – wobei auch Junior- und Assistenzprofessuren mitgezählt werden.

Diese Zahlen ergeben bereits ein deutliches Bild: Typische Empfänger von Starting Grants sind überwiegend männlich, arbeiten in Fächern wie Ingenieurwesen, Physik, Mathematik und Informatik, haben mit relativ hoher Wahrscheinlichkeit im Ausland promoviert und haben bereits wenige Jahre nach ihrer Promotion die erste Professorenstelle – oft noch bevor sie ihren ERC-Grant erhalten. Es handelt sich also um sehr erfolgreiche Nachwuchswissenschaftler in zentralen Disziplinen, die überdurchschnittlich oft symbolisches Kapital aus Auslandsaufenthalten mitbringen und sehr früh zu einer Stelle als Professor kommen. Insgesamt entsteht der Eindruck, dass die Gruppe der ERC-geförderten Nachwuchsforscher diejenigen Merkmale aufweist, die man an sehr erfolgreichen jungen Wissenschaftlern insgesamt beobachten kann.[60] Dies ist ein weiteres Indiz gegen die Hypothese, dass der ERC junge Forscher fördert, die ansonsten aufgrund der Rigidität oder Ineffizienz nationaler Forschungsförderung leer ausgehen würden. Im Gegenteil sieht es so aus, als handle es sich um insgesamt erfolgreiche junge Forscher, denen es zusätzlich zu ihren sonstigen Erfolgen auch noch gelingt, transnationale Fördergelder und die zugehörigen symbolischen Gewinne einzuwerben.

---

[60] Vgl. dazu die ifQ-Studie zur Förderung im Emmy-Noether-Programm der DFG (Böhmer et al. 2008).

7.3.1 Mobilität zwischen Promotion und Einwerbung des ERC-Grants

Die oben diskutierten Überblicksstatistiken deuten darauf hin, dass Empfänger von ERC-Grants bereits vor Erhalt des Grants tendenziell gut im Feld positioniert und mit überdurchschnittlich viel Kapital ausgestattet sind. Im Folgenden soll ein genauerer Blick auf die „akademische Herkunft" sowie die feldinterne Mobilität der Grant-Empfänger geworfen werden. Dazu wird untersucht, an welchen wissenschaftlichen Einrichtungen ERC-geförderte Wissenschaftler promoviert haben, d.h. in welchen Bereichen des Feldes sie maßgeblich sozialisiert worden sind und welche Perspektiven auf das Feld ihrem akademischen Habitus zugrunde liegen. Weiterhin wird gefragt, ob die Nachwuchswissenschaftler zur Beantragung ihres Starting Grants an eine andere Universität wechseln und wenn ja, in welche Bereiche des Feldes sie abwandern.

Die Mobilität vor Beantragung der ERC-Grants kann sowohl für die Nachwuchswissenschaftler als auch für die beteiligten Universitäten von einiger Bedeutung sein: Nachwuchswissenschaftler können davon profitieren, wenn sie an Einrichtungen tätig sind, die sie in der Erstellung der Anträge unterstützen – und sie können darüber hinaus darauf hoffen, dass das Prestige ihrer Universität auch sie und ihren Antrag in einem positiveren Licht erscheinen lässt. Man kann also erwarten, dass Nachwuchswissenschaftler tendenziell aus den dominierten Bereichen des Feldes hinaus in dominante Bereiche migrieren, um von dort aus ihre Grants zu beantragen. Weiterhin kann man annehmen, dass sie an Universitäten wechseln, in deren fachlichem Profil ihre eigene Disziplin eine zentrale Rolle spielt, denn nur wenn die individuelle Forschungsagenda in das disziplinäre Profil der Universität passt, können die Nachwuchsforscher mit einer Unterstützung ihrer Anträge durch die Universität rechnen. Das heißt, Wissenschaftler im Bereich Ingenieurwesen werden tendenziell an führende Standorte im angewandten Bereich wechseln, während Wissenschaftler in den Lebenswissenschaften eher nach Positionen in den distinguiertesten medizinischen Fakultäten streben.

Auch für die Universitäten ist die Frage nach der Mobilität der Grant-Empfänger von einiger Bedeutung. Wenn die obigen Hypothesen zutreffen, dann werden kleinere Universitäten und Universitäten im dominierten Bereich des Feldes zwar sicherlich einige hochkarätige Nachwuchsforscher ausbilden, jedoch ist fraglich ob es ihnen gelingt, diese langfristig zu halten, sodass sie von ihren Erfolgen profitieren können. Der erhöhte Wettbewerbsdruck könnte auch im Bereich der Mobilität von Nachwuchswissenschaftlern dazu führen, dass bereits dominante Universitäten auf Kosten bereits dominierter Universitäten weiter an wissenschaftlichem Kapital gewinnen.

Einen Überblick über die Mobilität ERC-geförderter Forscher zwischen Promotion und ERC-Grant gibt Abbildung 20.

Abbildung 20: Mobilität zwischen Promotion und ERC-Grant

In Abbildung 20 wird die besondere Rolle von wissenschaftlichen Einrichtungen im Ausland bei der Ausbildung und akademischen Sozialisation der ERC-Grantees deutlich. Wissenschaftler, die im Ausland[61] promoviert wurden, finden in vielen Bereichen des deutschen universitären Feldes eine Position, von der aus ihnen ein Erfolg im ERC-Wettbewerb gelingt. Auf den ersten Blick scheint die Vielzahl ausländischer Einrichtungen und insbesondere die Vielzahl der Einstiegspunkte in den deutschen Hochschulraum auf eine erhebliche Durchlässigkeit zwischen dem deutschen Feld und vielen anderen Hochschulsystemen hinzudeuten. Jedoch gibt es auch deutliche Hinweise darauf, dass die oben

[61] In Abbildung 19 sind Einrichtungen im Ausland als Quadrate, deutsche Einrichtungen als Kreise eingezeichnet. Die Größe der Knoten richtet sich auch hier nach der Eigenvektor-Zentralität.

unterstellten Strategien durchaus Einfluss auf die Migrationsbewegungen haben und dass daher von einer starken internationalen Vernetzung des gesamten akademischen Feldes in Deutschland nicht gesprochen werden kann. Im Gegenteil: Internationalisierung ist eine Ressource im feldinternen Machtkampf. Internationale Kontakte sind daher in bestimmten Bereichen des Feldes tendenziell stark und in anderen tendenziell schwach ausgeprägt.

So gibt es Beispiele für die oben angesprochene Migration in Richtung fachlich speziell profilierter Universitäten, etwa, wenn Absolventen des California Institute of Technology an die RWTH Aachen wechseln (im linken unteren Bereich der Grafik), oder, wenn ein Absolvent der New Yorker New School of Social Research seinen Grant an der Universität Frankfurt am Main einwirbt (rechts oben in der Grafik). Noch deutlicher geht aus Abbildung 20 hervor, dass die Mobilität der Nachwuchswissenschaftler sich um die mächtigsten Akteure des universitären Feldes herum verdichtet: Die beiden Münchner Universitäten sowie die Universität Heidelberg sind die Akteure mit der mit Abstand höchsten Eigenvektor-Zentralität, d.h. sie verfügen über deutlich größere Mengen sozialen Kapitals als alle anderen Akteure in diesem Netzwerk. Diese dominanten Einrichtungen entsenden einerseits viele Forscher in andere, tendenziell ebenfalls dominante Bereiche des Feldes und bieten andererseits vielen ERC-geförderten Forschern Stellen an. Sie sind daher am besten mit den übrigen Akteuren des Netzwerks verbunden und profitieren so insgesamt am meisten von der Mobilität der Nachwuchswissenschaftler. Abbildung 20 bestätigt also bereits die Vermutung, dass ERC-geförderte Wissenschaftler tendenziell aus dominierten Bereichen des Feldes – oder aus prestigereichen Positionen im Ausland – in dominante Bereiche des Feldes ab- bzw. einwandern, von wo aus sie dann ihre Grants einwerben. Dabei scheint auch die disziplinäre Ausrichtung der Zieluniversität eine Rolle zu spielen.

Insgesamt wird hier deutlich, dass die Migrationsbewegungen der Nachwuchswissenschaftler und das dadurch aufgespannte Netzwerk zwischen wissenschaftlichen Einrichtungen maßgeblich von der Struktur des universitären Feldes beeinflusst sind. Um diesen Zusammenhang weiter herauszuarbeiten, betrachte ich im Folgenden nur diejenigen Universitäten, die bereits im vorangegangenen Kapitel untersucht wurden, denn nur für diese wurde die Position im universitären Feld bereits bestimmt (in der oben diskutierten MFA). Wissenschaftliche Einrichtungen im Ausland und einige Einrichtungen in Deutschland, z.B. die Max-Planck-Institute, werden in der folgenden Untersuchung deshalb ausgeklammert.

Eine erste Annäherung an den Zusammenhang zwischen der Feldposition einer Universität und der Anzahl an ERC-Grantees, die dort promoviert bzw. ihren Grant erhalten haben, kann mithilfe schlichter Korrelationskoeffizienten geschehen. Die Anzahl promovierter Grant-Empfänger lässt sich aus netzwerkanalytischer Perspektive mit dem Maß „Out-Degree" erfassen, d.h. als

Anzahl der ausgehenden Beziehungen einer Universität. Entsprechend gibt das Maß „In-Degree" die Anzahl der ERC-Grantees wieder, die an einer Universität ihren Grant erhalten haben, d.h. die Anzahl der eingehenden Netzwerkbeziehungen. Tabelle 8 zeigt, wie In-Degree, Out-Degree und die Position der Universitäten im Feld korreliert sind.

Tabelle 8: Korrelationen zwischen Feldposition und Mobilität

	In-Degree	Out-Degree	Kapitalvolumen	Kapitalsorte
In-Degree	1	0,65	0,60	-0,61
Out-Degree		1	0,54	-0,42
Kapitalvolumen			1	-0,06
Kapitalsorte				1

Zunächst fällt auf, dass zwischen In- und Out-Degree ein deutlicher Zusammenhang besteht. Das heißt, Universitäten, an denen viele ERC-Grantees sozialisiert werden, haben tendenziell auch viele Mitarbeiter, denen die Einwerbung solcher Grants gelingt. Die Schleifen im Netzwerk in Abbildung 20 deuten darauf hin, dass es sich hier in einigen Fällen – aber keinesfalls in der Regel – um dieselben Personen handelt. Üblich ist vielmehr ein Wechsel der Universität zwischen Promotion und Erhalt des Starting Grants.

Weiterhin zeigt Tabelle 8, dass sowohl In- als auch Out-Degree im dominanten Bereich des Feldes tendenziell höher sind als im dominierten Bereich. Die Zusammenhänge mit der Kapitalsorte sind negativ, was darauf hindeutet, dass Universitäten mit viel klassisch universitärem Kapital sowohl bei der Sozialisation der Grantees als auch bei den insgesamt erhaltenen Starting Grants besser Abschneiden als anwendungsorientierte Standorte. Die Mobilität der ERC-Grantees verdichtet sich also im linken oberen Bereich des Feldes (vgl. Abb. 18 im vorangegangenen Abschnitt). Sofern die Grant-Empfänger an einer deutschen Universität promovieren, findet sowohl diese Promotion als auch die letztendliche Beantragung des Grants häufiger an einer der großen Volluniversitäten statt als anderswo.

Die beiden folgenden Abbildungen erlauben einen genaueren Blick auf diese Zusammenhänge. Abbildung 21 zeigt Streudiagramme, auf denen die beiden Dimensionen des Feldes mit der Anzahl der promovierten ERC-Grantees in Beziehung gesetzt werden. Die abgebildeten Zusammenhänge sind mithilfe einer lokal gewichteten Regression (loess) berechnet (Cleveland & Devlin 1988).[62]

[62] Das loess-Regressionsverfahren ist verwandt mit der im Kapitel 5 verwendeten Kernel-Density-Methode. Solche nicht-parametrischen Verfahren sollten im Kontext der Feldanalyse in Zukunft stärker berücksichtigt werden, denn wie die hier vorgelegten Untersuchungen zeigen, existieren vielfältige nicht-lineare Strukturen in sozialen Feldern, die mithilfe dieser Methoden herausgearbeitet werden können.

Diese hat gegenüber dem oben verwendeten Korrelationskoeffizienten den Vorteil, auch nicht-lineare Zusammenhänge detailgetreu abbilden zu können.

Abbildung 21: Promotionen von ERC-Grantees und Feldstruktur

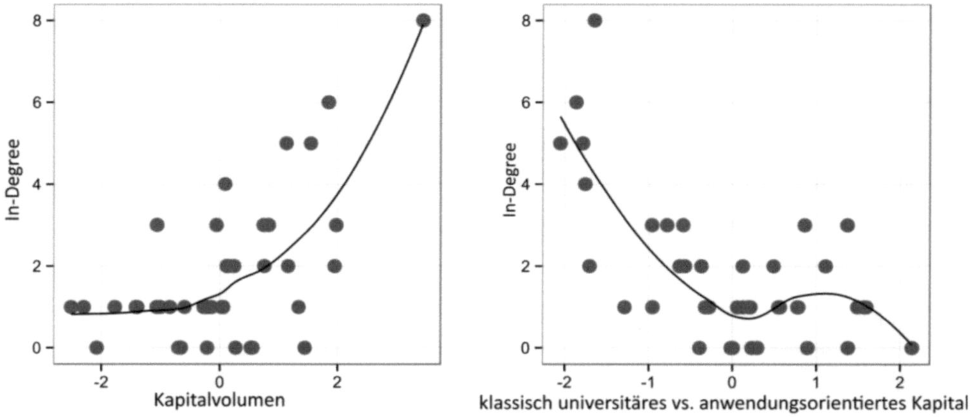

Der Zusammenhang zwischen dem Kapitalvolumen und dem Out-Degree (Abb. 21 links) ließe sich auch mit einer linearen Regression verlässlich schätzen, denn er ist im Kern linear: Je höher das Kapitalvolumen, desto höher auch das Out-Degree. Der Zusammenhang des Out-Degree mit der Kapitalsorte (Abb. 21 rechts) allerdings ist mit einem linearen Verfahren kaum richtig zu erfassen, denn wie Abbildung 21 zeigt, besteht dieser Zusammenhang überhaupt nur auf der klassisch universitären Seite des Feldes: Rechts vom Nullpunkt ist die nicht-parametrische Regressionslinie fast vollkommen flach, es besteht kein nennenswerter Zusammenhang, während rechts vom Nullpunkt ein deutlicher Zusammenhang erkennbar ist. Das bedeutet, dass nur das klassisch universitäre Kapital, nicht aber das anwendungsorientierte Kapital dafür ausschlaggebend ist, wie viele ERC-Grantees an einer Universität promoviert werden. Die Sozialisation dieser überaus erfolgreichen Nachwuchsforscher hängt also eng mit der Orientierung an den klassischen Idealen der Universität zusammen; die Anwendungsorientierung einer Universität hat hingegen keinen Einfluss auf ihre Rolle in der Sozialisation der Grantees. Das bedeutet nicht, dass anwendungsorientierte Universitäten keine ERC-Grantees hervorbringen; vielmehr ist der Grad der Anwendungsorientierung für diese Frage unerheblich, während der Grad an klassischem universitärem Prestige, wie es sich etwa an der Universität Heidelberg oder der LMU München findet, ein zentraler Einflussfaktor ist. Die Sozialisation der ERC-geförderten Nachwuchsforscher findet also tendenziell an Volluniversitäten statt, oder an einer der einflussreicheren Technischen Universitäten, die insgesamt über viel Kapital und damit auch über einiges an klassisch universitärem Kapital verfügen (wie z.B. die TU München).

Abbildung 22: Mobilität von ERC-Grantees und Feldstruktur

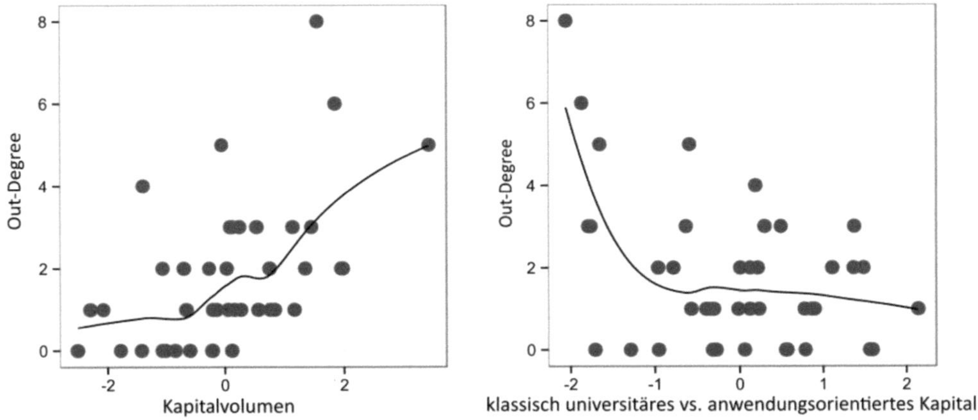

In Abbildung 22 wird die Feldstruktur mit der Anzahl der „zuwandernden" ERC-Geförderten in Beziehung gesetzt. Auch hier fördert die nicht-parametrische Regression interessante Details zutage: Der Zusammenhang mit dem Kapitalvolumen ist zwar stetig, ist jedoch im unteren, dominierten Bereich des Feldes äußerst schwach, dafür aber im oberen Bereich des Feldes sehr stark ausgeprägt. Die Attraktivität bestimmter Universitätsstandorte hängt also, wie die obige Korrelation bereits gezeigt hat, von ihrem Kapitalvolumen ab – allerdings erst ab einem bestimmten Schwellenwert. Universitäten mit relativ wenig Kapital haben tendenziell gleich niedrige Chancen ERC-Grantees anzuziehen; für Universitäten mit mehr Kapital steigen die Chancen mit der Kapitalsumme. Ein Wettbewerb zwischen Universitäten um die Empfänger von Starting Grants existiert also durchaus – jedoch findet dieser Wettbewerb nur zwischen den dominanten Akteuren des universitären Feldes statt. Ähnliches lässt sich anhand des zweiten Streudiagramms für den Zusammenhang der Zuwanderung von Grant-Empfängern mit der Kapitalsorte sagen: Ein relevanter Zusammenhang besteht nur in den Bereichen des Feldes, in denen das klassisch universitäre Kapital vorherrscht.

Abbildung 23 zeigt das Mobilitätsnetzwerk der Grant-Empfänger zwischen den 42 deutschen Universitäten noch einmal im Kontext der gesamten Feldstruktur. Dafür wurden, wie bereits in der vorangegangenen Untersuchung zur Chemie, die Koordinaten der oben diskutierten MFA für das Layout des Netzwerkes verwendet.

Abbildung 23: Mobilitätsnetzwerk im Kontext der Feldstruktur

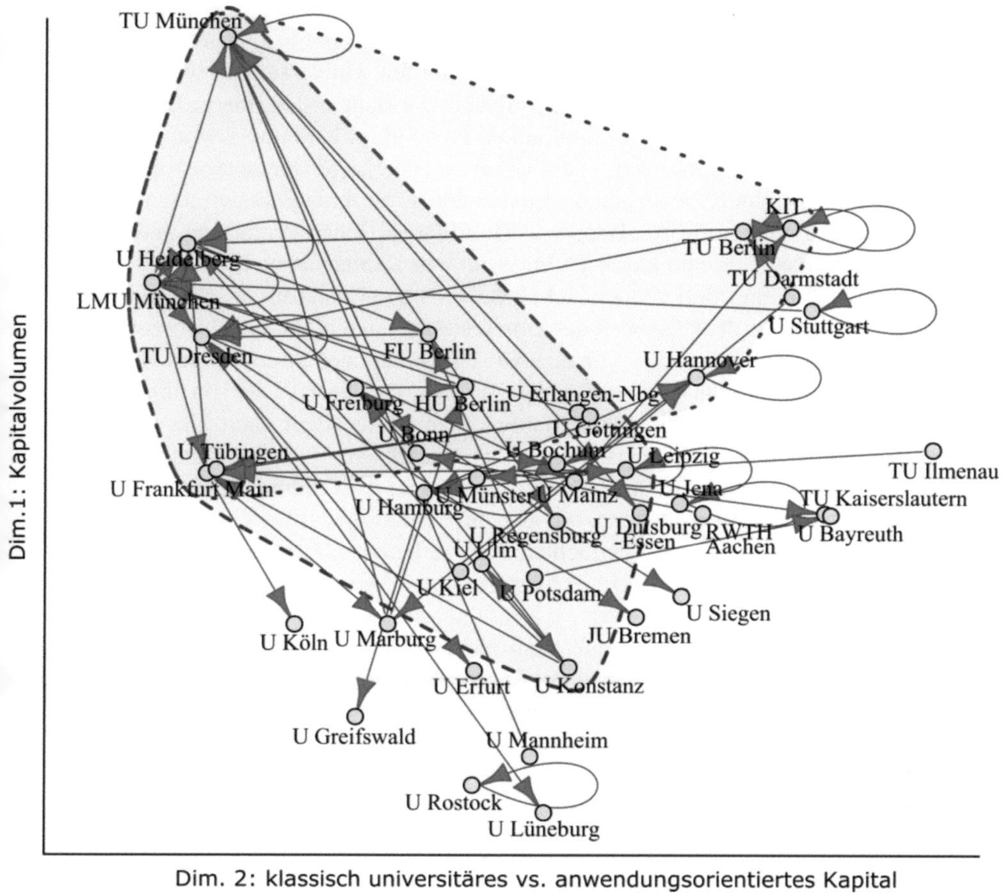

Die beiden markierten Bereiche in Abbildung 23 zeigen, in welcher Region des Feldes besonders viele ERC-Grantees promoviert haben (gestrichelte Linie) und in welche Region besonders viele abwandern, um dort ihren Grant einzuwerben (gepunktete Linie).[63] Die Abbildung zeigt ganz deutlich, dass auch im Mittelfeld positionierte Universitäten durchaus in der Lage sind, einige ERC-Grantees hervorzubringen – die dann jedoch tendenziell in die dominanten Bereiche des Feldes abwandern. Verlierer dieses Prozesses sind die Universitäten im mittleren unteren Bereich des Feldes, die zwar hochkarätige Forscher ausbilden, jedoch anschließend von deren Erfolg nicht profitieren können. Gewinner

63 Genauer gesagt sind es jeweils die Regionen, in denen die Universitäten zwei oder mehr ausgehende bzw. zwei oder mehr eingehende Beziehungen haben.

sind die dominanten Einrichtungen im Feld, insbesondere aber die Universitäten im linken oberen Bereich, d.h. die traditionsreichen, international reputierten Volluniversitäten in Heidelberg, Frankfurt, Tübingen, Freiburg, Bonn und Berlin sowie einige der größten anwendungsorientierten Universitäten wie die TU München, die TU Dresden und die Universität Erlangen-Nürnberg. Diese Einrichtungen sind aufgrund ihrer dominanten Position im Feld und vermutlich auch aufgrund ihrer internationalen Sichtbarkeit in der Lage, junge Spitzenwissenschaftler auszubilden, sie an sich zu binden und so an ihren Erfolgen teilzuhaben.

Insgesamt zeigen die Analysen zur Mobilität zwischen Promotion und ERC-Grant, dass das Volumen klassisch universitären Kapitals sowohl die Hauptrolle bei der Ausbildung und akademischen Sozialisation zukünftiger ERC-Grantees spielt als auch für die Fähigkeit der Universitäten ausschlaggebend ist, zukünftige Grantees zu halten bzw. anzuziehen. Das hat sicherlich Folgen für den akademischen Habitus ERC-geförderter Wissenschaftler: Viele von ihnen sind an großen, traditionsreichen, international reputierten deutschen Universitäten promoviert worden und haben dabei einen spezifischen akademischen Habitus aufgebaut, der eher an Grundlagenforschung als an Anwendung orientiert ist und der das universitäre Feld tendenziell aus einer elitären, von Dominanz und Überfluss geprägten Perspektive betrachtet. Für die Universitäten bedeutet dies, dass die ERC-Förderung eine Verschärfung der bereits vorhandenen Ungleichheiten im universitären Feld begünstigt: Es kommt zu einem *brain drain*[64] zugunsten bereits dominanter Standorte, aus dem insbesondere Universitäten in mittleren Positionen als Verlierer hervorgehen. Auch auf der Ebene individueller Karrieren kann also nicht davon gesprochen werden, dass die ERC-Förderung etablierte Ungleichheitsstrukturen herausfordert und marginalisierten jungen Forschern neue Chancen eröffnet. Vielmehr begünstigt sie die Zementierung vorhandener Ungleichheiten zwischen Universitäten und eine Abwanderung ambitionierter junger Wissenschaftler aus mittleren und peripheren Bereichen des Feldes in Richtung des Zentrums.

[64] Es ist plausibel anzunehmen, dass viele ambitionierte Nachwuchswissenschaftler in der Postdoc-Phase auch unabhängig von einer ERC-Förderung in Richtung der dominanteren Universitäten streben, z.B. weil sie dort bessere Arbeitsbedingungen und bessere Chancen auf „Sichtbarkeit" vermuten. Um zu quantifizieren, wie sehr die ERC-Förderung alleine für die Migration ins Zentrum verantwortlich ist, müsste man einen Vergleich mit nicht geförderten Wissenschaftlern durchführen, was auf Grundlage der vorliegenden Daten nicht möglich ist. Die Ergebnisse zeigen aber, dass dieser vermutete Trend von der ERC-Förderung nicht konterkariert wird. Auch hier lässt sich also von einer tendenziellen Parallelität der ERC-Förderung mit etablierten Felddynamiken sprechen. Auf Grundlage der vorgelegten Ergebnisse können die Effekte transnationaler Forschungsförderung in Zukunft noch detaillierter analysiert werden.

7.3.2 ERC-Grants und Stellen-Mobilität

Der folgende Abschnitt betrachtet einen anderen Aspekt von Mobilität im Kontext der ERC Starting Grants, und zwar die Mobilität zwischen Stellen im Hochschulsystem. Aufgrund der bereits diskutierten Besonderheiten des deutschen Lehrstuhlsystems ist der Wechsel von einer Postdoc-Stelle auf eine Stelle als Professor von besonderer Bedeutung. Tabelle 9 gibt einen Überblick über ERC Starting Grants als strategische Ressource im Kampf um Professorenstellen. Sie zeigt verschiedene Arten von Stellenwechsel, die im Anschluss an die Einwerbung eines Starting Grant stattgefunden haben.

Tabelle 9: ERC Starting Grants als strategische Ressource im Stellenwettbewerb

	Anzahl	Anteil
Erste Professur extern	9	5,5%
Erste Professur intern	10	6,1%
Volle Professur extern	9	5,5%
Volle Professur intern	9	5,5%
Wechsel an Host Institution	5	3,0%
Kein Stellenwechsel	81	49,4%
Fehlende Werte bzw. keine Professur im Beobachtungszeitraum	41	25,0%
Insgesamt	164	100%

In den ersten beiden Zeilen von Tabelle 9 ist der Stellenwechsel abgetragen, bei dem ERC Starting Grants wohl die größte strategische Rolle spielen können, nämlich die Erstberufung aus einer Postdoc-Stelle auf eine Professorenstelle. 19 Grant-Empfänger, d.h. 11% der betrachteten Nachwuchsforscher, erhalten eine Stelle als Professor, nachdem sie ihren Starting Grant bekommen haben. 6% bleiben dabei an der Universität, an der sie den Grant beantragt haben, während 5% an eine andere Universität wechseln (einige davon ins Ausland). Die nächsten beiden Zeilen bilden einen ebenfalls bedeutenden Karriereschritt ab, nämlich den Aufstieg von einer Junior- oder Assistenzprofessur auf eine volle Professorenstelle (W2 oder W3). Diesen Schritt vollziehen ebenfalls 11% der Grant-Empfänger, wobei die Hälfte an derselben Universität bleibt, während die andere Hälfte von ihnen die Universität wechselt. Wie in der fünften Zeile der Tabelle 9 zu sehen ist, wechseln in weiteren 3% der Fälle die Grant-Empfänger, die bereits volle Professorenstellen innehaben, an die Universität, an der sie den Grant beantragt haben. Auch hier kann man vermuten, dass die Bewilligung des Grants eine entscheidende Rolle gespielt hat, jedoch ist die Bedeutung eines solchen

Wechsels für die Karriere der betroffenen Nachwuchsforscher im Vergleich zu den beiden eben genannten Karriereschritten relativ gering.

Damit ist es plausibel zu vermuten, dass in 25% der Fälle – bei den Erstberufungsverfahren, den Berufungen auf eine volle Professur sowie beim Wechsel an eine andere Universität – die ERC-Finanzierung eine mehr oder weniger gewichtige strategische Rolle gespielt und es den Grant-Empfängern ermöglicht hat, sich im Wettbewerb um eine Professorenstelle gegen andere Bewerber durchzusetzen bzw. auf eine besser ausgestattete und symbolisch höherwertige Stelle zu wechseln. Das strategische Potenzial der ERC-Förderung im Kontext der Erlangung und Verbesserung akademischer Positionen ist also nicht von der Hand zu weisen – allerdings kommt es in nur einem Viertel der betrachteten Fälle zur Entfaltung. Die Bedeutung eines Starting Grants kann also im individuellen Einzelfall durchaus sehr hoch sein, denn die Fördersummen und das damit verbundene internationale Prestige sind gewichtige Distinktionsmerkmale, die im Berufungsverfahren den Ausschlag geben können.

Der Effekt der ERC-Förderung auf die Feldstrukturen ist jedoch als eher gering einzustufen. Das sieht man besonders deutlich daran, dass in 49% der betrachteten Fälle kein Stellenwechsel erfolgt. Die Hälfte aller ERC-geförderten Forscher kann oder will also aus dem Starting Grant keinen Gewinn in Form einer besseren Stelle schlagen. Das hat sicherlich mit der besonderen Struktur des deutschen Hochschulwesens zu tun, in dem es im internationalen Vergleich extrem wenige Professorenstellen gibt und in dem neue Professorenstellen nur selten geschaffen werden. Diese Rigidität des deutschen Professorensystems trägt sicherlich dazu bei, dass die erhoffte Hebelwirkung der ERC-Förderung nur eingeschränkt zum Tragen kommt. Auch wenn die Grant-Empfänger ihr neu gewonnenes Kapital nutzen, um Druck auf Universitäten auszuüben, kann es sehr gut sein, dass dieser Druck an den starren institutionellen Strukturen des deutschen Lehrstuhlsystems weitgehend wirkungslos abprallt.

Ein weiterer Aspekt, der die potenziellen Effekte der ERC-Förderung dämpft, ist die Tatsache, dass über die Hälfte der Grant-Empfänger schon über eine Professorenstelle verfügen, bevor sie ihren Grant erhalten. Sie haben den entscheidende Hürde ihrer akademischen Karriere – die lange unsichere Postdoc-Phase – bereits überwunden und stehen daher vermutlich weniger unter Druck, die ERC-Gelder als Verhandlungsmasse im Kampf um bessere Stellen zu nutzen. Wie oben gezeigt wurde, handelt es sich bei den Geförderten um sehr erfolgreiche Forscher, die sich ihrer dominanten Position vermutlich spätestens mit Erhalt des Starting Grants bewusst werden. Insbesondere diejenigen, die bereits eine sichere, akademisch unabhängige Professorenstelle innehaben und aufgrund ihrer Position auf eine erfolgreiche akademische Zukunft hoffen können, werden den Grant vor allem als symbolische Auszeichnung auffassen und ganz praktisch als institutionelles Kapital für Mitarbeiterstellen, Beschaffung von Geräten und Materialien, Organisation von Konferenzen und Ähnliches verwenden. Weil die

Grants nicht wie erwartet an marginalisierte Wissenschaftler mit eigensinniger Forschungsagenda, sondern zum Großteil an Wissenschaftler vergeben werden, die sich bereits nach den Spielregeln des nationalen Feldes etabliert haben und dominante Positionen im akademischen Feld einnehmen, werden sie zum allergrößten Teil so verwendet wie Drittmittel aus den üblichen nationalen Quellen – nämlich zur symbolischen Aufwertung einerseits und zur weiteren Akkumulation wissenschaftlichen und institutionellen Kapitals andererseits. Die erwarteten, quasi revolutionären Effekte der ERC-Finanzierung auf die Struktur des akademischen Wettbewerbs treten also im spezifischen Kontext des deutschen akademischen Feldes in nur sehr begrenztem Maße auf, weil die Aussichten gering sind, durch direkten Druck auf die Universitäten etwas zu erreichen und weil nicht periphere, potentiell heterodoxe, sondern dominante, tendenziell orthodoxe Positionen und Akteure gestärkt werden.

7.3.3 Mobilität im Feld nach Erhalt des Starting Grants

Tabelle 10 fokussiert den zweiten oben genannten Aspekt von Mobilität, nämlich die Frage, an welche Universität, und damit, an welche Position im universitären Feld die Grant-Empfänger wechseln – sofern sie überhaupt mobil sind.

Tabelle 10: ERC Starting Grants als strategische Ressource in Wettbewerb um Positionen im Feld

	Anzahl	Anteil
Aufwärts-Mobilität im Feld	5	3,0%
Abwärts-Mobilität im Feld	6	3,7%
Mobilität auf gleicher Ebene	4	2,4%
Einwanderung ins deutsche Feld	7	4,3%
Keine Mobilität im Feld	101	61,6%
Fehlende Werte bzw. keine Professur im Beobachtungszeitraum	41	25,0%
Insgesamt	164	100%

Die Tabelle zeigt, dass die oben beschriebenen Strukturen im Zusammenhang mit dem Stellenwettbewerb hier noch deutlicher zutage treten. Auch hier sind die Einträge der Tabelle absteigend nach der potenziellen Bedeutung der ERC-Grants angeordnet. Der erste Eintrag zeigt die Fälle, in denen die ERC-Grants am deutlichsten wirken wie in der Literatur erwartet, nämlich als Unterstützung beim Aufstieg von einer relativ dominierten auf eine dominante Position im Feld. Dies gelingt gerade einmal 5 der betrachteten Nachwuchswissenschaftler, d.h. in 3% der Fälle. Etwas häufiger, aber mit 3,7% immer noch selten ist der gegenteilige Fall, der Wechsel von einer relativ dominanten an eine dominierte Universität. In diesen Fällen hilft der ERC-Grant eventuell dabei, überhaupt einen Positionswechsel anzubahnen, jedoch reicht der Grant nicht aus, um die für Nachwuchswissenschaftler übliche Bewegungstendenz aus dem Zentrum in Richtung Peripherie umzukehren (vgl. Ergebnisse in Kapitel 6). Mobilität auf in etwa gleicher Stratifikationsebene findet in 2,4% der Fälle statt. Insgesamt lässt sich sagen, dass ERC-Grants nur in wenigen Fällen (9,1%) mit einem Wechsel des Standorts innerhalb des universitären Feldes in Deutschland zusammenhängen und in einem verschwindend geringen Anteil der Fälle einen Aufstieg in der Hierarchie des universitären Feldes begünstigen.

Die vierte und fünfte Zeile der Tabelle bildet ein etwas anderes Phänomen ab, nämlich den Wechsel von einer wissenschaftlichen Einrichtung im Ausland an eine deutsche Universität. Dies geschieht insgesamt in 7 Fällen. Soweit sich dies aus den online recherchierten Lebensläufen rekonstruieren lässt, handelt es sich hier überwiegend um Wissenschaftler, die in Deutschland studiert haben und im Anschluss entweder zur Promotion oder in der Postdoc-Phase ins Ausland gegangen sind. Die Universitäten, von denen die einwandernden bzw. zurückkehrenden ERC-Grantees kommen, befinden sich in den USA, Kanada, den Niederlanden, dem Vereinigten Königreich und der Schweiz – d.h. in Ländern, die zum internationalen Zentrum des Wettbewerbs zwischen Universitäten gezählt werden können und im Vergleich zu Deutschland stärker internationalisierte, kompetitivere Wissenschaftssysteme aufweisen. Hier handelt es sich also um Nachwuchsforscher, die bereits im Ausland erfolgreich waren und den ERC-Grant nutzen, um sich im deutschen Feld zu etablieren. Man kann vermuten, dass der ERC-Grant in diesen Fällen als zusätzliche strategische Ressource dient, die das transnationale Prestige der Grant-Empfänger zusätzlich unterstreicht und daneben besondere Kompetenz bei der Einwerbung von Forschungsgeldern signalisiert. Diese Merkmale haben sicherlich dazu beigetragen, dass den Geförderten die Einwanderung bzw. Rückkehr ins deutsche Feld gelungen ist.

Die Starting Grants sind hier also sicherlich von einiger strategischer Bedeutung. Gleichzeitig ist es plausibel zu vermuten, dass auch die zurückkehrenden Forscher keineswegs heterodoxe, im nationalen Kontext marginalisierte Positionen einnehmen, sondern, wie die Grant-Empfänger insgesamt, auch nach den nationalen Spielregeln zu den latenten Gewinnern im akademischen Wettbewerb gehören. Dafür spricht schon die Tatsache, dass sie aus Ländern des transnationalen akademischen Zentrums kommen (Marginson 2006). Einige von ihnen waren an weltweit hoch reputierten Universitäten wie der ETH Zürich und dem University College London tätig, bevor sie nach Deutschland kamen, und vertreten aller Wahrscheinlichkeit nach die dort gültigen und inzwischen weltweit wirksamen wissenschaftlichen Vorstellungen und Praktiken. Auch hier gilt also, dass die ERC-Finanzierung im individuellen Fall durchaus von großer Bedeutung für eine gelungene Rückkehr ins deutsche Hochschulsystem sein kann. Strukturelle Umbrüche, Hebeleffekte und Aufwertung heterodoxer Positionen und marginalisierter Forschungsagenden können jedoch daraus kaum erwachsen, denn die Förderung stärkt auch in diesem Fall diejenigen, die bereits viele Vorteile haben und nach nationalem wie transnationalem Maßstab zu den Gewinnern zählen.

Das stärkste Indiz dafür, dass die Strukturen des universitären Feldes in Deutschland von der ERC-Finanzierung kaum beeinflusst und sicherlich nicht ausgehebelt oder untergraben werden, findet sich in Zeile 6 der Tabelle 10: In knapp zwei Drittel aller Fälle findet nach Erhalt des ERC (im Beobachtungszeitraum) kein Wechsel der Universität statt.[65] Für die überwiegende Mehrheit der geförderten Nachwuchswissenschaftler bringt der ERC-Grant keinen Wechsel an eine besser positionierte Universität.

7.4 Verfestigung etablierter Ungleichheitsstrukturen

Das vorangegangene Kapitel geht am Beispiel der EU-Forschungsförderung durch den ERC der Frage nach, wie transnationale Wettbewerbe um akademisches Kapital auf die etablierten Strukturen des akademischen Feldes in Deutschland wirken. Dabei werden Auswirkungen auf zwei Ebenen des deutschen akademischen Feldes betrachtet, nämlich auf der Ebene der Universitäten einerseits und auf der Ebene individueller Wissenschaftler andererseits.

Die empirische Untersuchung geht von den weitreichenden Annahmen aus, die in der Literatur zum ERC zu finden sind (Luukkonen 2009, Nedeva & Stampfer 2012): Demnach soll die spezifische Gestalt der ERC-Förderung dazu beitragen, verhärtete, ineffiziente akademische Statushierarchien in den Ländern aufzubrechen, indem eine transnationale Wettbewerbsarena geschaffen wird – eine „Champion's League for Europe's scientists" (Heldin 2008) – deren Spielregeln den nationalen Wissenschaftssystemen als Vorbild dienen sollen. Die Fördergelder des ERC sollen Wettbewerb über nationale Grenzen und abseits nationaler Idiosynkrasien fördern – und von diesem Wettbewerb sollen insbe-

65 Die betrachteten Nachwuchsforscher haben ihre Grants im Zeitraum zwischen 2007 und 2012 erhalten. Dies bedeutet, dass der Beobachtungszeitraum für Stellenwechsel, die nach Bewilligung des Starting Grants stattfinden können, unterschiedlich lang sein kann. Die hier zugrundeliegenden Lebenslauf-Daten wurden im November 2014 gesammelt, sodass auch für die Grantees, deren Grant erst Ende 2012 bewilligt wurde, ein Beobachtungszeitraum von knapp zwei Jahren bleibt, in dem sie die Universität bzw. die Stelle hätten wechseln können. Man kann also davon ausgehen, dass Stellen- und Standortwechsel, die unmittelbar mit dem Erhalt des Grants in Beziehung stehen, in der vorliegenden Analyse auf jeden Fall berücksichtigt werden. Wenn durch die unterschiedlich großen Zeitfenster überhaupt eine relevante Verzerrung entsteht, so führt sie eher zu einer Überschätzung der Mobilität im Zusammenhang mit ERC-Grants.

sondere diejenigen Forscher profitieren, die neue, unorthodoxe Themen bearbeiten und dabei aufgrund der nationalen Rigiditäten nicht gebührend gefördert werden. Darüber hinaus soll die ERC-Förderung die Mobilität der geförderten Wissenschaftler auch über nationale Grenzen hinaus steigern, wodurch wiederum der Wettbewerb zwischen und innerhalb nationaler Wissenschaftssysteme intensiviert werden soll. Diese Förderstrategie soll dabei helfen, eine „European Research Area" zu etablieren, die im globalen wissenschaftlichen Wettbewerb konkurrenzfähig ist.

Die Untersuchung zeigt jedoch, dass diese revolutionären Effekte im Fall des akademischen Feldes in Deutschland kaum zu beobachten sind. Auf der Ebene der Universitäten existiert vielmehr eine deutliche Parallele zwischen der Verteilung der ERC-Fördergelder und der Verteilung von DFG-Drittmitteln. Das heißt, diejenigen Universitäten, die im innerdeutschen Wettbewerb um akademisches Kapital gut abschneiden, dominieren tendenziell auch den Wettbewerb um ERC-Grants. Von einer Herausforderung nationaler Statushierarchien durch die ERC-Förderung kann also kaum gesprochen werden – im Gegenteil, es ist eine Zementierung und symbolische Aufwertung etablierter Ungleichheitsstrukturen zwischen Universitäten in Deutschland zu konstatieren. Die vereinzelten größeren Divergenzen zwischen der Position einer Universität im deutschen Feld insgesamt und ihrer Position in der ERC-Förderung weisen jedoch darauf hin, dass auch in dieser Frage der organisationale Habitus von Universitäten eine entscheidende Rolle spielt. So ist hier zu beobachten, dass einzelne Universitäten mit sehr ähnlichem Status im deutschen Kontext im transnationalen Kontext sehr unterschiedlich erfolgreich sein können.

Auf der Ebene der geförderten Forscher stand die Frage im Vordergrund, wie der Erfolg im ERC-Wettbewerb mit der Positionierung der Wissenschaftler im Feld zusammenhängt und ob mithilfe der ERC-Förderung strategische Verbesserungen der eigene Position im Feld erzielt werden können – etwa ein Wechsel an eine besser positionierte Universität oder eine Berufung auf eine Professorenstelle. Die Untersuchung hat gezeigt, dass sehr viele Universitäten auch in mittleren Feldpositionen in der Lage sind, Nachwuchswissenschaftler auszubilden, denen später die Einwerbung eines ERC-Grants gelingt. Jedoch wechseln viele junge Wissenschaftler zwischen dem Abschluss ihrer Promotion und dem Erhalt ihres ERC-Grants die Universität, wobei die Mobilität eindeutig in Richtung des Machtzentrums des universitären Feldes geht. Erfolgreiche Nachwuchsforscher aus mittleren und peripheren Standorten wandern häufig in Richtung des Zentrums ab, sodass die Universitäten und Fachbereiche, an denen sie sozialisiert und ausgebildet wurden, von ihrem anschließenden Erfolg nicht profitieren können. Bereits dominante Standorte werden durch den Zustrom von ERC-geförderten Nachwuchswissenschaftlern weiter aufgewertet. Der größte Teil der ERC-Geförderten absolviert jedoch bereits die Promotion im dominanten Bereich des Feldes und bleibt im Anschluss auch dort. Zusammenfassend kann man also sagen, dass ERC-geförderte Nachwuchswissenschaftler schon vor Erhalt ihres Grants innerhalb des Feldes sehr mobil sind, wobei sich die Mobilität innerhalb der dominanten Regionen des Feldes abspielt bzw. aus mittleren und dominierten Bereichen in diese Regionen führt.

Was die Mobilität nach Erhalt des Grants betrifft, kann festgehalten werden, dass in der bei weitem größten Zahl der Fälle keine Mobilität zu beobachten ist, die die ERC-Gelder als strategischen Hebel zur Überwindung rigider Feldstrukturen erscheinen lässt. Zwar gibt es durchaus ERC-Grantees, die im Anschluss an die Verleihung des Grants zum Professor berufen werden oder an eine besser positionierte Universität wechseln – und es lässt sich plausibel vermuten, dass in diesen Fällen das zusätzliche, durch den ERC verliehene akademische Kapital eine entscheidende strategische Rolle gespielt hat. Insgesamt überwiegt aber ganz eindeutig die Anzahl der Fälle, in denen ERC-Förderung nicht mit einem Aufstieg verbunden ist. Die ERC-Gelder sind also für die Grant-Empfänger sicherlich ein außerordentlicher Gewinn – sie scheinen jedoch im Kontext des deutschen Feldes nicht systematisch zum Aufstieg in der Statusordnung zu führen.

Insgesamt zeigt also auch die Untersuchung auf der individuellen Ebene, dass die ERC-Forschungsförderung im Kontext des akademischen Feldes in Deutschland ihre in der Literatur beschworene Hebelwirkung kaum entfaltet. Im Gegenteil, sie begünstigt auch auf der individuellen Ebene diejenigen Forscher, die bereits gut im Feld positioniert sind und denen vermutlich auch ohne den ERC eine steile wissenschaftliche Karriere gelingen könnte. Zudem befeuert sie einen feldinternen *brain drain*, der Forscher mit vielversprechenden Karriereaussichten aus allen Bereichen des Feldes in Richtung der dominanten Universitäten abwandern lässt. Dies führt einerseits zu einer Verarmung der mittleren und peripheren Standorte, die ihr bestes Personal verlieren, was unter anderem auch ihre Fähigkeit schwächt, in Zukunft weitere Generationen von Spitzenforschern hervorzubringen. Auf der anderen Seite entsteht an den dominanten Standorten eine erhebliche Ballung von Talent und Ambition, die das Konfliktpotenzial innerhalb der Universitäten und Fachbereiche erhöht und dem wissenschaftlichen Arbeitsklima an diesen Standorten kaum zuträglich sein kann. In dieser Hinsicht unterstützt der ERC durchaus die Transformation des akademischen Feldes in Deutschland in einen winner-takes-all-Markt nach transnationalem Vorbild (Marginson 2006). Solange allerdings die akademische Karriere in Deutschland durch die lange Phase der Unsicherheit zwischen Promotion und Professur und durch das extreme Machtgefälle zwischen den vielen prekär beschäftigten Mitarbeitern und den wenigen Professoren geprägt ist, kann eine Erhöhung des Wettbewerbsdrucks und eine weitere Stratifikation des Feldes, wie sie durch den ERC gefördert werden, kaum zu besseren Bedingungen für die Wissenschaft führen.

8 Zusammenfassung, Diskussion und Ausblick

8.1 Zentrale Ergebnisse

Die vorliegende Arbeit hat den Versuch unternommen, einen Beitrag zur bisher relativ theoriefernen soziologischen Debatte über aktuelle Reformen in Wissenschaft und Universität zu leisten und dabei eine deutliche theoretische und methodologische Position einzunehmen. Damit ist die Hoffnung verbunden, dass auf diese Weise ein eigenständiger soziologischer Blick auf die vielfältigen Reformphänomene geworfen werden kann, der nicht schon im Vorhinein durch Anleihen aus dem politischen und öffentlichen Diskurs eingeengt ist und der in der Lage ist, tiefere Zusammenhänge hinter den einzelnen Teilaspekten der Reformen herauszuarbeiten. Die gewählte Perspektive basiert auf der Soziologie Pierre Bourdieus, interpretiert das Wissenschaftssystem an deutschen Universitäten als akademisches Feld, interessiert sich insbesondere für die Rolle der Universitäten als organisationale Akteure in diesem Feld und betrachtet dabei ausschließlich Forschung und wissenschaftliche Praxis, klammert also die Lehre und andere Tätigkeitsbereiche von Universitäten aus (1).

Als Bezugsrahmen für dieses Vorhaben wurden zunächst die wichtigsten Triebkräfte und Initiativen skizziert, die die Reformen im universitären Feld vorantreiben (2.1). Dazu gehören New Public Management (2.1.1), Forschungsfinanzierung durch Drittmittel (2.1.2), Rankings (2.1.3), die Exzellenzinitiative (2.1.4), der akademische Kapitalismus (2.1.5) und die Transnationalisierung akademischen Wettbewerbs (2.1.6). Im Anschluss daran wurden die besonderen Eigenschaften der Universität als Organisation und als eigenverantwortlicher Akteur im akademischen Feld herausgearbeitet (2.2).

Den theoretischen Ausgangspunkt der Arbeit bildet die Soziologie Pierre Bourdieus, genauer gesagt der von ihm entwickelte theoretisch-methodische Ansatz der Feldanalyse (3.1). Dieser Ansatz beruht auf einer relationalen Auffassung der sozialen Wirklichkeit, bricht also mit den essentialistischen Vorstellungen des Alltagsdenkens. Verhältnisse und Beziehungen zwischen Individuen und zwischen ihren Eigenschaften sind aus dieser Perspektive wichtiger als die betreffenden Individuen und Eigenschaften für sich alleine genommen. Aus dieser Perspektive liegt z.B. die Bedeutung des Exzellenz-Titels für Universitäten im Verhältnis zwischen den als exzellent gekürten und den nicht gekürten Universitäten. Die relationale Perspektive macht den Blick frei für die erhebliche soziale Konstruktionsarbeit, die aufgewendet werden muss, damit relationale Zusammenhänge dieser Art im Alltagsdenken systematisch übersehen und die resultierenden Machteffekte als legitim und selbstverständlich erlebt werden können. Eine so verstandene relationale Soziologie hat notwendigerweise ein kritisches Element.

Die darauf folgende Einordnung in die äußerst diverse Literatur zur Feldanalyse (3.2) zeigt, dass es sich dabei kaum um ein integriertes „Forschungsprogramm“ handeln kann, denn es fehlen gerade die für ein Forschungsprogramm konstitutiven Konflikte um die adäquate Umsetzung der abstrakten Programminhalte in konkreten empirischen Untersuchungen. In dem nur lose durch gemeinsame Bezüge zu Bourdieu zusammengehaltenen Literaturstrang nimmt die vorliegende Arbeit eine gemäßigt orthodoxe Position ein: Sie verzichtet im Gegensatz zu vielen anderen Arbeiten auf theoretische Importe aus anderen Ansätzen, verfolgt Bourdieus makrosoziologisches Programm der Analyse großer gesellschaftlicher Sphären und bedient sich dabei einer Methodik, die der relationalen Methodologie Bourdieus treu bleibt und zugleich bemüht ist, Mängel der klassischen Verfahren, etwa der Korrespondenzanalyse, zu überwinden und mithilfe neuer Verfahren bisher nicht eingelöste theoretische Postulate operationalisierbar zu machen.

Ein Blick in die organisationssoziologische Literatur (3.3) zeigt, dass seit den 1990er Jahren immer wieder Appelle publiziert werden, die feldtheoretische Perspektive Bourdieus für die Untersuchung von Organisationen nutzbar zu machen. Die Attraktivität der Feldtheorie beruht auf einer disziplinären Spaltung innerhalb der Organisationssoziologie, die durch den Neo-Institutionalismus einerseits und die Organisationsökologie andererseits geprägt ist. Zwischen diesen beiden wichtigen organisationssoziologischen Schulen besteht eine eigenartige analytische Arbeitsteilung, die z.B. dazu führt, dass der Neo-Institutionalismus einseitig Prozesse der Standardisierung von Organisationen in den Fokus nimmt, während die Organisationsökologie primär Prozesse der Diversifizierung betrachten will. Mithilfe des feldtheoretischen Ansatzes können die aus dieser Spaltung erwachsenden Probleme überwunden werden.

Dabei können die Hauptbegriffe der Feldtheorie – Feld, Kapital, Habitus, Praxis – weitgehend unverändert für die Untersuchung von Organisationen eingesetzt werden (3.4). Zweifel an der Übertragbarkeit des Habitusbegriffs auf Organisationen lassen sich mit dem Verweis auf parallele organisationssoziologische Theoriebausteine ausräumen: Latente, oft informelle Tiefenstrukturen sind in Organisationen von erheblicher Bedeutung. Diese in der Organisationssoziologie bekannten Strukturen (Organisationsidentitäten, -kulturen, etc.) können aus feldtheoretischer Perspektive als Elemente eines organisationalen Habitus aufgefasst werden.

Aufbauend auf diesen Überlegungen zum feldtheoretischen Begriffsapparat wurden weiterführende Überlegungen zum Feldbegriff angestellt (3.5). Diese sind motiviert durch eine Kluft zwischen den weitreichenden theoretischen Implikationen des Feldbegriffs auf der einen und seiner oft relativ simplen statistischen Operationalisierung auf der anderen Seite. Unterbelichtet bleiben dabei insbesondere die zeitliche Entwicklungsdynamik und der räumliche, topologische Charakter von Feldern.

Die anschließenden Überlegungen zum Verhältnis zwischen Feldtheorie und Netzwerkanalyse (3.6) laufen darauf hinaus, dass die relativ neue netzwerkanalytische Strömung der „relationalen Soziologie“ und vermutlich auch weite Teile der Netzwerkanalyse insgesamt nicht auf Augenhöhe mit der Bourdieuschen Feldtheorie kombiniert werden können, weil sie die oben skizzierte relationale Grundauffassung der Wirklichkeit und die daraus erwachsende kritische Grundhaltung tendenziell nicht teilen. Netzwerkanalytische Methoden können jedoch unter Umständen feldtheoretisch interpretiert und im Rahmen feldtheoretischer Untersuchungen eingesetzt werden. Eine echte Integration von Netzwerk und Feldanalyse ist jedoch ein lohnenswertes langfristiges Ziel. Der vermutlich beste Weg in dieser Richtung führt über eine Besinnung auf die gemeinsamen methodologischen Grundlagen der beiden Ansätze, die, auf je eigene, aber durchaus kompatible Weise, Gesellschaft als Raum konzipieren. Zukünftige Integrationsversuche sollten hier ansetzen.

Als nächstes wurden die relationale Methodologie der Feldtheorie und die in diesem Kontext anwendbaren statistischen Methoden diskutiert (4). Die feldtheoretische Methodologie (4.1) basiert auf einem iterativen Forschungsprozess, dessen Hauptaufgabe nicht in der Untersuchung eines vorgefundenen Gegenstandes besteht, sondern in der schrittweisen Konstruktion des Forschungsobjektes. Dieser Konstruktionsprozess iteriert so lange zwischen Datensammlung, vorläufiger Auswertung, Interpretation und Theoriearbeit, bis ein im jeweiligen Fall als hinreichend empfundener Grad der analytischen Sättigung erreicht ist.

Zur Umsetzung der relationalen Methodologie anhand quantitativer Daten (4.2) sind insbesondere Methoden aus dem Bereich der geometrischen Statistik geeignet. Es handelt sich dabei um eine Gruppe von Skalierungsverfahren, zu denen neben der weithin bekannten Hauptkomponentenanalyse (Principal Component Analysis, PCA) auch die Korrespondenzanalyse gehört. Im Kontext der Feldtheorie sind Verfahren dieser Art den weiter verbreiteten Methoden wie der Regressionsanalyse vorzuziehen, weil die theoretischen Grundlagen der geometrischen Statistik die relationale Wirklichkeitsauffassung der Feldtheorie deutlich besser widerspiegeln. Neuere Verfahren, insbesondere die Multiple Faktorenanalyse (MFA) können dabei helfen, die Schwierigkeiten zu überwinden, die mit der Korrespondenzanalyse verbunden sind – insbesondere ihre Beschränkung auf kategoriale Daten. Darüber hinaus können mithilfe der MFA und darauf aufbauender Verfahren die zeitliche und die räumliche Dimension sozialer Felder statistisch modelliert werden.

Das erste empirische Kapitel (5) betrachtet die Entwicklung des universitären Feldes in Deutschland zwischen den späten 1990er und den späten 2000er Jahren. Bis in die späten 1990er Jahre hinein war das Feld geprägt durch eine dreiteilige Struktur, in der sich traditionsreiche Volluniversitäten, Technische Universitäten und die im Zuge der Bildungsexpansion gegründeten Universitäten gegenüberstanden (5.2). Diese drei Organisationsformen waren in klar voneinander getrennten Regionen des Feldes positioniert, erfüllten verschiedene latente Funktionen und verfolgten dabei deutlich unterschiedene Strategien der Kapitalakkumulation. Volluniversitäten setzten auf ein breites disziplinäres Spektrum und eine Orientierung an Grundlagenforschung. Technische Universitäten setzten auf Forschung, die auf gesellschaftliche Bedürfnisse außerhalb der Wissenschaft reagiert. Die spät gegründeten Universitäten setzten primär auf Sozial- und Geisteswissenschaften. Die Volluniversitäten und die größeren Technischen Universitäten besetzten den dominanten Bereich des Feldes, während kleinere TUs und die Spätgründungen tendenziell dominierte Positionen innehatten. Das Machtgefälle zwischen den Spitzen- und den periphersten Positionen war erheblich, insbesondere wegen der steigenden Bedeutung von Drittmittelforschung, die in den späten 1990er Jahren noch vorwiegend an den großen Volluniversitäten und TUs stattfand und in anderen Bereichen des Feldes noch kaum eine Rolle spielte.

Unter dem Einfluss der Reformen beginnen diese relativ klaren Strukturen zu bröckeln. Die schützenden organisationalen Nischen lösen sich auf und der allgemeine Wettbewerb erhöht den Reformdruck auf die Universitäten. Einige traditionsreiche Volluniversitäten beginnen damit, anwendungsorientierte Themen in ihr Forschungsprofil aufzunehmen, während andere dem klassischen universitären Ideal weiterhin treu bleiben. Umgekehrt findet an einigen technischen Universitäten zunehmend Grundlagenforschung statt, während andere weiterhin voll auf anwendungsorientierte Forschung setzen. Die spät gegründeten Universitäten bemühen sich, ihre Drittmittelquoten zu steigern und suchen über technologische Forschungsthemen oder über Grenzdisziplinen wie Psychiatrie oder Umweltforschung Anschluss an die dominanten Bereiche des Feldes.

Die Reformen erzeugen damit einen allgemeinen Homogenisierungs- oder Nivellierungstrend (5.3), der die zuvor scharfen Distinktionen im Feld aufbricht. Ehemals getrennte Sphären im dominanten Bereich des Feldes öffnen sich und durchdringen einander, ehemals distinkte Hochschultypen verschwimmen in einem Amalgam aus Grundlagen- und Anwendungsorientierung, und ehemals getrennte Strategien der Akkumulation akademischen Kapitals gehen neue Allianzen ein. Während sich im dominanten Bereich des Feldes neue Möglichkeitsräume auftun und von den dort positionierten Universitäten nach Maßgabe ihres jeweiligen universitären Habitus mehr oder weniger enthusiastisch besetzt werden, ist im dominierten Bereich die Schließung einer ehemals klar etablierten und als legitim erachteten universitären Nische zu beobachten

(5.4). Einige der spät gegründeten und sozial- und geisteswissenschaftlich profilierten Universitäten reagieren auf die Reformen, indem sie sich durch Erhöhung ihrer Drittmittel-Affinität dem dominanten Bereich des Feldes annähern. Andere scheitern an dieser Neuorientierung oder nehmen sie gar nicht erst in Angriff – und verbleiben deshalb in ihren traditionellen Positionen, wodurch sie eine weitere Deklassierung erleiden. Die Fähigkeit und die Bereitschaft der Universitäten, sich an die neuen Rahmenbedingungen anzupassen und neue Machtquellen zu ihrem Vorteil zu nutzen hängt eng mit dem universitären Habitus zusammen, der auch bei Universitäten auf sehr ähnlichen Positionen unterschiedliche Reaktionen auf die neuen Gegebenheiten hervorbringen kann (5.5). Die habituellen Dispositionen der traditionsreichen Volluniversitäten weisen die stärkste Korrespondenz zur Logik der Reformen auf.

Insgesamt gelingt es den Reformen, die alten Strukturen in Wissenschaft und Universität zu destabilisieren, jedoch werden dadurch keine neuen klaren Verhältnisse geschaffen. Deshalb ist zu erwarten, dass sich im Zuge der Reformen die Unsicherheit, Komplexität und das Konfliktpotenzial im universitären Feld erhöhen. Ob unter diesen Umständen besser und international anschlussfähiger geforscht werden kann als zuvor, lässt sich bezweifeln. Aus der Perspektive von Politik und Öffentlichkeit dürfte das Feld in seinem aktuellen Zustand weniger übersichtlich erscheinen als je zuvor, sodass unklar ist, welche weiteren Intervention nötig wären, um die Ziele der Reformen letztendlich zu verwirklichen und ungute Nebenfolgen auf ein Minimum zu reduzieren. Neben die seit den 1980er Jahren immer wieder beschworene Krise der Universitäten ist somit eine „Umbaukrise“ getreten, die sowohl für wissenschaftliche Akteure innerhalb des Feldes als auch für die Politik und die Öffentlichkeit eine große Herausforderung darstellt (Schimank 2013). Die im Dezember 2014 gefallene Entscheidung, die Mittel aus der Exzellenzinitiative auch über 2017 hinaus weiter bereitzustellen, mag vielleicht dazu dienen, das wachsende Konfliktpotenzial für einige weitere Jahre latent zu halten. Das Grundproblem der Neustrukturierung des universitären Feldes ist damit jedoch nicht gelöst. Das auf Grundlage der vorliegenden Arbeit plausibelste Zukunftsszenario besteht darin, dass die bereits zu beobachtende strukturelle Abkoppelung der dominanten von den dominierten Universitäten durch die Einführung neuer Typen oder Klassen von Universitäten politisch festgeschrieben wird – möglicherweise entlang der Unterscheidung zwischen „research universities“ und „normalen“, auf Lehre fokussierten Universitäten, wie es in den USA, in Großbritannien und anderen Ländern bereits selbstverständlich ist. Es ist denkbar, dass die für 2016 angekündigte Evaluation der Exzellenzinitiative durch DFG und Wissenschaftsrat einen Anstoß in diese Richtung geben wird.

Ein weiteres Ergebnis dieses Kapitels besteht darin, dass die vorgeführten methodischen Erweiterungen der Feldanalyse (explizite Modellierung von Feldstrukturen im Zeitverlauf und topologische Analyse) einiges Potenzial bergen, das allerdings erst voll ausgeschöpft werden kann, wenn diese Methoden und die neuen Interpretationsspielräume, die sie eröffnen, expliziter mit den theoretischen Grundlagen der Feldanalyse in Beziehung gesetzt werden. Die hier vorgelegten Interpretationen können als Leitlinien für zukünftige Arbeiten in dieser Richtung dienen.

Das zweite empirische Kapitel (6) befasst sich am Beispiel des Faches Chemie mit dem Zusammenhang zwischen dem institutionellen Wettbewerb zwischen Fachbereichen und dem individuellen Wettbewerb zwischen Nachwuchswissenschaftlern, die um die Berufung auf eine Professorenstelle konkurrieren. Ausgangspunkt ist die Beobachtung, dass in akademischen Feldern mit heftigem institutionellem Wettbewerb und starker Stratifikation zwischen den organisationalen Akteuren des Feldes eine Überformung des individuellen Wettbewerbs zu beobachten ist. Paradebeispiel hierfür sind die USA, wo sich ein „academic caste system" etabliert hat, dessen Ränge mit den Ranking-Plätzen der Universitätsdepartments korrespondieren (Burris 2004). Im Feld der Chemie-Fachbereiche an deutschen Universitäten und außeruniversitären Instituten herrschen ebenfalls ungleiche Machtverhältnisse, von denen insbesondere universitäre Fachbereiche profitieren. Sie verfügen über mehr institutionelles Kapital als außeruniversitäre Institute, die ihrerseits zwar mehr herausragende Beiträge zur Forschung leisten, dafür jedoch verhältnismäßig weniger Anerkennung innerhalb und außerhalb des Feldes erhalten.

Im Gegensatz zu Befunden aus den USA zeigt die vorgelegte Untersuchung für Deutschland, dass der Wettbewerb zwischen Nachwuchsforschern um Professorenstellen in der Chemie nur geringfügig vom Wettbewerb auf der organisationalen Ebene beeinflusst ist. Anstelle einer hierarchisch geschlossenen akademischen Kastenstruktur findet sich ein relativ offenes Berufungsnetzwerk, in dem auch Nachwuchswissenschaftler an dominierten Standorten die Chance auf eine Erstberufung an eine führende Universität haben. Dennoch ist auch das Berufungsnetzwerk in Deutschland durch die Machtverhältnisse zwischen den Forschungseinrichtungen geprägt: Große, prestigereiche Standorte bringen mehr Erstberufene hervor, die sich – wieder im Gegensatz zu den USA – im gesamten Feld verteilen. Die prestigereichsten Forschungseinrichtungen können dank ihrer berufenen Absolventen verhältnismäßig viel Einfluss auf die wissenschaftliche Praxis in weiten Teilen des Feldes der Chemie ausüben. Im Unterschied zum US-amerikanischen Beispiel findet sich hier eine unterschwellige, relativ offene Form akademischer Vorherrschaft, die nicht durch personelle Abschottung der Spitzeneinrichtungen zustande kommt.

Diese Unterschiede zwischen den akademischen Feldern in USA und Deutschland lassen sich auf die divergierenden institutionellen Rahmenbedingungen akademischen Wettbewerbs zurückführen: In den USA ermöglicht das tenure-track-Modell relativ planbare wissenschaftliche Karrieren, die oft ohne allzu viele Wechsel zwischen Departments auskommen, und die historisch gewachsene, fest gefügte Rangordnung zwischen Universitäten bzw. Departments verleiht dem akademischen Arbeitsmarkt eine klare, verlässliche Struktur, an der sich alle Beteiligten orientieren können. Hinzu kommt eine enge Verzahnung des akademischen Arbeitsmarktes mit der allgemeinen Struktur sozialer Ungleichheit in den USA: Die *graduate schools* der führenden Universitätsdepartments sind aufgrund der hohen Studiengebühren weitgehend für Kandidaten aus gehobenen sozialen Positionen reserviert. Wer sich einmal mit diesen Spielregeln des *academic caste system* vertraut gemacht hat, kann schon als *graduate student* seine Chancen auf eine wissenschaftliche Karriere und die Spannbreite der ihm zugänglichen akademischen Positionen relativ gut abschätzen.

Im Gegensatz dazu ist eine solche strategische Abschätzung akademischer Karrierechancen im deutschen System praktisch unmöglich. Studium und Promotion stehen auch an den Spitzenuniversitäten für große Teile der Bevölkerung offen.[66] Nach der Promotion allerdings folgt eine meist jahrelange Suche nach einer Möglichkeit, sich im Feld zu etablieren, die geprägt ist durch den Habilitationszwang, das Hausberufungsverbot und das deutsche Lehrstuhlsystem, in dem es unterhalb der Professoren keine akademisch eigenständigen, gesicherten Stellen gibt. Der Begriff *peregrinatio academica* soll diese lange, unsichere „Wanderschaft“ durch das Feld bezeichnen, die für die akademische Karriere in Deutschland typisch ist und im Übrigen mit der Erstberufung selten ihr Ende findet.

Der soziologisch entscheidende Unterschied zwischen dem *academic caste system* in den USA und der *peregrinatio academica* in Deutschland liegt im Ausmaß der Durchschaubarkeit und Planbarkeit akademischer Karrierewege. Im *academic caste system* werden Machtverhältnisse auf relativ offensichtliche Weise durch soziale Schließung reproduziert; die wenigen „kritischen Punkte“, die den weiteren Verlauf der Karrieren maßgeblich bestimmen, sind relativ einfach auszumachen. In der Folge sind akademische Karrieren relativ gut planbar. Das soll nicht heißen, dass akademischer Erfolg im Einzelfall verlässlich antizipiert werden könnte – aber im Unterschied zu Deutschland sind zumindest hoffnungslose Karriereambitionen schneller als solche zu erkennen.

In Deutschland hingegen ist eine Phase der relativen Hoffnungslosigkeit oder zumindest Orientierungslosigkeit Teil vieler akademischer Karrieren. Das liegt daran, dass die Reproduktion akademischer Machtverhältnisse in Deutschland weniger auf soziale Schließung, klare Kriterien und bekannte „kritische Punkte“ setzt, sondern auf die Bereitschaft der Nachwuchswissenschaftler, sich auf unabsehbare Zeit der kaum voraussehbaren Entwicklung des Feldes auszusetzen und dabei trotz Unsicherheit und akademischer Abhängigkeit wissenschaftliche

66 Auch wenn die hohe soziale Selektivität des deutschen Schulsystems zurecht beklagt wird, ist die resultierende soziale Schließung unter Studierenden mit den Verhältnissen in den USA kaum zu vergleichen.

Beiträge hervorzubringen, die letztlich (in wenigen Fällen) in einer Berufung zum Professor münden.

Man könnte argumentieren, dass das traditionelle System der *peregrinatio academica* die relative Autonomie des akademischen Feldes von seinem gesellschaftlichen Umfeld fördern und sich daher positiv auf die Innovationskraft eines wissenschaftlichen Feldes auswirken kann. Entscheidende Bedingungen hierfür sind jedoch, dass die Beschäftigungssituation stabil genug ist, um bahnbrechende wissenschaftliche Arbeit zu ermöglichen und dass die Erfolgschancen auf dem Weg zur Professur hoch genug sind, um das Risiko einer spät gescheiterten akademischen Laufbahn zu rechtfertigen. Die Reformen der letzten Jahre stellen diese Bedingungen jedoch infrage, denn mit steigender Drittmittelförderung und entsprechend steigender Anzahl befristeter Stellen als Projektmitarbeiter verbleiben immer mehr Absolventen nach dem Studium und auch nach der Promotion im Wissenschaftsbetrieb. Da aber Professorenstellen nicht proportional ausgebaut worden sind und auch sonst praktisch keine gesicherten, akademisch unabhängigen Stellen vorhanden sind, entsteht ein erheblicher Konkurrenzdruck, weil auf jede frei werdende Professorenstelle immer mehr Bewerber kommen. Die strukturelle Unsicherheit der *peregrinatio academica* kann sich unter diesen Umständen bis zur Anomie steigern, in der Habilitierte von Stelle zu Stelle hetzen, ein Drittmittelprojekt nach dem anderen beantragen, Aufsatz um Aufsatz einreichen und dabei kaum Gelegenheit für die tiefschürfende wissenschaftliche Arbeit finden, aus der relevante Beiträge zum Erkenntnisfortschritt und Chancen auf eine Berufung zum Professor hervorgehen können. Indem die Reformen den Druck auf Nachwuchswissenschaftler erhöhen und die Beschäftigungssituation weiter prekarisieren, unterminieren sie also die potenziell erwünschten Sozialisationseffekte der *peregrinatio academica*.[67] Eine Lösung der so entstandenen Konflikte kann nur gelingen, wenn im Zuge künftiger Reformen auch das Lehrstuhlsystem umgebaut und geöffnet wird, sodass entweder mehr Professorenstellen geschaffen werden oder neben der Professur andere gesicherte Stellen für Wissenschaftler entstehen. Gerade das Lehrstuhlsystem ist jedoch durch die Reformen bisher kaum angetastet worden.

Aufseiten der Universitäten haben die Reformen auch einiges verändert: Die ehemals schwache und segmentierte Konkurrenz zwischen Universitäten gewinnt an Intensität und durchdringt nach und nach alle Bereiche des Feldes mit einer standardisierten Wettbewerbslogik. Zugleich entwickelt sich insbesondere an den dominanten Universitäten die Fähigkeit und der Anreiz zur strategisch-aktiven Intervention in das Feldgeschehen. Es wäre deshalb nicht verwunderlich,

---

67 Die Einführung der Juniorprofessur hat hier wenig Abhilfe geschaffen, weil zugleich viele der relativ gesicherten Stellen für akademische Räte abgeschafft wurden und weil es nicht gelungen ist, Juniorprofessuren flächendeckend mit *tenure track* auszustatten oder anderweitig zu verstetigen.

wenn Universitäten als strategische Akteure zukünftig versuchen würden, wissenschaftliche Karrieren zu ihren Gunsten zu nutzen – etwa durch Cliquenbildung unter prestigereichen Standorten. Eine Annäherung an ein *academic caste system* wie in den USA ist jedoch unwahrscheinlich, solange das Hausberufungsverbot, die Habilitationspflicht und die hierarchische Struktur des Lehrstuhlsystems bestehen bleiben. Dies spricht für den Fortbestand der *peregrinatio academica*, wenn auch unter veränderten Bedingungen, die die potenziell innovationsfördernden Wirkungen dieses Systems infrage stellen. Das zukünftige Verhältnis zwischen der organisationalen und der individuellen Ebene des akademischen Feldes in Deutschland ist also auf der Basis der hier vorgestellten Analysen kaum abzusehen. Es wird aber maßgeblich davon abhängen, ob und wann sich die Hochschulpolitik zu einer tief greifenden Reform des Lehrstuhlsystems durchringen kann. Vermutlich wird dies erst möglich, wenn die heute bereits anklingenden Proteste des wissenschaftlichen Nachwuchses lauter und die bereits merklichen Abwanderungstendenzen ins Ausland intensiver werden, sodass die dahinter liegenden dysfunktionalen Verhältnisse stärker in die Aufmerksamkeit der Öffentlichkeit rücken.

Das dritte empirische Kapitel (7) geht am Beispiel der EU-Forschungsförderung durch den ERC der Frage nach, wie transnationale Wettbewerbe um akademisches Kapital auf die etablierten Strukturen des akademischen Feldes in Deutschland wirken. Dabei werden Auswirkungen auf zwei Ebenen des deutschen akademischen Feldes betrachtet, nämlich auf der Meso-Ebene der Universitäten einerseits und auf der Mikro-Ebene individueller Wissenschaftler andererseits. Die Untersuchung geht von den weitreichenden Annahmen aus, die in der Literatur zum ERC zu finden sind: Demnach soll die spezifische Gestalt der ERC-Förderung dazu beitragen, verhärtete, ineffiziente akademische Statushierarchien in den Nationalstaaten aufzubrechen, indem eine transnationale Wettbewerbsarena geschaffen wird – eine „Champion's League for Europe's scientists" (Heldin 2008). Davon sollen insbesondere diejenigen Forscher profitieren, die neue, unorthodoxe, richtungsweisende Themen bearbeiten und dabei aufgrund nationaler Rigiditäten nicht gebührend gefördert werden. Darüber hinaus soll die ERC-Förderung die Mobilität der geförderten Wissenschaftler auch über nationale Grenzen hinaus steigern und so eine „European Research Area" etablieren, die im globalen wissenschaftlichen Wettbewerb konkurrenzfähig ist.

Die vorgelegte Untersuchung zeigt jedoch, dass solche revolutionären Effekte im Fall des akademischen Feldes in Deutschland kaum zu beobachten sind. Auf der Ebene der Universitäten existiert vielmehr eine deutliche Parallele zwischen der Verteilung der ERC-Fördergelder und der Verteilung von DFG-Drittmitteln. Das heißt, diejenigen Universitäten, die im innerdeutschen Wettbewerb um akademisches Kapital gut abschneiden, dominieren tendenziell auch den Wettbewerb um ERC-Grants. Von einer Herausforderung nationaler

Statushierarchien durch die ERC-Förderung kann also kaum gesprochen werden – im Gegenteil, es ist eine Zementierung und symbolische Aufwertung etablierter Ungleichheitsstrukturen zwischen Universitäten in Deutschland zu konstatieren.

Auf der individuellen Ebene stand die Frage im Vordergrund, wie der Erfolg im ERC-Wettbewerb mit Mobilität in wissenschaftlichen Karrieren zusammenhängt und ob mithilfe der ERC-Förderung strategische Verbesserungen der eigenen Position erzielt werden können – etwa durch einen Wechsel an eine besser positionierte Universität oder eine Berufung auf eine Professorenstelle. Die Untersuchung hat gezeigt, dass sehr viele Universitäten auch in mittleren Feldpositionen in der Lage sind, Nachwuchswissenschaftler auszubilden, denen später die Einwerbung eines ERC-Grants gelingt. Jedoch wandern erfolgreiche Nachwuchsforscher aus mittleren und peripheren Standorten häufig in Richtung des Machtzentrums ab, sodass die Universitäten und Fachbereiche, an denen sie sozialisiert und ausgebildet wurden, von ihrem anschließenden Erfolg nicht profitieren können. Bereits dominante Standorte werden durch den Zustrom von ERC-geförderten Nachwuchswissenschaftlern weiter aufgewertet. Der größte Teil der ERC-Geförderten absolviert jedoch bereits die Promotion im dominanten Bereich des Feldes und erhält im Anschluss auch dort den ERC-Grant.

Was die Mobilität nach Erhalt des Grants betrifft, ist festzuhalten, dass in der bei weitem größten Zahl der Fälle keine Mobilität im Zusammenhang mit ERC-Grants zu beobachten ist. Zwar gibt es durchaus Grantees, die im Anschluss an die Verleihung des Grants zum Professor berufen werden oder an eine besser positionierte Universität wechseln – und es lässt sich plausibel vermuten, dass in diesen Fällen das zusätzliche, durch den ERC verliehene akademische Kapital eine entscheidende strategische Rolle gespielt hat. Insgesamt überwiegt aber die Anzahl der Fälle, in denen ERC-Förderung nicht mit einem Aufstieg oder überhaupt mit Mobilität verbunden ist. Die ERC-Gelder sind also für die Geförderten sicherlich ein außerordentlicher Gewinn – sie scheinen jedoch im Kontext des deutschen Feldes nicht zu einer systematischen Herausforderung der Statusordnung zu führen.

Insgesamt zeigt die vorliegende Untersuchung, dass die ERC-Forschungsförderung im Kontext des akademischen Feldes in Deutschland ihre in der Literatur beschworene Hebelwirkung nicht entfaltet. Den etablierten Strukturen und Praktiken des Feldes gelingt offenbar die „Brechung“ der Modernisierungsstrategien des ERC und die Umlenkung der Ressourcen in die etablierten Bahnen akademischer Machtverhältnisse, sodass die ERC-Förderung letztlich trotz gegenteiliger Programmatik zur Reproduktion und symbolischen Überhöhung eben dieser Strukturen beiträgt. Was bedeuten diese Befunde für die Frage nach der Öffnung national verfasster Felder in einem transnationalen akademischen Raum? Das akademische Feld in Deutschland erweist sich im Kontext der ERC-Förderung als offen für transnationalen Wettbewerb, offen für

Ressourcenflüsse, offen auch für das spezifische, am globalen Wettbewerb orientierte Wissenschaftsverständnis der EU. Weitgehend geschlossen bleiben allerdings die Machtstrukturen des Feldes selbst, auf organisationaler wie auf individueller Ebene. Ein Kernelement dieser Machtstrukturen ist das oben diskutierte System der *peregrinatio academica* und das dahinterliegende Machtgefälle zwischen vielen prekär beschäftigten wissenschaftlichen Mitarbeitern und wenigen Professoren. Solange dieses Verhältnis besteht, kann eine Erhöhung des Konkurrenzdrucks und eine weitere Stratifikation des Feldes, wie sie durch den ERC gefördert werden, kaum zu besseren Bedingungen für wissenschaftliche Arbeit führen. Auch die erklärten Ziele des ERC werden durch diese Entwicklung langfristig konterkariert. Das hier beobachtete Zusammenspiel von Öffnung und Schließung, von symbolischer Transnationalisierung bei gleichzeitiger Zementierung nationaler Machtstrukturen bietet einen vielversprechenden Ansatzpunkt für weitere Forschung.

8.2 Diskussion

Nachdem die zentralen Befunde der Analyse zusammengefasst und etwas weitreichender als bisher interpretiert wurden, stellt sich nun die Frage, wie sich diese Erkenntnisse zu den Einsichten und Deutungen in der bestehenden Literatur verhalten. Insgesamt lässt sich das Verhältnis zwischen den in dieser Arbeit gewonnenen Einsichten und den Ergebnissen aus der Literatur folgendermaßen charakterisieren: Die Literatur arbeitet verschiedene relevante Entwicklungen heraus, die jedoch häufig unverbunden bleiben oder sogar in latentem Widerspruch zueinander stehen. So gibt es beispielsweise eine Reihe von Arbeiten, die die Effekte der Reformen auf der Ebene von Universitäten oder auf der Ebene individueller Akteure diskutieren, jedoch finden sich kaum Arbeiten, die danach fragen, ob die Reformen etwas am Verhältnis zwischen diesen beiden Ebenen ändern und ob es möglicherweise zu ebenen-übergreifenden Reformeffekten kommt. Ein anderes Beispiel ist der latente Widerspruch zwischen einem Befund zunehmender Stratifikation und Profilierung von Universitäten auf der einen und einem Befund zunehmender Standardsierung auf der anderen Seite. Beide Diagnosen liegen in der Literatur mehrfach vor, aber ob und wie diese Prozesse zusammenhängen, wird nur selten gefragt. Dieser Mangel an Integration hängt mit der eingangs festgestellten Theorieferne vieler vorhandener Beiträge zusammen. So lassen sich zwar die einzelnen Symptome des Reformprozesses empirisch herausarbeiten und mithilfe theoretischer Versatzstücke auf einen Begriff bringen – die Frage nach tieferen Zusammenhängen kommt aber ohne einen übergreifenden theoretischen Standpunkt kaum in den Blick. Der Beitrag der vorliegenden Arbeit im Verhältnis zur vorhandenen Literatur besteht also darin, dass sie aus einer umfassenderen, abstrakteren, theoriegeleiteten Perspektive den Blick auf die relationalen Zusammenhänge zwischen Phänomenen eröffnet, die in der Literatur zwar großteils bekannt sind, aber selten im Zusammenhang gesehen werden. Hinzu kommt, dass der hier verfolgte feldtheoretische Ansatz in der Lage ist, die theoretisch anvisierten tieferen Zusammenhänge mithilfe geeigneter statistischer Methoden auch empirisch greifbar zu machen.

Am deutlichsten wird dies beim Thema Stratifikation vs. Homogenisierung der Universitätslandschaft: In der Literatur wird an mehreren Stellen die steigende materielle und symbolische Ungleichheit im universitären Feld betont (z.B. Münch 2007; Hartmann 2010) – hier wurde dagegen ein Fokus auf Prozesse der Homogenisierung des Feldes und Nivellierung historisch gewachsener Differenzen gelegt (vgl. Abschnitt 5). Diese Unterschiede ergeben sich aus der hier gewählten Perspektive und der daraus abgeleiteten empirischen Konstruktion, die den Fokus nicht auf absolute, sondern relative Ressourcenmengen legt.[68] Ein wichtiger Beitrag der vorliegenden Arbeit zur Reformdebatte besteht also im Befund einer *relativen Homogenisierung* im universitären Feld.

Dieses Ergebnis steht dabei nur scheinbar im Widerspruch zu der in der Literatur mehrfach herausgearbeiteten *absoluten Stratifikation*. Beide Prozesse – relative Homogenisierung und absolute Stratifikation – laufen offenbar gleichzeitig ab. Ihr Zusammenspiel lässt sich feldtheoretisch erklären: Je mehr alle Universitäten in einen übergreifenden Wettbewerb eingebunden werden, in dem sie trotz unterschiedlicher Ausgangsbedingungen und historisch bedingter Spezialisierungen auf immer ähnlichere Weise um immer ähnlichere Ressourcen und Positionen kämpfen, desto mehr kommt es zur Ausbildung einer feldübergreifenden Rangordnung, wo zuvor diverse relativ unabhängige Nischen mit je eigenen Wettbewerbslogiken waren. Gleichzeitig lösen sich ehemals etablierte Nischen auf und es kommt zu zunehmender Differenzierung innerhalb der zuvor relativ einheitlichen Regionen des Feldes. Stratifikation und Profilierung im universitären Feld hängen also aufs Engste zusammen mit seiner Entdifferenzierung, d.h. mit dem Abbau von kategorialen Unterschieden zwischen universitären Organisationsformen sowie in der engeren Verknüpfung zuvor getrennter Kapitalsorten und Akkumulationsstrategien. Dieser tiefere Zusammenhang wird in der Literatur bisher kaum beachtet, könnte jedoch für den weiteren Verlauf und die künftigen Auswirkungen des Reformprozesses von entscheidender Bedeutung sein.

Da der Fokus der vorliegenden Arbeit insbesondere auf der Rolle der Universität als Akteur lag, soll kurz dargelegt werden, wie sich die hier erzielten Ergebnisse zur vorhandenen organisationssoziologischen Literatur über „Universitäten als Akteure" verhalten. Ganz allgemein kann man sagen, dass die

[68] Konkret: Verhältnis von Drittmitteln und laufenden Ausgaben, Verteilung der vorhandenen Forschungskapazität auf Forschungsthemen; detaillierter diskutiert in Abschnitt 5.1.

vorliegende Arbeit an große Teile der organisationssoziologische Literatur anschließen und mithilfe der Feldtheorie einige Ergänzungen anbieten kann: Während die organisationssoziologische Literatur vor allem darauf aus ist, Modelle funktionierender Organisationen zu beschreiben, geraten aus der hier ververfolgten feldtheoretischen Perspektive vor allem die Konfliktpotenziale in den Blick, die entstehen, wenn etablierte Organisationsmodelle und tradierte Strukturen organisationaler Felder destabilisiert und delegitimiert werden und nicht mehr „wie gewohnt" funktionieren.

Die Ergebnisse der vorliegenden Arbeit legen nahe, dass das traditionelle Verständnis von Universität als lockerer organisationaler Rahmen für Forschung und Lehre, wie man es bei Parsons und Platt (1973) findet, endgültig der Vergangenheit angehört. Es lässt sich zwar darüber streiten, ob dieses Modell überhaupt jemals auf Universitäten in Deutschland anwendbar war – aber auch wenn man es nur als regulative Idee oder im Sinne Bourdieus als *doxa* auffasst, lässt sich feststellen, dass die allgemeine Vorstellung davon, was Universitäten sind und sein sollen, sich im Zuge der Reformen sehr weit von diesem Ideal entfernt hat. Demgegenüber gewinnen die Diagnosen von *organized anarchy* (Cohen et al. 1972) und „Transintentionalität" (Schimank 2001) an Relevanz: Die Reformen delegitimieren und untergraben etablierte Strukturen sowohl innerhalb der Universitäten als auch in deren Umwelt. Zusätzlich erhöht sich die Interdependenz zwischen den Universitäten durch den Wettbewerb, was zu einer erheblichen Komplexitätssteigerung im Feld führt, die nun innerhalb jeder einzelnen Universität nach Maßgabe des jeweiligen organisationalen Habitus verarbeitet werden muss. Dabei ist die Beibehaltung des etablierten *status quo*, die sowohl bei Cohen et al. als auch bei Schimank als Standard-Lösung für Probleme in *organized anarchies* hervorgehoben wird, im Kontext der Reformen immer weniger möglich. Vor diesem Hintergrund ist zu erwarten, dass nicht-intendierte (bzw. transintentionale) Effekte und Entwicklungen innerhalb der Universitäten in Zukunft zunehmen und weniger leicht organisational zu „behandeln" sein werden – woraus sich auch ein erhöhtes Potenzial für Konflikte ergibt.

Aus der Perspektive von Henry Mintzberg hängt der Fortbestand von „professionellen Bürokratien", zu denen er Universitäten zählt, von einer inhaltlich komplexen und strukturell stabilen Organisationsumwelt ab. Die Verringerung von struktureller Stabilität durch den zunehmenden Wettbewerb und die daraus erwachsende Interdependenz schwächt die als professionelle Bürokratie verfasste Universität und erzeugt Druck in Richtung einer Stärkung und Professionalisierung des Hochschulmanagements. Die Reformen führen aus dieser Perspektive also zu einer Verschärfung des zweigespaltenen Charakters deutscher Universitäten, der auch von Whitley (2008) hervorgehoben wird: In der Universität stehen sich zwei professionelle Gruppen – Hochschulverwaltung und Wissenschaftler – gegenüber, deren Wertvorstellungen im Zuge der Reformen vermutlich noch weiter auseinander gedriftet sind, während sie über zunehmend ähnlichere

Machtpotenziale verfügen. Auch aus der Perspektive Mintzbergs ist zu erwarten, dass die Reformen zu einer Steigerung organisationaler Unsicherheit führen und neues Potenzial für Blockaden und Konflikte schaffen.

Dank der Professionalisierung des Hochschulmanagements entwickeln sich die deutschen Universitäten, wie von Brunsson und Sahlin-Andresson (2001) beschrieben, in die Richtung von *complete organizations*, d.h. sie werden nach und nach zu organisationalen Akteuren mit eigener Identität, fester Hierarchie und klarer Rationalität. Jedoch scheint diese Entwicklung noch keineswegs abgeschlossen – vielmehr gibt es Hinweise darauf, dass die durch die Reformen angestoßenen organisationalen Veränderungen auf halbem Wege stecken bleiben könnten (Burtscheidt 2010, Schimank 2013). Die vorhandene Literatur zeigt, dass der Anspruch an die Universitäten, Akteure zu sein bzw. zu werden, zu einem Grundsatz des hochschulpolitischen Diskurses geworden ist. Mit dieser Diagnose verbindet sich die These, dass Universitäten auf diese neuen Erwartungen durch „interne Strukturbildung" reagieren (Meier 2009), d.h. die neuen Herausforderungen und Möglichkeiten durch Veränderung ihrer Organisationsstrukturen internalisieren. Die hier vorgelegten Ergebnisse deuten darauf hin, dass eine solche Internalisierung durchaus stattfindet, jedoch keineswegs überall in gleicher Form und im gleichen Ausmaß, sondern in Abhängigkeit von den Machtverhältnissen im Feld einerseits und von den etablierten Strukturen des jeweiligen organisationalen Habitus andererseits. Die Frage nach der strategischen Handlungsfähigkeit von Universitäten ist deswegen eng verknüpft mit der Frage nach der Machtverteilung im Feld und nach der Laufbahn, die die jeweils betrachtete Universität an ihre aktuelle Position geführt hat. Die Ergebnisse legen nahe, dass Akteurswerdung vor allem im dominanten Bereich des Feldes versucht wird und gelingt, während sich in den dominierten Bereichen kaum Anzeichen für eine Internalisierung von Akteurserwartungen in die Organisationsstrukturen finden lassen. Mit dem allgemeinen Anspruch an die Universitäten, Akteure zu sein, und mit der unterschiedlichen Fähigkeit und Bereitschaft der Universitäten, diesem Anspruch gerecht zu werden, etabliert sich eine neue Form von Ungleichheit im Feld, die in Zukunft zu einer neuen Spaltungslinie werden und die weiteren Wirkungen der Reformen maßgeblich mitbestimmen könnte.

Was die Entwicklung der Universität zum epistemischen Subjekt und „Autor" wissenschaftlicher Leistungen angeht: Diese Vorstellung scheint zwar im Diskurs weit verbreitet zu sein (Meier 2009), jedoch lassen die hier vorgestellten Ergebnisse die Vermutung zu, dass auch dieser Anspruch nicht umfassend, sondern je nach Region des Feldes in unterschiedlichem Ausmaß umgesetzt wird. Auch hier liegt die Vermutung nahe, dass es die mächtigsten und mit Exzellenz-Titel ausgestatteten Universitäten sein werden, die diese Ideen in Zukunft am deutlichsten in die Praxis umsetzen. Weiterhin ist anzunehmen, dass die Vorstellung von der Universität als wissenschaftliches Subjekt in Deutschland insgesamt geringere Chancen auf Realisierung hat als in anderen Ländern, etwa in den USA (vgl. Nelsen 1998) – und zwar aufgrund der spezifischen institutionellen Rahmung des akademischen Wettbewerbs in Deutschland und der daraus resultierenden relativen Unabhängigkeit der wissenschaftlichen Praxis von organisationalen Zugriffen. Allerdings könnte auch dieser Aspekt der „Universität als Akteur" weiter an Bedeutung gewinnen, sofern die Reformen in Zukunft die rechtlichen Regelungen zum geistigen Eigentum in der Wissenschaft antasten.

Ein wichtiger Beitrag der vorliegenden Arbeit zur Debatte um die Universität als Akteur besteht also in dem Hinweis auf die Verbindung zwischen Akteurhaftigkeit und Machtpositionen im universitären Feld. Diese vorgelegten Ergebnisse können dabei helfen, organisationssoziologische Fragestellungen weiter zuzuspitzen. Weitere Forschung auf Grundlage dieser Ergebnisse könnte beispielsweise die interne Strukturierung und strategische Handlungsfähigkeit dominanter und peripherer Universitäten systematisch vergleichen.

Im Anschluss an diese Reflexion der Ergebnisse im Hinblick auf die Organisationssoziologie stellt sich die Frage, welche Konsequenzen sich für die Feldtheorie aus der vorliegenden Arbeit ziehen lassen. Die aus meiner Sicht entscheidende Botschaft der vorliegenden Arbeit lautet: Feldanalyse kann auch ohne Anleihe bei anderen Theorien weiterentwickelt werden. Die Herausforderung besteht darin, ungenutztes Potenzial in den eigenen theoretischen Postulaten zu identifizieren und bei der Operationalisierung und methodischen Umsetzung neue Wege zu gehen.

Die Zeitlichkeit von Feldern ist hierfür ein gutes Beispiel: Sie wird in der Feldanalyse-Literatur immer wieder als entscheidender Faktor für ein fundiertes Verständnis gesellschaftlicher Prozesse dargestellt – jedoch werden Felder selten explizit im Zeitverlauf modelliert. Am Beispiel der Untersuchung in Abschnitt 5 lässt sich argumentieren, dass Feldanalyse sich wann immer möglich um eine explizite Modellierung von Feldern im Zeitverlauf bemühen sollte. Ohne eine möglichst genaue Vorstellung davon, wie die Struktur eines Feldes zu verschiedenen Zeitpunkten aussieht, wird es selten gelingen, der potenziell äußerst komplexen und detailreichen Entwicklungsdynamik, wie sie z.B. in Abschnitt 5 zu erkennen ist, gerecht zu werden und der dahinterliegenden Logik des Feldes auf die Spur zu kommen. Stattdessen droht die Gefahr in allzu simple, lineare, strukturalistisch verengte Interpretationen zu verfallen. Aus diesem Grund ist auch eine *statistische* Modellierung im Zeitverlauf vorzuziehen: Sie lässt im Vergleich zu narrativen Beschreibungen des Feldes weniger Raum für das Hineinlesen impliziter Vorannahmen. Die Modellierung von Feldern im Zeitverlauf stellt aber auch hohe Ansprüche an die Datengrundlage, verkompliziert Untersuchung und Interpretation erheblich und kann deswegen nicht immer und überall gelingen – wie man an den Untersuchungen zur Chemie (6) und zum ERC (7) sieht, in denen der Anspruch aufgrund unzureichender Datenlage nicht eingelöst werden konnte.

Ähnlich lässt sich am Beispiel der Modellierung von Feldern als soziale Räume argumentieren: Der Raum für theorieimmanente Weiterentwicklung der Feldtheorie durch kreative Operationalisierung und Einsatz neuer Methoden ist bei Weitem noch nicht ausgeschöpft und sollte in Zukunft stärker ausgenutzt werden. Die in der Feldanalyse-Literatur eher üblichen Anleihen bei anderen Theorien sind mit eigenen, potenziell gravierenden Problemen (der theoretischen und methodologischen Kompatibilität) behaftet und könnten sich in vielen Fällen als unnötig erweisen, wenn das Potenzial der Feldtheorie jenseits der üblich gewordenen Themen und Methoden weiter ausgelotet würde. Ein solcher Fokus auf Weiterentwicklung innerhalb der Feldtheorie (anstelle diverser Importe) könnte auch die kritische Kommunikation und Zusammenarbeit zwischen feldanalytisch Forschenden stärken und in einer Entwicklung hin zu einem „echten" feldtheoretischen Forschungsprogramm münden.

8.3 Ausblick

Zum Abschluss möchte ich vier aus meiner Sicht entscheidende Anstöße für die weitere Erforschung der laufenden Reformen von Wissenschaft und Hochschule nennen, die sich aus der vorliegenden Arbeit ergeben.

Erstens hat die vorliegende Arbeit gezeigt, dass die klassische wissenschaftssoziologische Frage nach dem Zusammenhang von akademischer Sozialstruktur und wissenschaftlichem Erkenntnisfortschritt im Kontext der aktuellen Reformen ernsthafter verfolgt werden sollte. Reformen wie die Exzellenzinitiative oder die Umstellung auf wettbewerbliche Forschungsfinanzierung sind unter anderem als Reaktion auf die Beobachtung einer im internationalen Vergleich verminderten Innovationskraft des akademischen Feldes in Deutschland ins Rollen geraten. Diese Reformen basieren auf impliziten Annahmen über den Zusammenhang von akademischer Sozialstruktur und Erkenntnisfortschritt, die sich trotz aller Popularität und Plausibilität auch als falsch oder jedenfalls verkürzt erweisen können. Die Soziologie kann dabei helfen, diese impliziten Annahmen zunächst einmal explizit zu machen und damit einer Reflexion und Diskussion zuzuführen. Hierzu gibt es bereits einige interessante Arbeiten (siehe Abschnitt 2). Die Soziologie kann darüber hinaus auch dazu beitragen, ein tieferes Verständnis der tatsächlichen Folgen der Reformen auf die alltägliche wissenschaftliche Praxis zu erarbeiten – denn wie die vorliegende Arbeit andeutet, manifestieren die Reformen nicht nur die gewünschten, sondern auch alle möglichen unerwünschten oder immerhin unerwarteten Konsequenzen. Diese müssen in den nächsten Jahren wissenschaftspolitisch eingefangen werden, wenn die aktuelle Reformphase zu einem erfolgreichen Ende geführt werden soll. Zukünftige Forschung sollte hier ansetzen und jenseits von Debatten um die Programmatik der Reformen und auch jenseits der Evaluation einzelner Reformprojekte den Blick auf tiefer liegende Fragen richten, insbesondere auf die Frage danach, welche sozialen Rahmenbedingungen wissenschaftliche Kreativität begünstigen und inwiefern die Reformen dazu beitragen, solche Rahmenbedingungen zu schaffen.

Zweitens lässt sich auf Grundlage der vorliegenden Arbeit argumentieren, dass der Wandel, der durch die Reformen angestoßen wurde, in einer gleichzeitigen Homogenisierung und Stratifikation der Struktur des universitären Feldes besteht. Die Stratifikation, d.h. die zunehmende materielle und symbolische Ungleichheit zwischen Universitäten ist in der Literatur bereits ausführlich diskutiert worden. Die Homogenisierung, die in der vorliegenden Arbeit stärker betont wurde, manifestiert sich als Zusammenbruch ehemals klarer Unterschiede zwischen Universitätstypen, z.B. zwischen traditionellen Volluniversitäten und Technischen Universitäten. Die Veränderungen des universitären Feldes in den letzten zwei Jahrzehnten können nur verstanden werden, wenn diese beiden Prozesse zusammen gedacht werden und ihr Zusammenspiel theoretisch durchdrungen und empirisch ausgeleuchtet wird. Homogenisierung und Stratifikation bedeuten einerseits eine Öffnung neuer Spielräume für Kreativität und Innovation, andererseits unterminieren sie traditionelle Strukturen, die bisher für Orientierung gesorgt haben und stellen durch neue Zwänge traditionelle akademische Freiheiten infrage. Ein umfassendes Verständnis der aktuellen Reformen in Wissenschaft und Universität wird ohne eine tiefgehende Analyse dieses Zusammenhangs zwischen Homogensierung und Stratifikation kaum möglich sein. Zukünftige Forschung sollte an dieser Stelle ansetzen, mit dem Ziel, diese Doppelbewegung von Homogenisierung und Stratifikation und ihre konkreten Folgen in der wissenschaftlichen Praxis im Detail zu analysieren.

Drittens wäre es aus meiner Sicht vielversprechend, die Rolle des deutschen Lehrstuhlsystems im Reformprozess einer genaueren Analyse zu unterziehen. Im Lichte der vorliegenden Arbeit erscheint das Lehrstuhlsystem als ein Zentrum jener strukturellen Beharrungskräfte, die dazu führen, dass die Reformen unerwartete oder unerwünschte Nebenfolgen haben oder sogar vollständig in die etablierten Bahnen des akademischen Feldes umgelenkt werden und zur weiteren Zementierung der herrschenden Machtverhältnisse beitragen. Die Abwesenheit der erhofften Mobilisierungseffekte in der ERC-Förderung ist ein Beispiel für eine solche fast vollständige Brechung feldexterner Interventionen durch die Eigenlogik des Feldes. Die Unterminierung der potenziell innovationsfördernden Effekte der *peregrinatio academica* durch immer weitere Intensivierung des Wettbewerbs zwischen Nachwuchswissenschaftlern ist ein weiteres Beispiel. Hier findet eine tendenziell dysfunktionale Teilmodernisierung statt, bei der die Reformen die dominierten Akteure des Feldes erfassen, während die dominanten, etablierten Akteure und die strukturellen Grundlagen der Dominanz weitgehend unangetastet bleiben. Die Rigidität und hierarchische Verfassung des Lehrstuhlsystems ist ein wichtiges Fundament der Beharrungskräfte, die in diesen beiden Beispielen am Werk sind. Weitere Forschung kann diese Beobachtungen als Ansatzpunkt nehmen und die Funktion des Lehrstuhlsystems im Reformprozess einer empirisch und theoretisch fundierten Untersuchung unterziehen. Möglicherweise können die so gewonnen Einsichten auch dabei helfen, zukünftige Reformen des Lehrstuhlsystems zu motivieren und zu gestalten.

Viertens möchte ich auf Grundlage der vorliegenden Arbeit dafür plädieren, dass sich Wissenschaftssoziologie und Hochschulforschung stärker als bisher um eine gegenwartsdiagnostische Einbettung und gesellschaftstheoretische Durchdringung ihrer Analysen und Befunde bemühen sollte. Die vorliegende Arbeit ist als Brückenschlag in dieser Richtung konzipiert, indem sie die aktuellen Reformen in Wissenschaft und Universität aus einer stärker theoriegeleiteten Perspektive betrachtet. Sie hat Ergebnisse geliefert, die Limitationen der bisher vorherrschenden, weitgehend theoriefernen und gegenstandsnahen Analysen aufzeigen. Und sie hat Fragen aufgeworfen, die auch jenseits des wissenschaftssoziologischen Gegenstandsbereichs von Relevanz sind: So ist etwa der Zusammenhang zwischen Machtverhältnissen und Innovation sicherlich auch außerhalb des akademischen Kontexts von Bedeutung, und das Zusammenspiel von Standardisierung auf der einen und Stratifikation auf der anderen Seite scheint in vielen gesellschaftlichen Sphären – etwa in der Bildung oder in der Kunst – ähnlich wie in der Wissenschaft abzulaufen. Durch einen stärkeren Fokus auf solche Anknüpfungspunkte an Gegenwartsanalyse und Gesellschaftstheorie könnte zukünftige Forschung über Wissenschaft und Universität sowohl ihre akademische als auch ihre praktische Relevanz erheblich steigern.

Literaturverzeichnis

Albert, Stuart, und David Whetten. 2004. Organizational identity. In Organizational identity. A reader. Oxford management readers, Hrsg. Mary J. Hatch, und Majken Schultz, 89-118. Oxford, New York: Oxford University Press.

Albrecht, Steffen. 2004. Netzwerke als Kapital. Zur unterschätzten Bedeutung des sozialen Kapitals für die gesellschaftliche Reproduktion. In Bourdieus Theorie der Praxis. Erklärungskraft Anwendung Perspektiven, Hrsg. Jörg Ebrecht, und Frank Hillebrandt, 199-224. Wiesbaden: VS Verlag für Sozialwissenschaften.

Allison, Paul D., und John S. Long. 1990. Departmental Effects on Scientific Productivity. American Sociological Review 55:469–478.

Amaral, Alberto, Ivar Bleiklie, Christine Musselin, und Mary Henkel, Hrsg. 2008. From governance to identity. Higher education dynamics. Dordrecht: Springer.

Anheier, Helmut, Jürgen Gerhards, und Frank Romo. 1995. Forms of Capital and Social Structure in Cultural Fields: Examining Bourdieu's Social Topography. American Journal of Sociology 100:859–903.

Antonoyiannakis, Manolis, Jens Hemmelskamp, und Fotis C. Kafatos. 2009. The European Research Council Takes Flight. Cell 136:805–809.

Baier, Christian, und Richard Münch. 2013. Institutioneller Wettbewerb und Karrierechancen von Nachwuchswissenschaftlern in der Chemie. Kölner Zeitschrift für Soziologie und Sozialpsychologie 65:129–155.

Baier, Christian, und Andreas Schmitz. 2011. Organisationen als Akteure in sozialen Feldern - Eine Modellierungsstrategie am Beispiel deutscher Hochschulen. In Feldanalyse als Forschungsprogramm 1. Hrsg. Stefan Bernhard und Christian Schmidt-Wellenburg. Wiesbaden: VS Verlag für Sozialwissenschaften, S. 191–220.

Berger, Peter L., und Thomas Luckmann. 1977. Die gesellschaftliche Konstruktion der Wirklichkeit. Eine Theorie der Wissenssoziologie. Frankfurt am Main: Fischer.

Bernhard, Stefan, und Christian Schmidt-Wellenburg, Hrsg. 2011. Feldanalyse als Forschungsprogramm 1. Wiesbaden: VS Verlag für Sozialwissenschaften.

Bernhard, Stefan. 2010. Netzwerkanalyse und Feldtheorie. Grundriss einer Integration im Rahmen von Bourdieus Sozialtheorie. In Netzwerkanalyse und Netzwerktheorie. Ein neues Paradigma in den Sozialwissenschaften. Netzwerkforschung, Hrsg. Christian Stegbauer, 121-130. Wiesbaden: VS Verlag für Sozialwissenschaften.

Bivand, Roger, Edzer J. Pebesma, und Virgilio Gomez-Rubio. 2013. Applied spatial data analysis with R. New York: Springer.

Blasius, Jörg, und Andreas Schmitz. 2012. Die Logik der Relation in Pierre Bourdieus Methodologie. In Transnationale Vergesellschaftungen. Verhandlungen des 35. Kongresses der Deutschen Gesellschaft für Soziologie in Frankfurt am Main 2010. Hrsg. Hans-Georg Soeffner, CD-ROM Beilage. Wiesbaden: Springer.

Blasius, Jörg, und Andreas Schmitz. 2013. Sozialraum- und Habituskonstruktion – Die Korrespondenzanalyse in Pierre Bourdieus Forschungsprogramm. In Pierre Bourdieus Konzeption des Habitus. Grundlagen, Zugänge, Forschungsperspektiven, Hrsg. Alexander Lenger, Christian Schneickert, und Florian Schumacher, 201-220. Wiesbaden: Springer VS.

Blasius, Jörg, und Victor Thiessen. 2006. Assessing Data Quality and Construct Comparabilityin Cross-National Surveys. European Sociological Review 22:229–242.

Blasius, Jörg. 2001. Korrespondenzanalyse. München: Oldenbourg.

Blasius, Jörg. 2010. Korrespondenzanalyse. In Handbuch der sozialwissenschaftlichen Datenanalyse, Hrsg. Christof Wolf, 367-389. Wiesbaden: VS Verlag für Sozialwissenschaften.

Böhmer, Susan, Stefan Hornbostel, und Michael Meuser. 2008. Postdocsin Deutschland: Evaluation des Emmy Noether-Programms. http://www.forschungsinfo.de/publikationen/working_paper.asp.

Bonacich, Phillip. 1987. Power and Centrality: A family of Measures. American Journal of Sociology 92:1170–1182.

Bongaerts, Gregor. 2008. Verdrängungen des Ökonomischen. Bourdieus Theorie der Moderne. Bielefeld: Transcript.

Borgatti, Stephen P. 2005. Centrality and network flow. Social Networks 27:55–71.

Borrás, Susana. 2003. The innovation policy of the European Union. From government to governance. Cheltenham: Edward Elgar.

Bourdieu, Pierre, und Loïc J. D. Wacquant. 1996. Reflexive Anthropologie. Frankfurt am Main: Suhrkamp.

Bourdieu, Pierre. 1985. The Social Space and the Genesis of Groups. Theory and Society 14:732–744.

Bourdieu, Pierre. 1987. Die feinen Unterschiede. Kritik der gesellschaftlichen Urteilskraft. Frankfurt am Main: Suhrkamp.

Bourdieu, Pierre. 1991. The peculiar history of scientific reason. Sociological Forum 6:3–26.

Bourdieu, Pierre. 1992. Homo academicus. Frankfurt am Main: Suhrkamp.

Bourdieu, Pierre. 1993. Sozialer Sinn. Kritik der theoretischen Vernunft. Frankfurt am Main: Suhrkamp.

Bourdieu, Pierre. 1998a. Praktische Vernunft. Zur Theorie des Handelns. Frankfurt am Main: Suhrkamp.

Bourdieu, Pierre. 1998b. Vom Gebrauch der Wissenschaft. Für eine klinische Soziologie des wissenschaftlichen Feldes. Konstanz: UVK.

Bourdieu, Pierre. 2001. Die Regeln der Kunst. Genese und Struktur des literarischen Feldes. Frankfurt am Main: Suhrkamp.

Bourdieu, Pierre. 2004. Der Staatsadel. Konstanz: UVK.

Bourdieu, Pierre. 2005a. Die männliche Herrschaft. Berlin: Suhrkamp.

Bourdieu, Pierre. 2005b. The social structures of the economy. Cambridge: Polity.

Bourdieu, Pierre. 2008. A conservative revolution in publishing. Translation Studies 1:123–153.

Brunsson, Nils, und Kerstin Sahlin-Andersson. 2000. Constructing Organizations: The Example of Public Sector Reform. Organization Studies 21:721–746.

Bund-Länder-Kommission für Bildungsplanung und Forschungsförderung (BLK). 2005. Bund-Länder-Vereinbarung gemäß Artikel 91 b des Grundgesetzes (Forschungsförderung) über die Exzellenzinitiative des Bundes und der Länder zur Förderung von Wissenschaft und Forschung an deutschen Hochschulen. http://www.wissenschaftsrat.de/download/Exzellenziniative_Dokumente/BLK-ExIni.pdf.

Burawoy, Michael. 2005. For public sociology: American Sociological Association Presidential address 2004. The British journal of sociology 56:259–294.

Burris, Val. 2004. The Academic Caste System: Prestige Hierarchies in PhD Exchange Networks. American Sociological Review 69:239–264.

Burtscheidt, Christine. 2010. Humboldts falsche Erben. Eine Bilanz der deutschen Hochschulreform. Frankfurt am Main: Campus.

Cassirer, Ernst. 1957. Zur modernen Physik. Darmstadt: Wissenschaftliche Buchgesellschaft.

Cassirer, Ernst. 2004. Nachgelassene Manuskripte und Texte Bd. 5: Kulturphilosophie. Hamburg: Meiner.

Clark, Burton R. 1998. Creating entrepreneurial universities. Organizational pathways of transformation. Oxford: Pergamon Press.

Cleveland, William S., und Susan J. Devlin. 1988. Locally Weighted Regression: An Approach to Regression Analysis by Local Fitting. Journal of the American Statistical Association 83:596–610.

Cohen, Michael D., James G. March, und Johan P. Olsen. 1972. A Garbage Can Model of Organizational Choice. Administrative Science Quarterly 17:1–25.

Cohen, Michael D., und James G. March. 1986. Leadership and ambiguity. The American college president. Boston: Harvard Business School Press.

Dederichs, Andrea, und Michael Florian. 2004. Felder, Organisationen und Akteure – eine organisationssoziologische Skizze. In Bourdieus Theorie der Praxis. Erklärungskraft Anwendung Perspektiven, Hrsg. Jörg Ebrecht, und Frank Hillebrandt, 69-96. Wiesbaden: VS Verlag für Sozialwissenschaften.

Deutsche Forschungsgemeinschaft (DFG). 2012. Förderatlas 2012. http://www.dfg.de/download/pdf/dfg_im_profil/evaluation_statistik/foerderatlas/dfg-foerderatlas_2012.pdf.

DiMaggio, Paul J., und Walter W. Powell, Hrsg. 1991. The New Institutionalism in Organizational Analysis. Chicago: University of Chicago Press.

DiMaggio, Paul J., und Walter W. Powell. 1983. The iron cage revisited: Institutional isomorphism and collective rationality in organizational fields. American Sociological Review 48:147–160.

Dobbin, Frank. 2008. The poverty of organizational theory: Comment on: „Bourdieu and organizational analysis". Theory and Society 37:53–63.

Dobrev, Stanislav D., Tai-Young Kim, und Glenn R. Carroll. 2002. The Evolution of Organizational Niches: U.S. Automobile Manufacturers, 1885-1981. Administrative Science Quarterly 47:233.

Durkheim, Émile. 1984. Die Regeln der soziologischen Methode. Frankfurt am Main, Germany: Suhrkamp.

Elton, Lewis. 2000. The UK Research Assessment Exercise: Unintended Consequences. Higher Education Quarterly 54:274–283.

Emirbayer, Mustafa, und Victoria Johnson. 2008. Bourdieu and organizational analysis. Theory and Society 37:1–44.

Emirbayer, Mustafa. 1997. Manifesto for a Relational Sociology. American Journal of Sociology 103:281–317.

Enders, Jürgen. 2001. A chair system in transition: Appointments, promotions, and gate-keeping in German higher education. Higher Education 41:3–25.

Espeland, Wendy, und Michael Sauder. 2007. Rankings and Reactivity: How Public Measures Recreate Social Worlds. American Journal of Sociology 113:1–40.

Europäische Union (EU). 2012. Ein öffentlicher Raum für Wissen. http://ec.europa.eu/research/era/understanding/what/what_is_era_de.htm.

Everett, Jeffrey. 2002. Organizational Research and the Praxeology of Pierre Bourdieu. Organizational Research Methods 5:56–80.

Fieberg, John. 2007. Utilization Distribution Estimation Using Weighted Kernel Density Estimators. Journal of Wildlife Management 71:1669–1675.

Fleck, Christian. 2007. Forschungsförderung: Start mit zu hohen Hürden. Europäische Rundschau 35:73–78.

Fligstein, Neil, und Doug McAdam. 2011. Toward a General Theory of Strategic Action Fields. Sociological Theory 29:1–26.

Florian, Michael. 2008. Felder und Institutionen. Der soziologische Neo-Institutionalismus und die Perspektiven einer praxistheoretischen Institutionenanalyse. Berliner Journal für Soziologie 18:129–155.

Frank, Robert H. 1999. Higher education: the ultimate winner-take-all market? CHERI working paper 2. http://digitalcommons.ilr.cornell.edu/cgi/viewcontent.cgi?article=1001.

Fuchs, Stephan. 2001. Beyond Agency. Sociological Theory 19:24–40.

Fuchs, Stephan. 2004. Against essentialism. A theory of culture and society. Cambridge: Harvard University Press.

Fuhse, Jan, und Sophie Mützel, Hrsg. 2010. Relationale Soziologie. Zur kulturellen Wende der Netzwerkforschung. Wiesbaden: VS Verlag für Sozialwissenschaften.

Füssel, Marian, Trüter, Ingo. 2011. Das gelehrte Feld der Vormoderne. Möglichkeiten und Grenzen von Feldanalysen in der Geschichtswissenschaft. In Feldanalyse als Forschungsprogramm 1, Hrsg. Stefan Bernhard, und Christian Schmidt-Wellenburg, 321-344. Wiesbaden: VS Verlag für Sozialwissenschaften.

Gengnagel, Vincent. 2014. Transnationale Europäisierung? Aktuelle feldanalytische Beiträge zu einer politischen Soziologie Europas. Berliner Journal für Soziologie 24:289–303.

Gläser, Jochen, und Grit Laudel. 2008. Evaluation without Evaluators. The Impact of Funding Formulae on Australian University Research. In The Changing Governance of the Sciences. The Advent of Research Evaluation Systems, Hrsg. Richard Whitley und Jochen Gläser, 127-152. Dordrecht: Springer Science+Business Media.

Golsorkhi, D., B. Leca, M. Lounsbury, und C. Ramirez. 2009. Analysing, Accounting for and Unmasking Domination: On Our Role as Scholars of Practice, Practitioners of Social Science and Public Intellectuals. Organization 16:779–797.

Greenacre, Michael J., und Jörg Blasius. 2006. Multiple correspondence analysis and related methods. Boca Raton: Chapman & Hall.

Hagstrom, Warren O. 1971. Inputs, Outputs, and the Prestige of University Science Departments. Sociology of Education 44:375–397.

Hallett, Tim. 2003. Symbolic Power and Organizational Culture. Sociological Theory 21:128–149.

Hamann, Julian. 2014. Die Bildung der Geisteswissenschaften. Zur Genese einer sozialen Konstruktion zwischen Diskurs und Feld. Konstanz: UVK.

Hannan, Michael T., und John Freeman. 1977. The Population Ecology of Organizations. American Journal of Sociology 82:929–964.

Hannan, Michael T., und John Freeman. 1984. Structural Inertia and Organizational Change. American Sociological Review 49:149–164.

Hartmann, Michael. 2010. Die Exzellenzinitiative und ihre Folgen. Leviathan 38:369–387.

Hazelkorn, Ellen. 2008. Learning to Live with League Tables and Ranking: The Experience of Institutional Leaders. Higher Education Policy 21:193–215.

Heiberger, Heiko. 2015. Die soziale Konstruktion von Preisen. Wie Kultur, Netzwerke und institutionelle Regeln Aktienkurse beeinflussen. Wiesbaden: Springer VS.

Heidler, Richard. 2010. Positionale Verfahren (Blockmodelle). In Handbuch Netzwerkforschung, Hrsg. Christian Stegbauer, 407-420. Wiesbaden: VS Verlag für Sozialwissenschaften.

Heldin, Carl-Henrik. 2008. The European Research Council – a new opportunity for European science. Nature Reviews Molecular Cell Biology 9:417–420.

Herzog, Roman. 1997. Aufbruch in der Bildungspolitik. In Aufbruch in der Bildungspolitik. Roman Herzogs Rede und 25 Antworten, Hrsg. Michael Rutz, 13-33. München: Goldmann.

Hirsch, Fred. 1976. Social limits to growth. Cambridge: Harvard University Press.

Husson, Francois, Sebastien Le, und Jerome Pages. 2011. Exploratory multivariate analysis by example using R. Boca Raton: CRC Press.

Hüther, Otto, und Georg Krücken. 2011. Wissenschaftliche Karriere und Beschäftigungsbedingungen. Organisationssoziologische Überlegungen zu den Grenzen neuer Steuerungsmodelle an deutschen Hochschulen. Soziale Welt 62:305–325.

Irrgang, Stephanie. 2002. Peregrinatio academica. Wanderungen und Karrieren von Gelehrten der Universitäten Rostock, Greifswald, Trier und Mainz im 15. Jahrhundert. Stuttgart: Steiner.

Ishikawa, Mayumi. 2009. University Rankings, Global Models, and Emerging Hegemony: Critical Analysis from Japan. Journal of Studies in International Education 13:159–173.

Jansen, Dorothea, Andreas Wald, Karola Franke, Ulrich Schmoch, und Torben Schubert. 2007. Drittmittel als Performanzindikator der Wissenschaftlichen Forschung. KZfSS Kölner Zeitschrift für Soziologie und Sozialpsychologie 59:125–149.

Jansen, Dorothea. 2007. New forms of governance in research organizations. Disciplinary approaches, interfaces and integration. Dordrecht: Springer.

Karabel, Jerome. 1984. Status-group struggle, organizational interests, and the limits of institutional autonomy. Theory and Society 13:1–40.

Karabel, Jerome. 2005. The chosen. The hidden history of admission and exclusion at Harvard, Yale, and Princeton. Boston: Houghton Mifflin.

Karen, David. 1991. „Achievement" and „ascription" in admission to an elite college: A political-organizational analysis. Sociological Forum 6:349–380.

Kehm, Barbara. 2013. To Be or Not to Be? The Impacts of the Excellence Initiative on the German System of Higher Education. In Institutionalization of World-class University in Global Competition, Hrsg. Jung C. Shin, und Barbara Kehm, 81-98: Springer Verlag.

Knorr-Cetina, Karin. 2002. Wissenskulturen. Ein Vergleich naturwissenschaftlicher Wissensformen. Frankfurt am Main: Suhrkamp.

Kosmützky, Anna, und Michael Borggräfe. 2012. Zeitgenössische Hochschulreform und unternehmerischer Aktivitätsmodus. In Hochschule als Organisation, Hrsg. Uwe Wilkesmann, und Christian J. Schmid, 69-85. Wiesbaden: VS Verlag für Sozialwissenschaften.

Kreckel, Reinhard. 2008. Zwischen universeller Inklusion und neuer Exklusivität. Institutionelle Differenzierungen und Karrieremuster im akademischen Feld: Deutschland im internationalen Vergleich. In Hochschule im Wandel. Die Universität als Forschungsgegenstand : Festschrift für Ulrich Teichler, Hrsg. Ulrich Teichler, und Barbara Kehm, 181-194. Frankfurt am Main: Campus.

Krücken, Georg, und Frank Meier. 2006. Turning the University Into an Organizational Actor. In Globalization and organization. World society and organizational change, Hrsg. Gili S. Drori, John W. Meyer und Hokyu Hwang, 241-257. Oxford, New York: Oxford University Press.

Kuck, Valerie J., Cecilia H. Marzabadi, Janine P. Buckner, und Susan A. Nolan. 2007. A Review and Study on Graduate Training and Academic Hiring of Chemists. Journal of Chemical Education 84:277–284.

Kurunmäki, Liisa. 1999. Professional vs financial capital in the field of health care--struggles for the redistribution of power and control. Accounting, Organizations and Society 24:95–124.

Lakatos, Imre. 1980. The methodology of scientific research programmes. Cambridge: Cambridge University Press.

Lange, Stefan. 2008. New Public Management und die Governance der Universitäten. Der moderne Staat 1:237–250.

Le Roux, Brigitte, und Henry Rouanet. 2004. Geometric data analysis. From correspondence analysis to structured data analysis. Dordrecht, Boston: Kluwer Academic Publishers.

Lebaron, Frédéric. 2008. Central bankers in the contemporary global field of power: a 'social space' approach. The Sociological Review 56:121–144.

Lebaron, Frédéric. 2009. How Bourdieu „Quantified" Bourdieu: The Geometric Modelling of Data. In Quantifying Theory: Pierre Bourdieu, Hrsg. Karen Robson, und Chris Sanders, 11-30. Dordrecht: Springer Netherlands.

Lefebvre, Henri. 1991. The production of space. Malden: Blackwell.

Leibfried, Stephan, Hrsg. 2010. Die Exzellenzinitiative. Zwischenbilanz und Perspektiven. Forschungsberichte / Interdisziplinäre Arbeitsgruppen, Berlin-Brandenburgische Akademie der Wissenschaften, Bd. 24. Frankfurt am Main: Campus.

Lenger, Alexander. 2008. Die Promotion. Ein Reproduktionsmechanismus sozialer Ungleichheit. Konstanz: UVK Verlagsgesellschaft.

Levin, Sharon G., und Paula E. Stephan. 1991. Research Productivity Over the Life Cycle: Evidence for Academic Scientists. The American Economic Review 81:114–132.

Lindholm, Jennifer A. 2004. Pathways to the Professoriate: The Role of Self, Others, and Environment in Shaping Academic Career Aspirations. Journal of Higher Education 75:603–635.

Long, John S., und McGinnis Robert. 1981. Organizational Context and Scientific Productivity. American Sociological Review 46:422–442.

Lounsbury, Michael, und Marc Ventresca. 2003. The New Structuralism in Organizational Theory. Organization 10:457–480.

Löw, Martina. 2008. The Constitution of Space: The Structuration of Spaces Through the Simultaneity of Effect and Perception. European Journal of Social Theory 11:25–49.

Luukkonen, Terttu. 2009. Will the European Research Council become an integrative mechanism for European research? Paper Prepared for Atlanta Conference on Science and Innovation Policy, October 2-3, 2009 Georgia Institute of Technology.

Luukkonen, Terttu. 2014. The European Research Council and the European research funding landscape. Science and Public Policy 41:29–43.

Maasen, Sabine, und Peter Weingart. 2008. Unternehmerische Universität und neue Wissenschaftskultur. In Wissenschaft unter Beobachtung. Effekte und Defekte von Evaluationen, Hrsg. Hildegard Matthies und Dagmar Simon, 141-160. Wiesbaden: VS Verlag für Sozialwissenschaften.

Marginson, Simon, und Marijk van der Wende. 2007. To Rank or To Be Ranked: The Impact of Global Rankings in Higher Education. Journal of Studies in International Education 11:306–329.

Marginson, Simon. 2006. Dynamics of National and Global Competition in Higher Education. Higher Education 52:1–39.

Martin, John L. 2003. What Is Field Theory? American Journal of Sociology 109:1–49.

Marx, Karl, 1976: Ökonomische Manuskripte 1857/58, Marx-Engels-Gesamtausgabe MEGA II, 1.1. Berlin: Dietz.

Massih-Tehrani, Nilgun, Christian Baier, und Vincent Gengnagel. 2015. EU-Forschungsförderung im deutschen Hochschulraum: Universitäten zwischen Wissensökonomie und akademischer Selbstbestimmung. Soziale Welt 66 (im Erscheinen).

Mau, Steffen, und Dennis Huschka. 2010. Die Sozialstruktur der Soziologie-Professorenschaft in Deutschland. WZB Discussion Paper. Berlin.

McLachlan, Geoffrey J., und David Peel. 2000. Finite mixture models. New York: Wiley.

Meier, Frank. 2009. Die Universität als Akteur. Zum institutionellen Wandel der Hochschulorganisation. Wiesbaden: VS Verlag für Sozialwissenschaften.

Merton, Robert K. 1968. The Matthew Effect in Science. Science 159:56–63.

Merton, Robert K. 1973. The sociology of science. Theoretical and empirical investigations. Chicago: University of Chicago Press.

Meyer, John W., und Brian Rowan. 1977. Institutional Organizations. Formal Structure as Myth and Ceremony. American Journal of Sociology 83:340–363.

Mintzberg, Henry. 1980. Structure in 5's: A Synthesis of the Research on Organization Design. Management Science 26:322–341.

Mohrman, Kathryn, Wanhua Ma, und David Baker. 2008. The Research University in Transition: The Emerging Global Model. Higher Education Policy 21:5–27.

Müller-Böling, Detlef. 1994. Hochschulen als Vorstellungsstereotypen. Von der Gelehrtenrepublik zum Dienstleistungsunternehmen? Gütersloh: CHE (Centrum für Hochschulentwicklung).

Müller-Böling, Detlef. 2000. Die entfesselte Hochschule. Gütersloh: Verlag Bertelsmann Stiftung.

Münch, Richard, und Christian Baier. 2009. Die Konstruktion der soziologischen Realität durch Forschungsrating. Berliner Journal für Soziologie 19:295–319.

Münch, Richard, und Christian Baier. 2012. Institutional Struggles for Recognition in the Academic Field: The Case of University Departments in German Chemistry. Minerva 50:97–126.

Münch, Richard. 2006. Wissenschaft im Schatten von Kartell, Monopol und Oligarchie. Die latenten Effekte der Exzellenzinitiative. Leviathan 34:466–486.

Münch, Richard. 2007. Die akademische Elite. Zur sozialen Konstruktion wissenschaftlicher Exzellenz. Frankfurt am Main: Suhrkamp.

Münch, Richard. 2009. Globale Eliten, lokale Autoritäten. Bildung und Wissenschaft unter dem Regime von PISA, McKinsey & Co. Frankfurt am Main: Suhrkamp.

Münch, Richard. 2011. Akademischer Kapitalismus. Zur politischen Ökonomie der Hochschulreform. Berlin: Suhrkamp.

Musselin, Christine. 2005. European academic labor markets in transition. Higher Education 49:135–154.

Musselin, Christine. 2007. Are universities specific organisations? In Towards a multiversity? Universities between global trends and national traditions. Science studies, Hrsg. Georg Krücken, Anna Kosmützky, und Marc Torka, 63-84. Bielefeld: Transcript.

Musselin, Christine. 2010. The market for academics. New York: Routledge.

Mützel, Sophie, und Jan Fuhse. 2010. Zur Relationalen Soziologie: Grundgedanken, Entwicklungslinien und transatlantische Brückenschläge. In Relationale Soziologie. Zur kulturellen Wende der Netzwerkforschung, Hrsg. Jan Fuhse, und Sophie Mützel, 7-36. Wiesbaden: VS Verlag für Sozialwissenschaften.

Nedeva, Maria, Stampfer, Michael. 2012. From „Science in Europe“ to „European Science“. Science: 982–983.

Neidhardt, Friedhelm. 2006. Forschungsrating der deutschen Soziologie durch den Wissenschaftsrat. Soziologie 35:303–308.

Neidhardt, Friedhelm. 2010. Exzellenzinitiative – Einschätzungen und Nachfragen. In Die Exzellenzinitiative. Zwischenbilanz und Perspektiven. Forschungsberichte / Interdisziplinäre Arbeitsgruppen, Berlin-Brandenburgische Akademie der Wissenschaften, Bd. 24, Hrsg. Stephan Leibfried, 53-80. Frankfurt am Main: Campus.

Neumann, Sascha. 2011. Beobachtungsverhältnisse. Feldtheoretische Erkundungen zu einer Empirie des Pädagogischen. In Feldanalyse als Forschungsprogramm 1, Hrsg. Stefan Bernhard, und Christian Schmidt-Wellenburg, 221-242. Wiesbaden: VS Verlag für Sozialwissenschaften.

Niehüser, Werner. 2012. Wirtschaftsvertreter in Hochschulräten deutscher Universitäten. Eine organisationstheoretisch fundierte empirische Analyse. In Hochschule als Organisation. Organisationssoziologie, Hrsg. Uwe Wilkesmann und Christian Schmid, 89-112. Wiesbaden: Springer VS.

Nolan, Susan A., Janine P. Buckner, Valerie J. Kuck, und Cecilia H. Marzabadi. 2004. Analysis by Gender of the Doctoral and Postdoctoral Institutions of Faculty Members at the Top-Fifty Ranked Chemistry Departments. Journal of Chemical Education 81:356.

Osborne, David E., und Ted A. Gaebler. 1997. Der innovative Staat. Mit Unternehmergeist zur Verwaltung der Zukunft. Wiesbaden: Gabler.

Pages, Jerome. 2015. Multiple factor analysis by example using R. Boca Raton: CRC Press.

Parsons, Talcott, und Gerald M. Platt. 1973. The American university. Cambridge: Harvard University Press.

Power, Michael. 2002. The audit society. Rituals of verification. Oxford: Oxford University Press.

Power, Michael. 2008. Research Evaluation in the Audit Society. In Wissenschaft unter Beobachtung. Effekte und Defekte von Evaluationen, Hrsg. Hildegard Matthies und Dagmar Simon, 15-24. Wiesbaden: VS Verlag für Sozialwissenschaften.

Pries, Ludger. 1996. Transnationale Soziale Räume. Theoretisch-empirische Skizze am Beispiel der Arbeitswanderungen Mexiko – USA. Zeitschrift für Soziologie 25:456–472.

Ringer, Fritz K. 1983. Die Gelehrten. Der Niedergang der deutschen Mandarine, 1890-1933. Stuttgart: Klett-Cotta.

Riordan, Patrick, Christian Ganser, und Tobias Wolbring. 2011. Zur Messung von Forschungsqualität. Kölner Zeitschrift für Soziologie und Sozialpsychologie 63:147–172.

Schein, Edgar H. 1984. Coming to a new awareness of organizational culture. Sloan Management Review 25:3–16.

Schimank, Uwe. 2001. Festgefahrene Gemischtwarenläden – Die deutschen Hochschulen als erfolgreich scheiternde Organisationen. In Die Krise der Universitäten. Leviathan : Sonderheft, Bd. 20, 1. Aufl., Hrsg. Erhard Stölting, 223-242. Wiesbaden: Westdt. Verl.

Schimank, Uwe. 2005. Die akademische Profession und die Universitäten: „New Public Management" und die drohende Entprofessionalisierung. In Organisation und Profession. Organisation und Gesellschaft, Hrsg. Thomas Klatetzki und Veronika Tacke, 143-164. Wiesbaden: VS Verlag für Sozialwissenschaften.

Schimank, Uwe. 2008. Hochschule als Institution: Gussform, Arena und Akteur. In Perspektiven der Hochschulforschung, Hrsg. Karin Zimmermann, Marion Kamphans, und Sigrid Metz-Göckel, 157-163. Wiesbaden: VS Verlag für Sozialwissenschaften.

Schimank, Uwe. 2013. Krise – Umbau – Umbaukrise? In Die Idee der Universität – revisited, Hrsg. Norbert Ricken, Hans-Christoph Koller und Edwin Keiner, 33-44. Wiesbaden: Springer Fachmedien Wiesbaden.

Schmidt-Wellenburg, Christian. 2013. Die Regierung des Unternehmens. Managementberatung im neoliberalen Kapitalismus. Konstanz: UVK.

Schmitt, Tassilo, Nina Arnhold, und Magnus Rüde. 2004. Berufungsverfahren im internationalen Vergleich. CHE-Arbeitspapier Nr. 53.

Schneickert, Christian. 2013. Die Wurzeln von Bourdieus Habituskonzept in der Phänomenologie Edmund Husserls. In Pierre Bourdieus Konzeption des Habitus. Grundlagen, Zugänge, Forschungsperspektiven, Hrsg. Alexander Lenger, Christian Schneickert, und Florian Schumacher, 75-90. Wiesbaden: Springer VS.

Serrano-Velarde, Kathia. 2009. Der Bolognaprozess und die europäische Wissensgesellschaft. Soziale Welt 60:339–352.

Simon, Dagmar, Patricia Schulz, und Michael Sondermann. 2010. Abgelehnte Exzellenz – Die Folgen und die Strategien der Akteure. In Die Exzellenzinitiative. Zwischenbilanz und Perspektiven. Forschungsberichte / Interdisziplinäre Arbeitsgruppen, Berlin-

Brandenburgische Akademie der Wissenschaften, Bd. 24, Hrsg. Stephan Leibfried, 161-200. Frankfurt am Main: Campus.

Slaughter, Sheila, und Brendan Cantwell. 2012. Transatlantic moves to the market: the United States and the European Union. Higher Education 63:583–606.

Slaughter, Sheila, und Larry L. Leslie. 1997. Academic capitalism. Politics policies and the entrepreneurial university. Baltimore: Johns Hopkins University Press.

Statistisches Bundesamt. 2011. Monetäre hochschulstatistische Kennzahlen. https://www.destatis.de/DE/Publikationen/Thematisch/BildungForschungKultur/BildungKulturFinanzen/KennzahlenMonetaer2110432117004.pdf.

Suckert, Lisa. 2015. Die Dynamik ökologischer Märkte: Eine feldanalytische Betrachtung am Beispiel des Marktes für Bio-Molkereiprodukte. Konstanz: UVK.

Swartz, David L. 2008. Bringing Bourdieu's master concepts into organizational analysis. Theory and Society 37:45–52.

Tonkiss, Fran. 2005. Space, the city and social theory. Social relations and urban forms. Cambridge: Polity Press.

Trezzini, Bruno. 1998. Theoretische Aspekte der sozialwissenschaftlichen Netzwerkanalyse. Schweizerische Zeitschrift für Soziologie 24:511–544.

van Raan, Anthony F. J. 2005. Fatal attraction: Conceptual and methodological problems in the ranking of universities by bibliometric methods. Scientometrics 62:133–143.

Vaughan, Diane. 2008. Bourdieu and organizations: the empirical challenge. Theory and Society 37:65–81.

Venables, William N., und Brian D. Ripley. 2007. Modern applied statistics with S. New York: Springer.

Weber, Max. 1988 [1922]. Wissenschaft als Beruf. In Gesammelte Aufsätze zur Wissenschaftslehre, Hrsg. Johannes Winckelmann, und Marianne Weber, 524-555. Tübingen: Mohr.

Weingart, Peter. 2008. Die Stunde der Wahrheit? Zum Verhältnis der Wissenschaft zu Politik Wirtschaft und Medien in der Wissensgesellschaft. Weilerswist: Velbrück.

White, Harrison C. 2008. Identity and control. How social formations emerge. Princeton, NJ: Princeton University Press.

Whitley, Richard. 2008. Changing Governance of the Public Sciences: The Consequences of Establishing Research Evaluation Systems in Different Countries and Scientific Fields. In The Changing Governance of the Sciences. The Advent of Research Evaluation Systems, Hrsg. Richard Whitley und Jochen Gläser, 3-30. Dordrecht: Springer Science+Business Media.

Wilkesmann, Uwe, und Christian Schmid, Hrsg. 2012. Hochschule als Organisation. Organisationssoziologie. Wiesbaden: Springer VS.

Wissenschaftsrat. 2000. Drittmittel und Grundmittel der Hochschulen 1993 bis 1998. http://www.wissenschaftsrat.de/download/archiv/4717-00.pdf.

Wissenschaftsrat. 2000. Thesen zur zukünftigen Entwicklung des Wissenschaftssystems in Deutschland. http://www.wissenschaftsrat.de/download/archiv/4594-00.pdf.

Wissenschaftsrat. 2004. Empfehlungen zu Rankings im Wissenschaftssystem. Teil 1: Forschung. http://www.wissenschaftsrat.de/download/archiv/6285-04.pdf.

Wissenschaftsrat. 2008. Pilotstudie Forschungsrating Chemie. Abschlussbericht der Bewertungsgruppe. http://www.wissenschaftsrat.de/texte/8370-08.pdf.

Witte, Daniel. 2014. Auf den Spuren der Klassiker. Pierre Bourdieus Feldtheorie und die Gründerväter der Soziologie. Konstanz: UVK.

Würmseer, Grit. 2010. Auf dem Weg zu neuen Hochschultypen. Eine organisationssoziologische Analyse vor dem Hintergrund hochschulpolitischer Reformen. Wiesbaden: VS Verlag für Sozialwissenschaften.

Zuckerman, Harriet. 1967. Nobel Laureates in Science: Patterns of Productivity, Collaboration, and Authorship. American Sociological Review 32:391–403.

Anhang: Feldanalyse in R – Hilfreiche Packages und Begleitliteratur

Die oben präsentierten Analysen sowie die Grafiken wurden allesamt in R realisiert. R ist eine freie Software für Statistik und Datenanalyse, in der viele Verfahren enthalten sind, die sich zur Durchführung feldanalytischer Studien hervorragend eignen. Unten stehende Packages und begleitende Literaturtitel waren für die Erstellung der vorliegenden Arbeit besonders hilfreich:

R: Software für Statistik und Datenanalyse

R Development Core Team 2008. R: A language and environment for statistical computing. R Foundation for Statistical Computing, Vienna, Austria.

FactoMineR: Korrespondenzanalyse und verwandte Verfahren

Lê, Sébastien, Julie Josse und Francois Husson. 2008. FactoMineR: An R Package for Multivariate Analysis. *Journal of Statistical Software*. 25(1).

Igraph: Netzwerkanalyse und Visualisierung von Netzwerken

Csardi Gabor, und Tamas Nepusz. 2006. The igraph software package for complex network research, InterJournal, Complex Systems 1695.

Ggplot2: Flexible Gestaltung von Grafiken aller Art, z.B. zur Visualisierung der Ergebnisse von Korrespondenzanalysen etc.

Wickham, Hadley. 2009. ggplot2: Elegant Graphics for Data Analysis. New York: Springer-Verlag.

Reshape: Datentransformationen aller Art

Wickham, Hadley. 2007. Reshaping data with the reshape package. Journal of Statistical Software, 21(12).